改訂新版

まるごと授業 理科 **4**年

喜楽研の
QRコードつき授業シリーズ

板書と展開 (授業) が よくわかる

著者：中村 幸成・平田 庄三郎・横山 慶一郎

企画・編集：原田 善造

わかる喜び学ぶ楽しさを創造する教育研究所　略称 **喜楽研**

はじめに

　このたび,「まるごと授業　理科」全4巻(3年～6年)を新しい形で刊行することになりました。また,現行の「まるごと授業シリーズ」も多くの先生方に手にとって頂き,日々の実践に役立てて頂いていることをうれしく思っております。

　この「まるごと授業　理科」は,理科の1時間1時間の授業で「何を」学ばせ,それを「どう」教えるのかをできるだけ具体的な形で提示し,参考にして頂こうとしたものです。理科の授業にも,いくつかパターン(型)があります。「問題→予想→実験→結果→考察」という流れもその一つです。また,子どもから出される考えも,多様でありながら共通するところもあります。これらを具体的に示すため,先生がどのような発問や指示,説明をし,それに対して子どもたちはどう考え話し合うのか,両者の言葉を柱にして記述しています。この言葉の交流から,授業のイメージとともに,思考を促す発問のあり方や,子どもの考えの傾向も読みとって頂けるかと思います。

　それから,1時間の授業を,板書の形で視覚的にも表すようにしています。板書は計画的になされるものですが,その一方で,授業の流れに沿って先生と子どもと共に作っていくものです。目の前の事物や現象と言葉とをつなぎ,児童の思考を助けるのが板書です。板書を見れば,その1時間何をどう学んだのか,学びの全体像とその道筋がわかるといわれます。板書は授業の足跡であるのです。

　今回の改訂では,このようなこれまでの「まるごと授業　理科」の特長を引き継ぐとともに,その記述を再検討し修正を加えました。また,板書も見直し,より授業に沿った形に書き改めたところもあります。また,理科は環境や防災をはじめ,現代的な課題とも関わる教科です。

　ICT教育への対応として,QRコードを読み込めるよう配慮しました。各授業時間のページにあるQRコードには,様々な植物や昆虫などの画像,実験などの動画,観察カードなどが入っており,児童のタブレットに配信したり,テレビや電子黒板などに映し出して利用することができます。台風時の雲の動きなど,子どもが直接体験できないような事実・現象などを知る上で活用できます。

　小学校においても,理科教育の核(中心)に当たるのは,やはり「自然科学の基礎的な事実や法則(きまり)を学ぶ」ことだといえます。いわゆる「知識・技能」とされているところです。本書でも,この理科の確かな学力をつけることを授業の要と考えています。そして,自然界の現象にはきまりがあることを知り,それらの自然科学の知識を使って考えを進めたり,話し合ったりすることが,「科学的な思考・態度」だといえるでしょう。また「理科は実験や観察があるから好き ･･･」という子どもの声があるように,実物に触れ「手を使い,体を通して ･･･」考える,というのが小学生の学び方の基本です。理科を学ぶ楽しさ,わかる喜びにもつながります。本書がそのような授業実践の一助となり,さらにわかる授業の追究に役立てて頂けることを願っています。

2024年　3月　　　　　著者一同

本書で楽しく・わかる授業を！

全ての単元・全ての授業の指導の流れがわかる

学習する全ての単元・全ての授業の進め方を掲載しています。学級での日々の授業や参観日の授業，研究授業や指導計画作成等の参考にしていただけます。

1時間の展開例や板書例を見開き2ページで説明

実際の板書がイメージできるように，板書例を2色刷りで大きく掲載しています。また，細かい指導の流れについては，3〜4の展開に分けて詳しく説明しています。

どのような発問や指示をすればよいかが具体的にわかります。先生方の発問や指示の参考にしてください。

QRコードから児童のタブレット・テレビ・黒板に，動画・画像・ワークシートを映し出す！ 「わかりやすく，楽しい学び」，「深い学び」ができる

各授業展開のページのQRコードに，それぞれの授業で活用できる動画・画像やイラストなどのQRコンテンツを収録しています。児童のタブレットやテレビ，黒板に映し出すことで，よりわかりやすい楽しい授業づくりをサポートします。画像やイラストを大きく掲示すれば，きれいな板書づくりにも役立ちます。

学びを深めたり，学びを広げたりするために発展学習も掲載

教科書のコラム欄に掲載されている内容や，教科書に掲載されていない内容でも，学びを深めたり，学びを広げたりするための大切な学習は，『深めよう』や『広げよう』として掲載しています。

ICT活用のアイデアも掲載

それぞれの授業展開に応じて，ICTで表現したり，発展させたりする場合の活用例を掲載しています。学校やクラスの実態にあわせて，ICT活用実践の参考にしてください。

4年（目次）

QRコンテンツについて

　授業内容を充実させるコンテンツを多数ご用意しました。右のQRコードを読み取るか下記URLよりご利用ください。

URL：https://d-kiraku.com/4484/4484index.html
ユーザー名：kirakuken
パスワード：g8hWQ4

※各授業ページのQRコードからも，それぞれの時間で活用できるQRコンテンツを読み取ることができます。
※上記URLは，学習指導要領の次回改訂が実施されるまで有効です。

本書の特色と使い方

◆実験や観察を安全に行うために

理科授業にともなう事故防止のため，どの実験や観察においても，事前に指導者が予備実験や観察をすることは大切です。本書にも多くの実験・観察が出てきますが，どれも予備実験が必要であることはいうまでもありません。本書では，特に危険がともなう実験や観察については，注意書きを本文中に記載しています。安全で楽しい理科実験を行いましょう。

◆めあてについて

1時間の授業の中で何を学習するか，子どもたちにわかる目標を示しています。

◆本時の目標について

1時間の学習を通して，子どもたちにわからせたい具体的目標。

◆ POINT について

子どもが理科の見方・考え方をはたらかせたり，資質や能力を養ったりできるためのポイント等が書かれています。こうした授業につながる学習活動の意図や，子どもの理解を深めるための工夫など，授業づくりにおいて指導者が留意しておくべき事項について示しています。

◆授業の展開（過程）について

① 1時間の授業の中身を基本4コマの場面に分け，標題におよその授業内容を表示しています。
② 本文中の「T」は，教師の発問です。
③ 本文中の「C」は，教師の発問に対する子どもの反応や話し合い，発表です。
④ 本文中の下部【 】表示は教師が留意しておきたいことが書かれています。

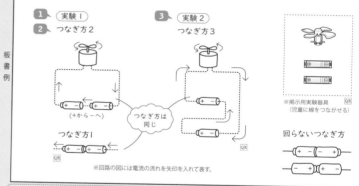

第2・3時めあて
モーターを速く回すつなぎ方を考えよう（直列つなぎ）

本時の目標　回路が1つで，2つの乾電池の＋極と－極がつながるようなつなぎ方を（乾電池の）直列つなぎといい，このつなぎ方をするモーターは速く回ることがわかる。

板書例

〔問題〕　モーターをもっと速く回すには，どうしたらよいのだろうか

1 実験1
2 つなぎ方2

3 実験2
つなぎ方3

※掲示用実験器具
（児童に線をつながせる）

つなぎ方は同じ

（＋から－へ）
つなぎ方1

回らないつなぎ方

※回路の図には電流の流れを矢印を入れて表す。

POINT　出てきたつなぎ方を，直列つなぎ，並列つなぎ，間違ったつなぎ方に分類し，間違ったつなぎ方はここで指摘して

1 モーターを速く回す方法を考える

乾電池1個で，プロペラ付きモーターを回して見せる。

T　このモーターを今よりも速く回すことはできないでしょうか。いい方法はないですか。
C　乾電池を増やすとよいと思います。
T　乾電池を2個使うと速く回せると思う人は？
C　は〜い。（挙手させると，多くがそう答える）
T　では，乾電池を2個つないで速く回せるか，隣どうしで相談して，いろいろ試してみましょう。
C　速く回った。電池2個分の力が出たのかな。
T　速く回せた組は立って見せてください。では，そのつなぎ方を絵にかきましょう。（つなぎ方1）
T　＋極どうしや－極どうしをつなぐと，どうなりますか。
C　回りません。

2 2個の乾電池が接している場合と，離れている場合のつなぎ方を比較する（実験1）

T　乾電池をどうつないだか，説明できますか。
C　乾電池の＋極と，もう1つの－極をくっつけてモーターにつなぐと速く回りました。（つなぎ方1）
T　では，2個の乾電池が離れていても，モーターを速く回せるでしょうか。（板書「つなぎ方2」の線をかき入れる前の図を示す）どのようにつなぐとよいかを考えて，ノートに線をかき入れましょう。

　各自で考えさせた後，黒板に線をかき入れに来させる（つなぎ方2）

T　このつなぎ方でよいか，回路（輪）になっているか＋極から順に指でたどって確かめましょう。
C　モーターを通って－極に戻ったから回るはず。
T　予想通りになるか実験しましょう。
C　やっぱり回りました。

【黒板掲示用の教具】
黒板でも配線が示せると，話し合いを進めやすい。乾電池は単1を使用。黒板に貼り付け回路を示す教具は乾電池ボックス（単1）や豆電球台の裏面にマグネットシートを貼れば簡単に作れる。

マグネットシート

貼る

電池ボックス

54

◆準備物について

1時間の授業で使用する準備物が書かれています。授業で使用する道具，準備物については，教科書に掲載されている物や教材備品，QRコードの中のものを載せています。授業中の事故を未然に防ぐためにも，入念な準備が大切です。

◆ICTについて

指導者が1時間の中でどのように端末を活用するのか，子どもにどのように活用させるのかについて具体的な例を示しています。資料の配布・提示や，実験の様子の撮影・記録など様々な用途で活用することを想定しています。

ただし，端末利用に捉われず，直接，動物・植物や自然を子ども自身が観察したり実験したりすることがとても重要です。

◆板書例について

P8，P9に板書の役割と書き方を詳しく解説しています。

◆QRコードについて

本文中のQRコードを読み取っていただくと，板書に使われているイラストや，授業で使えそうな関連画像・動画，資料等を見ることができます。色々な生き物を比較させたり，実験結果の確認をしたり，手順を説明する際に配れたりと，色々な使い方ができます。

また，資料をプリントではなく，画像データで配信することができるので，授業準備にかかる負担を軽減することができます。

※ QRコンテンツを読み取る際には，パスワードが必要です。パスワードは本書P4に記載されています。

準備物：・乾電池/乾電池ボックス（各グループ2個ずつ）
・プロペラ付きモーター/モーター台
・リード線（クリップ付き）か導線
・黒板掲示用の教具・プリント [QR]

ICT：モーターと電池2つが載ったイラストを送り，児童に導線をかき込ませ，つなぎ方を考えさせましょう。

QR
・画像

その他

---

4 〔実験3〕

かん電池を1つ ぬきとると

→ 電流は流れない

回路は1つ（の輪）

＋，－，＋，－と つなぐ

〔まとめ〕

2このかん電池を，
直列つなぎ（ちがう極どうし（＋と－）でつなぐつなぎ方）
でつなぐと，モーターは速く回る

あげましょう。

---

3 2個の乾電池がはなれている場合の
つなぎ方を考える（実験2）

T では，乾電池が2個このように並んでいるとき，
（板書「つなぎ方3」の線をかき入れる前の図を示す）速く
回るつなぎ方はどのようにすればよいのでしょうか。
線でつないでみましょう。

右のようなプリントを配布し，各自
で考えさせる。児童からは，次のよう
な予想図が出ると考えられる。

（A）　　（B）　　（C）

プリント（例）

本時では，直列つなぎの（A）のみ取り上げる。並列つな
ぎの（B）（C）は第5時に取り上げることにする。

T まず，（A）のようなつなぎ方で，速く回るかどう
か実験してみましょう。

C （A）のつなぎ方をすると速く回りました。

T 黒板でも，線をつないで確かめましょう。

4 直列つなぎでモーターが速く回ること
を確認する

T （A）のつなぎ方でモーターを速く回すことができ
ました。では（A）の乾電池を1個抜き取ると，モー
ターが回るかどうか実験しましょう。

C 回らない。電気が流れないからだ。

T 速く回ったつなぎ方についてまとめましょう。
回路（輪）の数はいくつですか。鉛筆でたどって
みましょう。

C 1つです。

T このように乾電池の＋極をもう1個の乾電池の
－極につなぐと，1つの輪ができてモーターは速く
回りました。このようなつなぎ方を「（乾電池の）
直列つなぎ」といいます。

T （A）のつないだ銅線を引き伸ばすとはじめの形に
なります。「つなぎ方1」「つなぎ方2」「つなぎ方3」
は，どれも同じなのです。

電流のはたらき（電池のはたらき）　55

◆QRコンテンツについて

本時のQRコードに入っている画像などを一部載せています。

P10，P11にQRコンテンツについての内容を詳しく解説しています。

◆赤のアンダーライン，赤字について

本時の展開で特に大切な発問や授業のポイントにアンダーラインを引いたり，赤字表示をしています。

板書の役割と書き方

　板書の役割は，学習内容の大切なところを示し，子どもに1時間の授業の流れを掲示するものです。同時に，指導者の授業のねらいの実現過程が見えるものです。

　学習の流れとして，「問題」や「予想」，「実験」，「結果」，「まとめ」を書き，1時間の授業の流れがわかるようにします。

　また，子どもの意見等をわかりやすく，簡潔に板書に書き示します。

授業の流れに沿った板書の役割と書く内容

① めあて・問題…何を学ぶのかや授業の課題を知らせる

　本時のめあてに迫るために，授業の中で，発問や指示の形で「問題」や「課題」を子どもたちに掲示します。板書では，めあてに沿った内容を文字や図で示し，子どもたちにここで「何を考えるのか」「何を学ぶのか」等の思考や行動を促します。

② 予想…問題について予想をたて，その予想を知り合い交流する

　掲示された問題に対して，いきなり実験や観察をするのではなく，まず予想や仮説をたてさせます。その根拠も併せて考えさせます。予想や仮説をたてるにあたっては，既習の知識や経験が子どもたちの思考や発言として反映されます。子どもの意見を単語や短い文で簡潔に板書に示し，他の子どもたちにも広げます。

③ 実験と結果…予想を実験で検証し，その結果をみんなで確認する

　どの予想が正しかったのかを教えてくれるのが「実験」です。同時に，正しかった予想を導きだした根拠もその時に検証されます。

④ まとめ…わかったことを確認する

　みんなで確認した結果やわかったことを短い文で簡潔にまとめて板書します。
※結果からわかったことについて，自然のきまり（法則）は，何だったのか。みんなで話し合い，見つけた事実や法則を確かめます。

⑤ 　QRマーク…QRコードの中に動画，画像，資料などがあります。

電子黒板，テレビ，児童のタブレットに配信しましょう。

板書の書き方…板書例「とじこめた空気や水」

◇ 板書の構成

　黒板は横長です。子どもたちに見やすい構成とするなら，展開に合わせておよそ4つに分け，どこに何を書くのか，その構成を考えながら書きすすめます。また，子どもたちが授業の終わりにノートやプリントに書ききれる分量も考慮します。

① 問題
　この1時間で「何を考えるのか」，「何を学ぶのか」，それを問う形で問題として板書する。

② 予想
　子どもたちが既習や体験をもとにして考える場面となる。空気は目に見えないので，空気には体積がないと考える児童も多い。なぜその予想になったのか理由も発表させたい。

---

① 〔問題〕 **空気には体積があるのだろうか**

1　ふくろの中にとじこめた空気を目で見るには？

　空気　水の中に出すと　あわになって見える
　あわ…空気 QR

2　〔実験1〕
3　底を切り取ったペットボトルを水そうにしずめるとペットボトルに水は入るのだろうか

　せん　？　水面は？ QR

〔予想1〕②
ア. 水が入る
イ. 水は入らない
ウ. そのほか

〔結果1〕④
イ. 水は入ってこない

※実験後，図に水面をかき入れる。

〔実験2〕
ペットボトルのふたを取ると水はどうなるだろうか

〔結果2〕
空気が出ていって　水が入ってくる QR

空気は場所をとっている
↓
「体積がある」という

3　〔まとめ〕
5　空気があると，水は入ってこられない
空気が出ていくと，水は入ってくる
空気には，体積がある

---

③ 実験
　問題や予想に沿った実験をする。実験1と実験2の2つの実験から空気がペットボトルの場所をとっていることを確認する。

④ 結果
　どの予想が正しかったのかは，実験が教えてくれる。結果は，簡潔な言葉や文でわかりやすく示す。

⑤ まとめ
　実験から
1. 空気があると，水は入ってこられない
2. 空気が出ていくと，水は入ってくる
1，2から空気には，体積があることをまとめる。

QRコンテンツで楽しい授業・わかる授業ができます 児童のタブレットに配信できます

見てわかる・理解が深まる動画や画像

　授業で行う実験等の内容や，授業では扱えない実験や映像など多数収録されています。動画や画像を見せることでわかりやすく説明でき，児童の理解を深めると同時に，児童が興味を持って取り組めます。児童のタブレットに配信し，拡大して見ることができます。

◇ 動画

傾き検査機を使って傾きを調べる

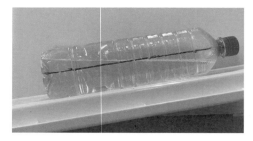

コップに入れたティッシュは濡れるか

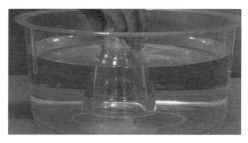

金属板を温める（中央）

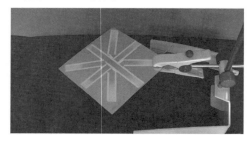

水を熱する

※ QR コードに収録されている動画には，音声が含まれておりません。

◇ 画像

春のサクラ

肘を曲げた模型

金属のたまは輪を通る

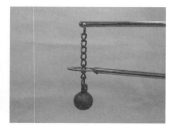

授業で使える「観察カード」「ワークシート」など

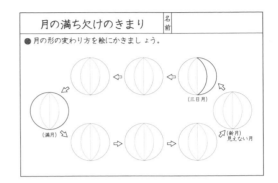

授業の展開で使える「ワークシート」や「観察カード」などを収録しています。印刷して配布したり，児童のタブレット等に配信してご利用ください。

板書づくりにも役立つ「イラストや図」など

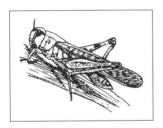

わかりやすくきれいな板書に役立つイラストや図がたくさん収録されています。黒板に投影したり，児童のタブレット等に配信してご利用ください。

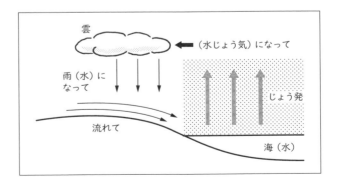

※ QR コンテンツを読み取る際には，パスワードが必要です。パスワードは本書 P4 に記載されています。

季節と生き物 「春の生き物」

全授業時数　5時間＋広げよう2時間

◎ 学習にあたって ◎

◉ 何を学ぶのか

　　学校付近の生き物（動物や植物）を，四季それぞれに，1年を通して観察していく学習です。1年間，観察を続けていくと，まず見られる動物（虫や鳥，他）や植物には，季節によって違いがあることがわかってきます。また，虫などの動物は，暖かい季節には見られる種類も多く，活動が活発なこと，反対に寒い季節には動きも少なくなり，それぞれのやり方で冬越しする姿も観察できます。植物なら暖かい季節は多くの種類が成長する時期です。やがて花を咲かせ，寒い季節に向かう頃には実や種子を作り，なかまを残していることがわかります。

　　生物の基本は，「成長すること（個体維持）」と「子孫を残すこと（種族維持）」，そして「身を守り『生活の場』を持っていること」です。ですから，虫などの動物なら，何を食べどのように成長し，子孫を残すのかが観察の観点になります。植物でも，成長する季節と花を咲かせて実や種子を残していく季節があります。動物や植物の一生をとらえる上でも，これら生物の本質に目を向けて観察することが，「生き物」をとらえる上で大切なことです。

◉ どのように学ぶのか

　　この学習は，まずは季節ごとに地域の野外に出て，自分の手と目で，動物や植物を直接見て触れることを出発点にします。子どもは実物に触れることによって，その生き物との距離を縮め，関心を寄せていくものです。それが，学習の土台ともなります。また，植物の一生をとらえるために，ヘチマなどを栽培し世話もしながらその変化を観察します。なお，気温も記録し生き物の姿や動きの変化は，気温と関係があることに気づかせます。

　　観察記録は，言葉や数とスケッチで，とらえたことを表現する活動です。国語科の「観察文」の学習と合わせた指導も考えられます。なお，この記録は，1年の最後に生き物の変化をふり返るときにも生きてくるでしょう。

◉ 留意点・他

　　生き物を大切にする気持ちも，まず触って好きになるところから生まれます。一方，今では映像や動画もあり，1年の変化も効率よく知ることができます。しかし，これらはあくまでも学習の助けです。子どもだからこそ，本物との出会いを大切にします。そこに，この学びの価値と意義もあります。なお，触ってはいけない生き物も教えておきます。

◎ 評　価 ◎

知識および技能	・動物の活動や植物の成長の様子には，暖かい季節，また寒い季節など，季節によって，違いがあることがわかる。 ・動物の活動や，植物の成長や様子の変化には，その季節の気温が関係していることに気づく。
思考力，判断力，表現力等	・季節ごとの動物や植物の様子を，絵と文（言葉）で記録し，表現することができている。
主体的に学習に取り組む態度	・生き物に進んで触れたり育てたりすることを通して，季節の移り変わりとともに，生き物の様子も変化していることに気づき，自然と生き物についての関心を深めている。 ・季節の生き物やその様子について，自分が見つけたことや気づいたことを発表し，友だちとも交流することによって，気づきを広げることができている。

◎ 指導計画　５時間＋広げよう２時間 ◎

◇ 第１時以前に，野外に出て簡単に春の動植物の観察をしておき，第１時の「計画づくり」につなぐとよいでしょう。

次	時	題	目標	主な学習活動
春の生き物	1	１年間，生き物の観察をする計画を立てよう	「身近な動物や植物とその様子を，季節ごとに１年間を通して観察していく」という学習計画について話し合い，その見通しを持つことができる。	・春に見られる「生き物」の種類や，その様子について話し合う。 ・１年間を通して，何の，どんなことを観察していくのかを話し合い，およその計画を立てる。 ・記録の残し方や，注意することなどを聞く。
	2	春のサクラのようすを観察しよう	サクラは，春になって気温が上がると花が咲き，その後小さな実をつけたり葉が出たりすることがわかる。	・花が咲いていたころのサクラと比べながら，その後，サクラには葉が出てきたことや，実ができている様子を観察し記録する。
	3	ヘチマを育てよう	ヘチマ（ヒョウタン，ツルレイシでもよい）の育て方を知り，種まきをし，今後の観察の見通しをもつことができる。	・ヘチマの種の観察をする。（できれば実も） ・ヘチマの育て方を調べ，ポットに種をまく。（発芽後） ・発芽したヘチマを観察し，畑などに植えかえる。
	4	春の動物（こん虫）を見つけて観察しよう	春の気温を測ったり，身近に見られる動物（昆虫）の様子を観察したり，記録することができる。	・春になって見られる昆虫を予想し話し合う。 ・野外で昆虫を探すとともに，活動の様子を観察し，カードに記録して交流する。
	5	春に見られる鳥や水中の生き物を観察しよう	ツバメやカエル（卵やオタマジャクシ）の様子を観察し，記録することができる。	・ツバメが巣作りする様子を観察し記録する。 ・水辺でカエルの卵やオタマジャクシを観察し，記録する。 ・見つけたことを発表し，交流する。
広げよう（２時間）		春に花がさく野草のようすを観察しよう	春にはたくさんの野草が花をつけていることに気づき，タンポポには日本タンポポと西洋タンポポなどがあることがわかる。	・野外で，春に花が咲いている野草を観察する。 ・カンサイタンポポなどの日本タンポポと，セイヨウタンポポの違いについて話し合う。

（観察場所について）

　１年間の「生き物観察」の始めです。定点観察のように，季節ごとに同じ場所で観察を続けると，季節による生き物の違いやその姿，また活動の様子も見えてくるでしょう。

　大切なのは，観察にふさわしい場所，樹木が近くにあることです。時間の上でも安全の上でも，できれば校内がよいでしょう。そのため，校庭の片隅に草を刈らない草地を残しておくとか，ミカンの木やキャベツを植えておくなど，生き物を寄せる「しかけ」などをつくっておくのも大切なことです。

1年間，生き物の観察をする計画を立てよう

「身近な動物や植物とその様子を，季節ごとに1年間を通して観察していく」という学習計画について話し合い，その見通しを持つことができる。

板書例

め 1年間，生き物の観察をする計画を立てよう

季節の生き物を観察しよう

1 春（今）の生き物 ―――――→ **2** 夏→秋→冬のようす

大きく2つのなかま

```
┌─── 生き物（生物）──────────┐
│ ┌── 動物 ──┐  ┌── 植物 ──┐│
│ │   虫     │  │   木     ││
│ │モンシロチョウ│ │ サクラ  ││
│ │ ミツバチ  │  │ マツ    ││
│ └─────────┘  └─────────┘│
│ ┌──┐ ┌──┐  ┌── 草花 ──┐│
│ │鳥│ │魚│  │          ││
│ │  │ │  │  │ タンポポ ││
│ └──┘ └──┘  └─────────┘│
└────────────────────── QR ┘
```

┌─────────────┐
│ 季節とともに   │
│ どう変わっていくか │ を観察
└─────────────┘

・サクラのすがた，ようす

・見つけた植物，動物
　（草花・虫・鳥・カエルなど）

・ヘチマを植える→育てる
　（ツルレイシ）

1 今（春に）見られる動物や植物について，見つけたことを話し合う

T 季節には，主に4つあります。今の季節は？

C 春です。その前は冬でした。

T では，冬から春になって見られるようになった『生き物』にはどんなものがあるかな。見つけたものの名前とその場所を発表しましょう。

C モンシロチョウがキャベツ畑の上を飛んでいました。花の周りにミツバチもいました。

C サクラの花が咲いていました。

T たくさん見つけましたね。では，この『生き物』を大きく2つのグループに分けるとしたら，どのように分けられますか。

C チョウとハチはどちらも虫で同じなかまです。

C サクラは植物だから，別だと思います。

T 虫は動物ですね。つまり，『生き物』というのは，大きく『動物』と『植物』とに分けられます。どちらも『生き物』なのです。

2 1年間，季節ごとに，何を調べて何を学ぶのか，学習の見通しを知り，話し合う

T このまま春は続きません。やがて季節は？

C 夏になります。

T 夏でもサクラの花は咲いていますか。また，夏になって見られる生き物は？

C 夏には，サクラの花は散って，葉が繁っています。それに，セミとかバッタが見つかります。

T このように，季節が変わると，見られる生き物も変わってきます。そこで，この1年間，季節ごとにどのような『生き物』が見られるのか，またその様子はどうなのかを観察していきます。どんなことを観察していきたいですか。

C サクラは，どう変わっていくのか。

C 季節ごとに見つかる虫を調べてみたい。

C 何か植物を育てて観察したい。

　　他，季節ごとの草花，野原の虫，鳥など。

T たくさん観察することが出てきましたね。

3 観察の記録
カードにかいて残す

題 サクラ		名前	
	（天気）	（気温）	（場所）
月　日　時			
（絵と文）			

（気づいたこと・思ったこと）

※観察カードを提示し，
「サクラ」などを例にかかせる。 QR

4 気温のはかり方

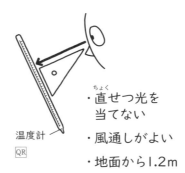

温度計 QR

・直せつ光を当てない

・風通しがよい

・地面から1.2m

さわっては いけない生き物

・マムシ（ヘビ）
・スズメバチ
・イラガのよう虫
・ウルシ，イラクサなど

---

3 1年間，何をどのように観察するのかを決め，観察のしかたも話し合う

T　観察していくもの（こと）をまとめます。まず，『その季節にどんな生き物が見られるのか』でしたね。『動物（虫も）』と『植物』に分けて，見られるものを調べていきましょう。

　どんなことを観察するのかを話し合わせる。野外観察の場所については，話し合う教師が決める。
　栽培する植物は，教科書も参考に，ツル植物のツルレイシかヘチマがよい。花と実もわかりやすい。

T　観察したことは，絵や文で記録して残していきましょう。あとで見ると，どこがどう変わったのかが，よく分かりますよ。

T　これが，記録していくカードです。（観察用紙を掲示）日時や場所，天気のほかに，大切なのは，見たものを絵と文章でかくところです。

T　まず，花の咲いているサクラのことをカードにかいてみましょう。

4 季節が変わると気温も変わる。気温の測り方を確かめ，危険な動植物も知っておく

T　春になると，花が咲きハチも見られるようになりました。どうしてでしょう。季節が変わると，違ってきたものは何でしょうか。

C　春になって暖かくなりました。気温です。

T　そうです。季節が変わると気温が変わります。気温も記録していきましょう。

　気温の測り方を教える。

T　では，温度計で今の気温を測ってみましょう。

T　外で観察するときには安全第一です。『さわってはいけない生き物』もあります。

・直射日光に当てない
・風通しのよいところ

・1.2～1.5mの高さ QR

　毒を持つヘビ（マムシなど），ハチのなかま（スズメバチなど），毒を持つイラガの幼虫，かぶれたりする植物（ウルシ・イラクサ）など，教科書の図や写真で確かめ合う。

春のサクラのようすを 観察しよう

板書例

〔問題〕　あたたかくなって植物（サクラ）のようすは,
どのように変（か）わっているだろうか

1　観察　4月の初（はじ）めごろ

・花がいっぱい

・まん開
↓
ちりはじめ
（花）花びら（5まい）
ピンク色

・葉は なかった

※4月初めの頃のサクラの画像を掲示する。 QR

気温（○○℃）

2　観察　今○月○日のサクラ

3
・（花）→ちって, 今はない

・（実）→小さい, 丸い
○○くらい ※※

・（葉）→ふちはギザギザ
しげってきた

※※ソメイヨシノは, 自分の花粉だけでは
結実しない。ヤマザクラなどは, 実ができる。

POINT　写真を撮らせるときには, 同じ場所で同じ時間に撮影させるとよいでしょう。

1　4月初めのサクラの様子はどうだったのかをふり返る（教室で）

T　今日は,学校（校庭）のサクラの様子を観察します。その前にサクラの様子を, 4月の初めのころと比べてみましょう。4月初めのサクラはどんな様子でしたか。（ソメイヨシノ）

C　花がいっぱい咲いていました。

C　入学式のころが満開でした。そのあと, 散り始めました。

T　そのサクラの花は, どんな花でしたか。また, 葉っぱはどうでしたか。

C　花びらは5枚あって, 薄いピンクでした。風が吹くと花びらが降ってきました。

C　花ばっかりで, 葉はなかったと思います。

T　花が咲いていて葉はなかったようですね。

T　では, そのあとサクラはどうなっているのか, 見に行きましょう。観察カードにも記録しますよ。

2　その後, サクラはどうなっているのかを観察する（校庭で）

T　（校庭で）その後のサクラの様子から, 4月の初めと比べて違ってきているところを見つけられますか。

C　4月の初めは花だけだったのに, 今は葉がいっぱい出ています。いつ出たのかなあ。

C　青い小さな丸いものがついているサクラの木もありました。実だと思います。

T　観察して見つけたことをカードにかきましょう。

〈春のサクラ〉

冬には葉もつけていなかったサクラに花がいっぱい咲く。観察をするサクラの木を決めておくと, 共通の対象を考えたり話し合ったりできる。
ここでは, 花が咲いたあとに実ができているサクラの木があれば, その様子を観察するとよい。花のあとに実ができることがわかる。

QR

・画像

その他多数

4 〔まとめ〕

　サクラは…あたたかくなって花がさき，

　・花がさいたあと，葉が出てくる
　（4月初め）　　　　　　　→　　ふえる

　[・花のあとに，実ができている
　（サクランボ）　]

　　　　　　　⇓
　どうなっていくか，続けて観察

3　観察して見つけたことや気づいたことを発表し，知り合う（教室で）

　教室へ戻り，観察カードにかき足しさせる。

T　今の季節のサクラの木を観察して，見つけたことは，どんなことでしたか。

C　サクラの花は，もう散っていました。

C　花の散ったあと，葉っぱがいっぱい出ていました。いつ出たのだろう。（ソメイヨシノの場合）

T　葉の様子で見つけたことは，ありましたか。

C　一枚，とってきました。
　葉はギザギザになっていました。

T　実を見つけた人もいましたね。

C　よく見ると，小さい実がいっぱいできていました。食べられるのかな？

C　花のあとには，実ができることがわかりました。

　発言とともに，観察カードも見せ合わせたり，黒板に貼付させたりすると学びも広がる。

4　サクラを観察した感想を交流し，まとめる

T　サクラを観察した感想を発表しましょう。

C　4月の初めと比べて，少しの日にちでサクラの姿が変わっていくことがよくわかりました。

C　花のあとに葉が出てくることがわかりました。

C　小さな実はこれからどうなっていくのかな。

T　サクラの実は，また観察しましょう。

　朝の会などで紹介し合うとよい。

〈サクラの花の断面図〉

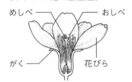

めしべ　　　　　　おしべ

がく　　　　　　花びら

花弁は5枚。めしべは1個，おしべは30〜35個。 QR

〈サクラの実の様子〉

QR

　学校に多いサクラはソメイヨシノで，花が咲いたあとに葉が出てくるが，実はできにくい。一方，ヤマザクラ系は，花と葉が同じ時期に見られ，花のあとに実ができる。

ヘチマを育てよう

ヘチマ（ヒョウタン, ツルレイシでもよい）の育て方を知り, 種まきをし, 今後の観察の見通しをもつことができる。

板書例

〔問題〕 **あたたかくなって, ヘチマのようすは,
　　　　どのように変わっているだろうか**

 ヘチマの種をまいてみよう

ヘチマの種

種をまく　気温（25℃）

} ふかさ 1cmくらい

ポット　　土　　QR

⇓

このあとは？

・色 ― 黒
・形 ― 平べったくまるい
・大きさ 1cmくらい
・さわると かたい

1cm

POINT 栽培し, 継続観察する植物は, ヘチマとあわせてヒョウタンやツルレイシを育ててもよいでしょう。

1 ヘチマの種を観察する

T　ヘチマを種から育てて, その育ち方を調べていきましょう。ヘチマは, どんな植物か知っていますか。

C　実がタワシになるって聞いたことがある。

T　そうですね。ヘチマは大きな実ができ, 昔はそれをタワシにして使っていました。今でもボディ用スポンジとして使われたり, 茎からとれるヘチマ水が化粧水として利用されたり, 私たちのくらしの中でも使われてきた植物です。

T　（ヘチマの種を配る）これがヘチマの種です。見て気づいたことを発表しましょう。

　　色, 形, 大きさ, さわった印象など出し合う。

T　これを植えて育てて, その成長の様子を観察していきましょう。

　　種の様子を観察カードに記録させる。

2 ヘチマの種をポットにまき, 日光によく当てて育てる

T　ヘチマの種を植えましょう。種は, まずビニルポットに植えて, 芽が出て本葉が3～5枚になったら学級園に植え替えるようにします。では, 校庭に出て作業しましょう。（校庭に出る）

T　まず, ビニルポットに土を入れます。

T　次に, 土に深さ1cmぐらいの穴を開けて, そこに種をまきます。その上から土を軽くかけるようにしましょう。ポットは苗箱に並べて入れておきます。

T　種を植えたら, たっぷり水をかけます。これから毎日, 土が乾いてしまわないように水やりをしましょう。芽が出たら, 日当たりのよい場所に置いて毎日観察するようにしましょう。

　　成長の節目ごとに観察カードに記録させる。次は子葉が出たころでよい。

準備物	・ヘチマ（ヒョウタン・ツルレイシ）の種子 ・ビニルポット（牛乳パックでも可） ・移植ごて　・土　・ものさし　・温度計 ・支えの棒　・麻ひも　・観察カード QR	ICT	自分で植えた種子の成長の様子を写真に撮らせ、記録を残していくのもよいでしょう。

3 芽が出たヘチマを観察しよう　気温（24℃）

ポットから

くき　葉

子葉

QR

- 葉　３〜５まい
- まきひげ
- 細くて長いくき（たおれやすい）
  - ［ささえのぼうや ネットに つかまらせる］

4 花だん（畑）にうえかえる

〔まとめ〕
- ヘチマは、あたたかくなるとめが出る
- やがて葉の数もふえ、成長する → 畑にうえかえ

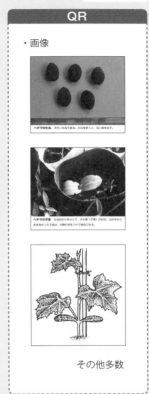

QR

・画像

その他多数

---

3 （後日，芽が出たころ）芽が出たヘチマの様子を観察する

観察時期は，ヘチマの成長にあわせて選ぶ。

Ｔ　ヘチマの葉が３〜５枚になったようなので，観察をしてから学級園に植え替えましょう。まず芽が出たヘチマの様子を観察しましょう。

観察カードと温度計を持って，ヘチマのビニルポットが置いてある場所に出る。

Ｔ　今の気温を測りましょう。
Ｃ　２４度です。
Ｔ　ヘチマの様子はどうですか。まず，茎の長さを計りましょう。葉の数も数えましょう。
Ｃ　私のヘチマの茎は２１cm、葉は５枚でした。
Ｔ　その他に気がついたことはありますか。
Ｃ　まきひげが出てきています。
Ｃ　葉の大きさが，子葉に比べてとても大きいと思いました。
Ｔ　観察したことをカードに記録しましょう。

4 ヘチマの苗を学級園（畑）に植え替える

ヘチマのビニルポットを持ち，花壇の前に行く。花壇はそれまでに植え付けの準備をしておく。

Ｔ　では，ヘチマをビニルポットから花壇に植え替えましょう。植え替えの方法を説明します。
Ｔ　ヘチマは根を傷めないように，土ごと植え替えます。手を添えてポットを逆さにし，土付きのままヘチマの苗をポットから取り出します。
Ｔ　花壇に植えて，支えの棒を立てます。棒とヘチマの茎をひもで結びます。このときあまりきつく結ばないようにしましょう。
Ｔ　これからヘチマの成長の様子を，続けて観察していくようにしましょう。

２週間に一度くらいの間隔で観察し，記録させる。

春の動物（こん虫）を見つけて観察しよう

本時の目標：春の気温を測ったり，身近に見られる動物（昆虫）の様子を観察したり，記録することができる。

板書例

〔問題〕　あたたかくなって，動物（こん虫）のようすは，どのように変わっているだろうか

1 どんなこん虫が見られる？

・テントウムシ
・モンシロチョウ
・アゲハ
・カマキリ
　（たまご→よう虫）

2 見つけたところとこん虫

3

（気温）

30
20
10
24℃

・草の葉とくきにテントウムシ
・花のまわりにモンシロチョウ
・草むらにカマキリのよう虫
・ミカンの木にアゲハ

ナナホシテントウ
〇月〇日

モンシロチョウ
〇月〇日

※児童がかいた観察カードを掲示する。

1 観察に行く前に，春に見られる動物（昆虫）を出し合う

T　今日は，春にはどんな昆虫がいるか，校庭や野原に探しに行きます。

　観察場所については，事前に教師が下見をしておき，校庭や近くの野原など適地を決めておく。

T　今の季節，校庭や野原ではどんな昆虫が見られますか。先生は，ナナホシテントウを見つけましたよ。
（虫を見せる）

C　モンシロチョウやアゲハを見た。

C　カマキリもいると思います。

T　どんな昆虫に出会えるか楽しみですね。

T　観察するときは，その昆虫の形，大きさと何をしていたのかを見て，カードに絵と文で記録しましょう。気温も測って記録しましょう。

　昆虫は，まずそのままの様子を観察すること，長袖，長ズボンを着用して帽子をかぶっていくことなどを伝え，外出の指示をする。

2 校庭や野原で気温を測り，昆虫を探す

T　（校庭か野原にて）気温を測って記録しましょう。温度計に直接日光が当たらないようにして，地面から 1.2 〜 1.5m の高さで測ります。

　記録させたら，温度計は教師が集める。

T　では，花壇や野草が生えているところなど，昆虫がいそうな場所を探しましょう。

ナナホシテントウ
（テントウムシ科）

アブラムシを食べる

モンシロチョウ（シロチョウ科）

キャベツの葉のうらに卵が見つかることが多い

オオカマキリ
（カマキリ科）

（5月初め）卵のうから出てきた幼虫

ナミアゲハ（アゲハチョウ科）

ミカンなどの木の葉のうらに卵が見つかることが多い

QR

・画像

その他多数

4 〔まとめ〕

冬から　　　　⇒　春になって
（寒い）　　　　　（温度が上がる＝あたたかくなる）

こん虫が　　　⇒　たくさん見つかる
見つかりにくい

　　　　　　　　・いろいろなしゅるい
　　　　　　　　　（チョウ，ハチ）

　　　　　　　　・数も多い

　　　　　　　　・動く
　　　　　　　　　（とぶ，みつをすう，たまごをうむ）

　　　　　　　　・たまごからよう虫も 出てくる
　　　　　　　　　（カマキリ，テントウムシ）

---

3 観察したことをカードに記録する

T　観察してきたことを発表しましょう。まず，気温は何度でしたか。

C　２４度でした。

　　計測してきた気温を確認し，黒板でも図示する。

T　では，見つけたものを発表しましょう。<u>どんな昆虫が見つかりましたか。またその活動の様子はどうでしたか。</u>（まず何人かに発表させる）

C　草むらにテントウムシを見つけました。じっとしてあまり動かなかったです。

C　モンシロチョウを見つけました。花壇に咲いているアブラナの花の周りを飛んでいました。蜜を吸っているようでした。

T　では，見つけた昆虫から１つ選んで，観察カードに絵と文で記録しておきましょう。

　　かけた観察カードは黒板に掲示する。また，掲示してから，児童に発表させてもよい。

4 わかったことや感想を出し合う

T　今日の観察を通してわかったことや感想を発表しましょう。

C　校庭にもよく観察すると，たくさんの昆虫がいることがわかりました。学級園のキャベツの葉の裏にモンシロチョウの卵がありました。

C　冬はあまり昆虫を見かけなかったけど，今の季節はいろいろ見つけられました。

C　テントウムシやカマキリの幼虫を見つけました。もう少ししたら，成長して大きくなるんだろうなと思いました。

T　いろいろな昆虫の様子が観察できましたね。春になって<u>気温が上がってきて，昆虫の数が増えたり，活動が活発になってきたりしているのですね。</u>これから１年間，季節ごとに昆虫の様子を続けて観察していきましょう。

板書例

〔問題〕 **あたたかくなって，動物（鳥や水中の生き物）のようすは，どのように変わっているだろうか**

1 野鳥
- ・メジロ
- ・スズメ
- ・ヒヨドリ
- ・ツバメ

2 水の中の生き物

3
- ・アメンボ（虫）
- ・メダカ（魚）
- ・ザリガニ
- ・カエルのたまご

オタマジャクシ

POINT 他の生き物を観察した児童がいた場合は，それもタブレットで写真を撮らせ，観察カードに記録させましょう。

---

1 観察に出かける前に，春にはどんな野鳥が見られるのかを出し合う

T 春になって見られる鳥にはどんなものがいるでしょうか。最近見たものはありませんか。

C ツバメが飛んでいるのを見ました。

C ツバメが家の軒下に巣を作っていました。

C メジロが木の枝にいるのを見ました。体が黄緑色で目の周りが白いので，すぐわかりました。

C ピーヨピーヨと鳴いて飛んでいる少し大きな鳥を見ました。たぶんヒヨドリだと思います。

T いろいろな野鳥が身近にいることがわかりますね。今日は，ツバメが巣を作っているところが近くにあるので，みんなで観察してみましょう。

ツバメ

メジロ

2 春の池にいる生き物を観察する

T ツバメの観察に行く前に，校庭の池で水の中の生き物を観察してみます。どんなものがいるでしょうか。

C アメンボがいると思います。

C 魚がいると思います。

C ザリガニもいるんじゃないかな。

C オタマジャクシがいるのを見ました。

T 春になって，水の中でもいろいろな生き物が動き出しているようですね。今日は，カエルの卵やオタマジャクシが見られそうです。その様子を観察してみましょう。

　水中の生き物が住める水たまりを校内に作っておいてもよい。ホームセンターなどで手に入る「〇〇フネ（舟）」などが利用できる。

アメンボ　　　ザリガニ　　　オタマジャクシ

4 ツバメのようすと すづくり

※画像を掲示する。

家ののき下に
すをつくるのは？
・カラスやトビから
　たまごやひなを守る

土を何回も運ぶ
このあと，たまごをうむ

↓

・ツバメは，春，日本にやってきて <u>すを作る</u>
・<u>たまごを産んで，ひなを育てる</u>

---

3 カエルの卵やオタマジャクシの様子を観察する

校庭に出て，観察の指示をする。教師の指示に従うなど，水辺での安全に関わる注意もする。

T　では，<u>池の中の生き物の観察から始めましょう。</u>水の中に入ったり，生き物を捕まえたりしないようにしましょう。

カエルの卵は教師があらかじめ確認しておき，全体に見えやすいように工夫する。

T　これがカエルの卵です。どんな様子ですか。
C　いっぱいかたまっているね。
C　透明のゼリーみたい。
C　中に黒い卵が1個ずつ入っている。
T　たくさんの数の卵がありますね。これがオタマジャクシになり，やがてカエルになるのです。

カエルの卵

T　卵やオタマジャクシはこれからどのように変わっていくのか，これからも続けて観察していきましょう。

4 ツバメを観察して，わかったことや気づいたことを出し合う

ツバメの観察に向かう。観察場所では，ツバメを驚かせないように，巣から少し離れて観察させる。

T　では，ツバメやツバメの巣の様子を観察してわかったことを発表しましょう。
C　ツバメは何回もやってきて土を運んでいました。土で巣を作るみたいです。
C　土だけでなく<u>枯草みたいなものもくわえて運んで</u>きていました。もうすぐ卵を産むのかな。
T　何か疑問に思ったことはありますか。
C　土はどこから運んでくるのかな。
C　どうして人がいる家の軒下に作るのかな。
T　ツバメは卵やひなをカラスやトビから守るために，わざと人がいる家の軒下に巣を作ります。また，田んぼや空き地が近くにないと，材料がなくて巣を作ることができないのです。

教室に戻って，観察カードに記録させる。

春に花がさく野草のようすを観察しよう

板書例

め　春に花がさく野草のようすを観察しよう

1 見かけた野草（5月）

・タンポポ
・カラスノエンドウ
・ナズナ
・シロツメクサ

2 観察したこと

ハルジオン
〇月〇日

キュウリグサ
〇月〇日

※児童がかいた観察カードを掲示する。

※野外での観察も含めて，2時間扱いにしてもよいでしょう。

POINT 花の色や大きさを比べて，植物の多様性や共通性を感じさせることも大切にしましょう。

1 春に見られる野草を発表し（教室で），花の咲いた野草を観察する（野外で）

T　春になって，冬には見られなかった野草がたくさん花をつけていますね。今，どんな植物が花を咲かせているでしょうか。このごろ見かけた野草にはどんなものがありますか。

C　タンポポです。

C　カラスノエンドウやナズナもです。

T　3年生でも観察をしたので，名前を知っている野草がたくさんありますね。4年生では季節ごとにどんな野草が見られるのか，観察していきましょう。

T　今から外で，咲いている花をたくさん見つけましょう。また，気に入った花を1つ選んで，花のつくりを詳しくみて，観察カードに記録しましょう。あとで図鑑でも調べて，わかったことも書くとよいですね。

校庭など観察に適した屋外に出て，観察させる。

2 観察したり調べたりしたことを発表する（野外での観察後，教室にもどって）

野外での観察のあと，教室でも図鑑で調べるなどしてカードを書かせる。

T　では，観察してきたことを発表しましょう。

C　私は花壇のそばでハルジオンを観察しました。花びらは白に薄紫が混じっていました。真ん中は黄色でした。茎の中は空洞になっています。図鑑にキク科と書いてあったので，確かに野菊って感じだなと思いました。

C　ぼくは運動場のすみに咲いていたキュウリグサを観察しました。花びらは薄い青色で，真ん中は黄色でした。3mmくらいの大きさでかわいかったです。葉をもむとキュウリの匂いがすると図鑑に書いてあったので，やってみると本当にそうでした。覚えやすい名前だと思いました。

T　しっかり観察したり調べたりできましたね。

QR

・画像

ハルジオンの花　キク科。北アメリカ原産の多年草。大正時代に園芸として入り…と思われる。

キュウリグサの花　ムラサキ科の2年草。約2mmの淡青紫色の花を咲かせる。葉をもむと，キュウリの香りがすることから，この名がある。

セイヨウタンポポとカンサイタンポポ

その他多数

---

③ 2種類のタンポポを見分けよう

⑦ カンサイタンポポ

⑦ セイヨウタンポポ

※画像を掲示する。 QR

QR

④ ［まとめ］
春は，花がさいている野草が多い

3　2つのタンポポの違いを観察する

T　⑦，⑦の2種類のタンポポの花（昔から日本にあるカンサイタンポポ，外来種のセイヨウタンポポ）があります。2つの違いを見つけましょう。

　グループごとに2種類のタンポポを配り，観察させる。数がなければ教師が見せて回り，違いを確かめ合う。（日本タンポポの花の方が少し小さい，花びらの下の部分がそり返っているかどうか，など）

T　花びらの下のがくのようなところの様子が大きな違いです。また，日本タンポポは春しか咲きませんが，セイヨウタンポポは夏や秋にも花を咲かせて，どんどん増えています。

カンサイタンポポ（キク科）

そり返っていない

セイヨウタンポポ（キク科）【ヨーロッパ原産】

そり返っている

QR

QR

花期：3〜5月　※日本タンポポは，昔からの環境が残されているようなところに多く咲いている。

4　わかったことや感想を交流する

T　春の野草の観察をして，わかったことや感想を発表しましょう。

C　春は気温が上がってきたので，たくさんの種類の野草が花を咲かせていることがわかりました。

C　冬にはほとんど枯れたようになっていたのに，季節によってこんなに違いがあるんだなと思いました。

C　図鑑でも調べて，観察だけではわからないことも詳しく知ることができてよかったです。

C　タンポポに2種類あることは，初めて知りました。

T　季節によって野草の様子はどのように変わっていくのか，またどんな植物が花を咲かせたり実や種をつけたりしていくのか，これからも調べていくことにしましょう。

人のからだのつくりと運動 —からだを動かすしくみ—

◎ 学習にあたって ◎

◉ 何を学ぶのか

　　人は，走ったり重いものを持ち上げたりすることができます。ふだん何気なくやっている動きです。しかし，それは人の体に骨と筋肉があり，骨が体を支え，筋肉がその骨を動かしているからこそできる動きなのです。ここでは，そのような人の「運動」を可能にしている骨と筋肉に目を向け，そのつくりとはたらきについて学びます。

　　まず，人の体には骨があり，それらが関節でつながって動くようにできていることを調べます。次に，その骨を動かしているのは筋肉であり，筋肉が縮むことによって，うでや足を曲げたり伸ばしたりできていることに気づかせます。また，人だけでなくウサギなどほかの動物も，同じように骨と筋肉を持っていることを取り上げます。

◉ どのように学ぶのか

　　人体の中で，子どもにとってわかりやすい骨と筋肉は，教科書でも取り上げているように，やはりうでの骨と筋肉でしょう。自分で触ったり，また曲げたり伸ばしたりして，筋肉や骨の動きを自身の目や感触で観察できるからです。このように，まず自分の体の骨や筋肉の観察を出発点にして学習を進め，自分自身の体のつくりにも関心を向けさせます。一方，体の内部にある骨や筋肉は，直接目で見ることはできません。そこは，X線写真の画像や骨格模型，骨格図なども使って，骨のつくりや動き方を確かめる学びへと広げていきます。

◉ 留意点・他

　　人もそうですが，脊椎動物は，その骨格と筋肉によって力強く素早い運動能力を持つ動物です。意識せずにやっている動きですが，それを可能にしている骨と筋肉のはたらきに改めて目を向けさせます。また，ここでは人のほかの脊椎動物の骨格や筋肉も取り上げます。その際，人の骨格との共通点とともに，違いに目を向けると，その動物のくらしぶりも読みとれます。ただ，学校で飼っている鳥や動物であっても，安全上，観察程度にとどめ，直接触れることは避けるのもひとつのやり方です。画像や標本などを使っての学習も可能です。

　　また，骨を動かしているのは筋肉ですが，その筋肉と骨とをつないでいる部分が腱（けん）です。アキレス腱やひじの内側の腱などは，外からも見え，触れることができます。関節と同様，着目させたい部分です。

◎ 評　価 ◎

知識および技能	・人の体には多くの骨があり，体を支えたり脳や内臓を守ったりしていることがわかる。 ・人が体を動かすことができるのは，骨と，骨についている筋肉のはたらきによることがわかる。 ・ウサギなど，ほかの脊椎動物もくらしに応じた骨と筋肉を持ち，それぞれの動物に合った運動ができていることに気づく。
思考力，判断力，表現力等	・人や人以外の動物の骨や筋肉のはたらきについて調べる活動を通して，既習の内容や生活経験をもとに，予想や仮説をたて，自分の考えを表現できている。
主体的に学習に取り組む態度	・人や動物の骨や筋肉のつくりとはたらきに関心を持ち，自分の体にも直接触れながら，骨や筋肉について進んで調べようとしている。

次	時	題	目標	主な学習活動
人のからだが動くしくみ	1・2	うでを動かすときに使うものは何か調べよう　うでのほかのほねや関節も調べよう	人のうでの骨は，肩から手首までのうでの中心を通っていて，ひじのつなぎ目の関節で曲がるようにできていることがわかる。	・自分の腕に触れて，腕は骨と筋肉でできていることを話し合う。 ・腕の中の，骨の形状を予想して描いてみる。 ・X線写真や腕の骨格図などを見て確かめる。 ・手の平や脚の骨や，関節の場所や数を調べる。
	3	うでを曲げのばしするときに使うものは何か調べよう	うでを曲げたり伸ばしたりするとき，骨についている内側と外側の筋肉が対になってはたらき，関節を動かすようになっていることがわかる。	・腕の骨を動かしているのは筋肉であることを話し合う。 ・腕に触れながら腕を曲げ伸ばしして，筋肉の様子（縮む，のびる）を観察する。 ・腕を曲げるとき，また伸ばすとき，内側と外側のそれぞれの筋肉の様子を調べる。
	4	からだの中のほねやきん肉を見つけよう	人の体には，運動に必要ないろいろな骨と筋肉とがあり，体を支えたり脳や内臓を守ったりしていることに気づく。	・頭など自分の体のいろんなところに触れ，どこにどんな骨があるのかを予想し話し合う。 ・骨格模型や骨格図に照らして，体にある主な骨の位置と形を確かめる。 ・骨には，支えるほかに，脳や内臓を守る役目をしていることを話し合う。
動物のからだの骨と筋肉	5	ウサギのほねときん肉の形を調べよう	ウサギの骨と筋肉について，人と比較しながら，そのつくりとはたらきがわかる。	・ウサギの体つきや動きについて，人と共通するところや異なるところを話し合う。 ・人の骨格との違いや共通するところを調べる。 ・ウサギの筋肉の付き方を見て，気づいたことを話し合う。
	深めよう	いろいろな動物のほねときん肉のつくりや動き方を調べよう	いろいろな動物について，骨と筋肉，そのつくりとはたらきを調べて，わかったことを交流し知り合うことができる。	・骨と筋肉について調べたい動物を決める。 ・図鑑やコンピュータ等を使い，動物の骨や筋肉について調べる。 ・調べてわかったことを絵と文でまとめ，発表し合って交流する。

板書例

（第1時）

〔問題〕　うでの曲がる部分は，
　　　　　どのようなつくりになっているのだろうか

1 うでのつくり
さわってみると

・中にかたいほね
・ほねの周（まわ）りに
きん肉

きん肉
ほね
うでの中

2 （予想）
中のほねの形

かた ── ── 手くび

QR

ひじ
まがるところ

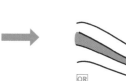

3 （たしかめよう）
・ほねは1本と2本
・ひじのところに
ほねのつなぎ目

QR

※骨の図かＸ線写真を掲示する。

〔まとめ〕
・うでのほねは，うでの中全体にある
・ひじのところにほねのつなぎ目（関節（かんせつ））があり，その部分が曲がるように動く

（POINT）体のつくりと動きの関係について話をする際，人権的な配慮を欠かさないようにしましょう。（自分の意志で腕を

1 【第1時】うでを触ってみて，うでのつくりについて話し合う

T　わたしたちの体は，いろいろな動きをすることができます。例えば，鉄棒をするときや何かを引っ張るときには，うでを曲げたり伸ばしたりします。このようなことができる腕は，どのようなつくりになっているのでしょうか。

T　まず，うでを触ってみて気づくことは？

C　硬いところがある。これは骨だと思う。

C　手首やひじにも硬い骨があるとわかるね。

T　では，うでを曲げて力を入れると力こぶができます。（やってみせる）これは何でしょう。

C　筋肉です。骨の周りについています。

C　筋肉は，ふつうのときはやわらかいです。

T　すると，うでの中には真ん中に硬い骨があって，その周りに筋肉があるということですね。

2 肩から手首までのうでの骨は，どのような形になっているのか想像してみる

T　本を片手で持ち上げてみましょう。持ち上げたとき，みんなうでが曲がりましたね。どこで，曲がりましたか。

C　ひじのところ。手首も少し曲がりました。

C　下ろすと，ひじも伸びます。

T　では，もしも肩から手首までの骨が見えたなら，骨はいくつあり，どのような形になっているのか，想像して絵に描いてみましょう。

うでの図を配布する。

C　肩からひじまで長い骨が1本，ひじから手首までもう1本かな。

C　手首のあたりを触ると，2本にも思えるよ。

C　ひじのところに，骨のつなぎ目がありそう。

T　ひじのところで，骨と骨がつながっているので，曲げることができそうですね。

QR

・画像

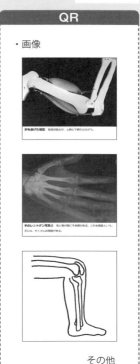

その他

（第2時）

4 **め** うでのほかのほねや関節も
調べよう

手のひらのほねと関節

手を形どって
うつして関節
のところに○

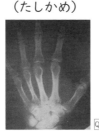

（たしかめ）

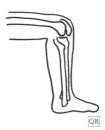

※手のX線写真を
掲示する。

あしの関節

もしも関節がなかったら？
→ひじを動かなくすると，コップの水は飲めない

曲げることが出来ない児童への配慮など）

---

3 うでの骨の形と，曲げられるところ（関節）を確かめる（X線写真や骨格標本を使って）

T それでは，実際に骨の形とつながっているかどうかを確かめましょう。

T X線写真といって，体の中の骨を写したものがあります。まずこれで見てみましょう。（掲示）どれが骨なのかわかりますか。

C 肩から手首全体に白く写っているのが骨だと思います。

C 肩からひじまでは1本の骨，ひじから手首までは2本の骨です。ひじでつながっているみたいです。

（指差しもさせて確かめ合う）

T うでが曲がるところは，どこでしょうか。

C ひじのところで，骨のつなぎ目です。そこが動くようになっています。

T このように動く骨のつなぎ目を『関節』といいます。言ってみましょう。

このあと，骨格模型があれば，腕の部分を見せると骨や関節の形状がより具体的に理解できる。

4 【第2時】ひじのほかに，自分の体にある関節を見つけてみる

T ひじのように骨と骨がつながり，動くようになっている関節は，ほかにもないでしょうか。

C 肩も手首も動くから，関節だと思います。

C 指にもいくつもありそうです。

T 手のひらの周りを鉛筆でかき写して，関節のある所に○印をつけましょう。

C 10か所以上ある。だから物を握れるのか。

X線写真でも確かめる。（模型や図でもよい）

T 関節は脚にもありそうですね。

黒板の脚の図を写させ，手と同様に関節に印をつけさせる。自分の体で調べたことを話し合わせる。

【発展的にやってみよう】『もし関節がなければ？』

T もしも，うでが1本の棒のようになっていて，ひじの関節がなかったら，どうなるでしょうか。

T 腕のひじに，30cmのものさしをくくりつけて曲げられないようにしてみると，水は飲めるでしょうか。

人のからだのつくりと運動 ―からだを動かすしくみ― 29

うでを曲げのばしするときに使うものは何か調べよう

うでを曲げたり伸ばしたりするとき，骨についている内側と外側の筋肉が対になってはたらき，関節を動かすようになっていることがわかる。

板書例

〔問題〕 うでは，どのようなしくみで，
曲げたりのばしたりすることができるのだろうか

1 ほねときん肉

2 曲げるとき

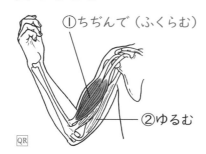

①ちぢんで（ふくらむ）

②ゆるむ

3 のばすとき

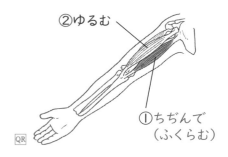

②ゆるむ

①ちぢんで
（ふくらむ）

ほねについた内側（上）と外側（下）の2つのきん肉が
ちぢんだり ゆるんだりして ほねを動かしている

1 うでを曲げたときの筋肉の様子を観察する

T 人の体は関節があることによって曲げることができましたね。では，関節を動かしているのは何でしょうか。

C 筋肉です。筋肉が縮んだりゆるんだりして動かしていると思います。

T 自分のうでを曲げたり伸ばしたりして，そのときのうでの筋肉の様子を見たり実際に触ったりして，どうなっているのか確かめてみましょう。

T まず，筋肉はうでのどこにありますか。（触らせる）

C 内側と外側にありそう。うでを曲げると，内側の筋肉がふくらんで力こぶができました。

C 外側の筋肉は，ゆるんでいるようでした。

C うでを曲げたり伸ばしたりするとき，筋肉はふくらんだり伸びたりしているようですね。

2 うでを曲げたとき，うでの筋肉はどうなるのかを予想し，模型を見て確かめる

T うでの曲げ伸ばしには筋肉が関係しているようですね。では，うでを曲げたとき，内側と外側の筋肉はどうなっていると思いますか。

　どの部分が内側の筋肉か，教師の腕で指し示す。

C 内側はふくらんで硬くなり，外側はゆるむ。

T では，関節模型を使って調べてみましょう。

　教師実験で，結果を確かめ合う。

T このように，うでを曲げるときは，内側の筋肉が縮んで，外側の筋肉はゆるんでいます。つまり，筋肉が縮むことで，私たちはうでを曲げることができるのです。鉄棒で懸垂するときもこのようになります。

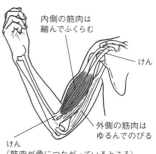

内側の筋肉は
縮んでふくらむ

けん

外側の筋肉は
ゆるんでのびる

けん
（筋肉が骨につながっているところ）

30

準備物	・うでの関節模型（教師用） ・ペットボトル ・手提げ袋（グループ数）	ICT	うでを曲げたときと伸ばしたときのイラストや写真を比べさせ，筋肉の様子の違いに気づかせましょう。

QR

・画像

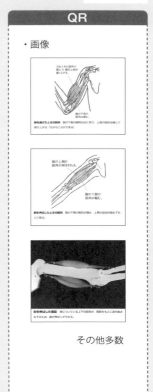

その他多数

4 きん肉とほねをつなぐところ ⇒ けん

けん

・きん肉の両はしにある

・じょうぶでかたい

・きん肉とほねをつないで
ほねを動かす

〔まとめ〕
うでの曲がる部分は，
ほねとほねのつなぎ目になっている

3 うでを伸ばしたとき，うでの筋肉はどのようになるのかを予想し，確かめる

T では，今度はうでを伸ばすと，内側と外側の筋肉はどうなっていると思いますか。

C 曲げたときと反対で，内側はゆるむと思う。

C 外側は縮んでふくらむと思います。

T 模型で実験してみましょう。（教師実験）結果はどうでしたか。

C 予想通りでした。

T うでを伸ばすときは，外側の筋肉が縮んでふくらみ，内側の筋肉がゆるんで伸びることがわかりましたね。このようにいろいろな筋肉が縮んだりゆるんだりすることで，骨を動かすことができるのです。また，筋肉はその両端にある細い丈夫な『けん』というもので骨を引っぱっているのです。（左図「うでを曲げたとき」参照）

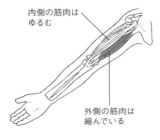

内側の筋肉はゆるむ

外側の筋肉は縮んでいる

4 物を持ち上げたり壁を押したりしたとき，うでの筋肉はどうなっているのか観察する

T 重い物をうでで持ち上げるときの筋肉の様子を観察してみましょう。水を入れたペットボトルを手提げ袋に入れて持ち上げてみましょう。また，片手を壁に当てて強く押してみましょう。そのときの筋肉はどうなっているか，手で触ってみましょう。

T うでの筋肉はどんな感じでしたか。

C 袋を持ち上げたときは，内側の筋肉がすごくふくらんで「力こぶ」ができました。

C 壁を押したときは外側の筋肉が固くなった。

T このように，筋肉が縮んだりゆるんだりすることで，うでの曲げ伸ばしができるのです。

※筋肉は縮むことはできるが，自身で伸びることはできない。だから，反対側の筋肉が縮むことで伸ばされているのである。

からだの中のほねやきん肉を見つけよう

人の体には，運動に必要ないろいろな骨と筋肉とがあり，体を支えたり脳や内臓を守ったりしていることに気づく。

板書例

〔問題〕 からだのいろいろな部分のつくりと動き方は，どのようになっているのだろうか

からだの中のほね

1 （たしかめよう）

頭
むね
せなか
こし
あし
↑
ほねがある
（200 あまり）

2 （たしかめよう）

・頭がい（ずがいこつ）
・ろっこつ（12本×2）
・せきつい（せぼね）
・こつばん（こしのほね）
・ほか　上わんこつ（うで）
　　　　あし，首，指のほね

QR
※骨格図を提示する。

3 中のものを守るほね

---

1 自分の体に触れて，体の骨を調べる

T　うでには１本と２本の骨があり，関節でつながって動かせるようになっていました。また，手のひらや指，脚にも骨はありましたね。このほかにも体には骨があります。どこにどんな骨があるのか，触って調べてみましょう。

C　骨は硬いから，手ざわりでわかりそう。

各自，頭や腰などを触って調べた後，発表し合う。

T　どこにどんな骨がありそうですか。

C　頭に硬い骨があります。頭蓋骨かな。

C　胸のあたりもさわると，ごつごつする骨があります。肋骨だと思います。

児童の発表を板書でまとめていく。

T　たくさん見つけましたね。知っている骨の名前も出てきました。ほかにもありそうですね。

2 骨格模型や骨格図を見て，どこにどんな骨があるのか確かめる

T　次に実際の骨の形を見て，確かめましょう。

骨格図のプリントを配布し，骨格模型も提示する。

T　これは人の体全体の骨です。骨だけになるとこのような形になっています。上から順に確かめていきましょう。まず，頭の骨です。（模型の頭がいを指して）この丸い骨を『頭がい』といいます。

C　頭と，あごの骨がつながっているよ。

T　自分の頭も触って確かめて，プリントに骨の名前を『とうがい』と書き入れましょう。

T　次は（模型の背骨を触り）『脊椎（背骨）』です。

骨ごとに，①模型（図）を見る，②骨の名前を知る，③自分の体で位置を確かめる，をくり返していく。取り上げて確かめておきたい骨は，上から『頭蓋（とうがい）』『脊椎（背骨）』『肋骨』『骨盤』，あと手足の骨として『上腕骨』や『大腿骨』である。

※骨の数は人により少し異なるが，約２００余りある。

④ からだのきん肉

・はいきん（せなか）

・ふっきん（おなか）

・きょうきん（むね）

・ほか　　あし，うで，
　　　　　かお，した

QR
※筋肉図を提示する。

[まとめ]・人のからだには，たくさんのほねがあり，
　　　　　からだをささえたり，守ったりしている
　　　　・人のからだは，関節（かんせつ）で曲げることができる
　　　　・人のからだは，ほねについている
　　　　　きん肉が，ちぢんだりゆるんだりする
　　　　　ことによって，動く

QR

・画像

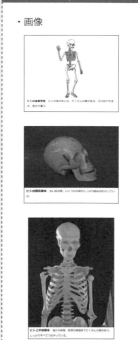

その他多数

3 骨の役割（はたらき）を考え，話し合う

T　骨があることで，脚の骨で体を支えたり腕の骨を
　使って物を持ったり押したりできました。

T　支えるほかにも，骨の役割
　はないでしょうか。例えば，
　（頭がいを指して）この頭の骨
　はどんな役割をしていると
　思いますか。

C　ヘルメットのように頭を
　守っているのかな。

C　頭の中には，脳があるので，
　その脳を硬い骨で包んで守っていると思います。

QR

T　このように，中身を守るはたらきをしている骨も
　あります。ほかにないでしょうか。

C　肋骨も，胸を守っているみたいです。

T　胸の中には，大事な心臓や肺があり，『かご』の
　ような肋骨はそれらを守っているのです。骨は体
　を支えたり，体の中のものを守ったりしているの
　ですね。

4 関節や筋肉はどこにあり，どんな動き方をするのか調べる

T　ひじのように，骨がつながって曲げることができ
　るところを関節といいました。ほかに大きな関節は
　体のどこにあるのか確かめましょう。

　　股関節，肩関節，脊椎など大きな関節を中心に確かめ，
　骨格図に〇印をつけさせる。

T　関節のところで骨を動かしているのは，筋肉でし
　た。私たちの体には，どこにどのような筋肉がある
　のか，図を見て調べてみましょう。

　　筋肉図を配布し，掲示する。

C　うでや足だけでなく，全身に筋肉があるんだ。

C　お腹の筋肉は『腹筋』だよね。

C　顔にもある。それで笑ったりできるのかな。

　　『腹筋』『背筋』『胸筋』など主な筋肉の名前を教えても
　よい。また，骨の名前も教えておくとよい。名前を知ること
　で，『ガイコツ』ではなく，個々の骨として意識されるから
　である。

ウサギのほねときん肉の形を調べよう

板書例

〔問題〕　ウサギのほねときん肉は，
　　　　　どうなっているのだろうか

1　ウサギのほね
2

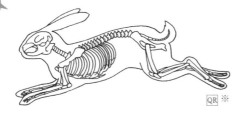

人とのちがい

- 小さい（からだ全体）
- せぼねが横向き，４本あし
- 後ろあしが長い
- こつばんがたてに長い

3　人と同じところ

- 頭のほね，せぼね，ろっこつ，こつばん，手足のほねがある
- 関節（かんせつ）がたくさんある
- あしのほねが長い

※人の全身骨格模型（図）とウサギの骨格図とを掲示する。

POINT　ウサギの前脚と人のうで，後脚と人の足のように，パーツごとに比べたり，関節部分に印をつけさせるなどして，共

1　ウサギの骨や筋肉について，人と比べて考える

T　人以外の動物の骨や筋肉について調べてみましょう。みんなが知っているウサギを取り上げます。（ウサギの姿や動きがわかる写真や映像を見せて）ウサギの体や動きを見て人と違うところはどんなところだと思いますか。

C　人より小さいです。４つ脚で動きます。

C　後ろ脚で蹴って飛び跳ねたり走ったりします。襲われると逃げます。

T　ウサギの体や動きは，人といろいろ違いますね。では，ウサギの骨や筋肉はどうなっていると思いますか。人と比べて考えましょう。

C　ウサギの骨は人より小さいと思います。

C　ウサギも人と同じように動くので関節や筋肉もあると思います。

C　ウサギは４本の脚で走るので，骨の形も２本足の人とは違うところがあると思います。

2　ウサギと人の骨格の違いを調べる

T　骨格模型で比べてみましょう。（人の全身骨格模型か骨格図と，ウサギの図を掲示して）これは人とウサギの骨格（図）です。ウサギの体の骨の様子が人と違っているところはどこか，ウサギの動き方からも考えてみましょう。（書かせてから発表）

C　骨が小さいのは，すばやく動き回るためかな。

C　人と違ってウサギの背骨は横向きです。４本の脚で走るからだと思います。

C　ウサギは前脚より後ろ脚の骨が長いです。後ろ脚で飛び跳ねるのに便利そうです。

C　人に比べてウサギの骨盤は小さくて縦に長いです。あまり腰に体重がかからないからかな。

〈ウサギの全身の骨格〉

頭がいや肋骨，骨盤が体のわりに小さい。
→ 体重を軽くする。

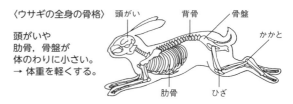

QR

・画像

4 ウサギのきん肉

QR ※※

・太もものきん肉が大きい → はねる

・首のきん肉が大きい → 頭をささえる

てきからにげる
＝
身を守る

※※人の全身筋肉図とウサギの筋肉図とを掲示する。

〔まとめ〕
人と同じように，ウサギも，ほね、きん肉、関節の
はたらきによって，からだを動かすことができる

その他

通点や差異点を見つけさせるとよいでしょう。

---

3 ウサギと人の骨格の共通点を話し合う

T　ウサギの骨格は人と違うところがいろいろあることがわかりました。ウサギは 4 本脚ですばやく走り，後ろ脚で飛ぶことができて，敵から逃げるためには都合のよい体なのですね。

T　では，同じようなところはあるでしょうか。あれば，どんなところでしょうか。

C　頭の骨や肋骨や骨盤はウサギにもあります。

C　骨と骨の間は関節でつながっているのが同じです。ウサギにも関節がたくさんありそう。

C　首や背骨はたくさんの骨が集まって関節になっています。曲げやすいです。

C　人もウサギも「あし」の骨が長いです。

T　人とウサギでは，体の大きさや形が違いますが，骨のつくりは共通しているところがたくさんありましたね。同じ動物として，骨の種類や関節があるところは同じなのですね。

4 ウサギと人の動きの違いと筋肉の様子を話し合い，まとめる

T　動くために骨を動かしていたのは何でしたか。

C　筋肉です。

T　そうですね。では，人とウサギの動き方の違いを考えてこの筋肉の図を見たとき，どんなことに気づきますか。（人とウサギの筋肉図を見せる）

C　太ももの筋肉は人もウサギも大きいです。

C　ウサギの首の筋肉がすごく大きいです。横向きで頭を支えるからではないかと思います。

C　ウサギは背中の筋肉が長くて丈夫そう。跳ねるのにこの筋肉も使うのかなと思いました。

T　筋肉も，ウサギのすばやい動きや「逃げる」ということに都合よくできているのですね。

〈ウサギの全身の筋肉〉

・ウサギの後ろ脚
　　― 長く，太い筋肉
・首から背中の筋肉
　　― 太く，厚い

いろいろな動物のほねときん肉のつくりや動き方を調べよう

板書例

め　いろいろな動物の
　　ほねときん肉のつくりや動き方を調べよう

1 〔1〕調べる方法
　　・図かん
　　・パソコン
　　　　　　　　など

2 〔2〕調べ方とじゅんじょ
　① 調べる動物を決める
　② その動物のくらしや動きと
　　 つないで考えてみる
　③ 人のからだのつくりとくらべる
　④ 友だちとも教え合う

POINT　色々な生き物の骨格を比べ，多様性を感じさせるとともに，それぞれの生活の様式と骨格の違いを関係付けて考え

1 調べる動物を決める

T　人とウサギの骨と筋肉を比べると，そのつくりやはたらきに，共通するところと違うところがあり，その違いは，くらしや動き方に関係しているということもわかりました。今日は，自分が調べたい動物を決めて，その骨や筋肉について調べましょう。どんなやり方で調べたらよいでしょうか。
C　動物図鑑で調べたらよいと思います。
C　パソコンを使って調べたいです。
T　どんな動物について調べてみたいですか。まず調べる動物を決めましょう。
C　鳥の骨や筋肉を調べたいです。
C　くねくねと動くヘビについて調べようかな。
　　他，飼っている犬や猫，魚などが考えられる。
T　それでは，それぞれ調べたい動物を決めて，調べる計画を立てましょう。

2 調べ方を確かめる

T　調べ学習にあたって，次の点を心掛けましょう。
　① 調べる動物を決める。
　② 動物の骨や筋肉，関節などのつくりやはたらきについて，その動物のくらしや動き方とつないで調べる。
　③ 人の体と比べ，共通点や違う点を考える。
　④ わかったことを友だちと教え合ったりする。
T　それでは，それぞれ調べ学習に取り組みましょう。
　（パソコンや図鑑など活用）

3 〔3〕発表に向けてかくこと

① 調べようと思ったわけ

② 図もくふうする

③ わかったこと, 思ったこと

4 〔4〕発表

QR

・画像

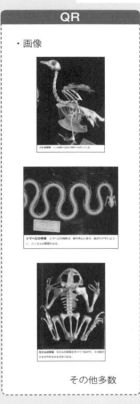

その他多数

させましょう。

3 調べたことを文章と図でまとめる

T　調べようと思ったことが調べられましたか。

C　パソコンにいろいろ資料がありました。

C　図鑑に動物の骨の図が載っていました。

C　友だちといっしょに調べて教え合いました。

T　調べたことをまとめます。発表することを考えて、
　次の点を心掛けましょう。

　① なぜその動物を調べようと思ったのかを書く
　　ようにする。

　② わかりやすいように，図を入れる。

　③ 調べてわかったことと，思ったこと（感想）を
　　分けて書く。

　④ 大きな紙にかいてもよい。

　　Ｂ４用紙などに「一枚新聞」の形にして，図と文章でまと
　　めさせてもよい。あとで掲示して見合うこともできる。新聞
　　名も自分でつけさせる。

T　では，それぞれまとめをしましょう。

4 調べたことを発表し，交流する

T　では，調べたことを発表しましょう。

C　ぼくは，空を飛ぶ鳥の
　骨や筋肉はどうなってい
　るのかなと思い，鳥につ
　いて調べました。(図を示す)
　鳥にも，人と同じように，
　骨，筋肉，関節がたくさ
　んあります。頭の骨や背

骨があることも人と同じです。特に人と違うところ
は，つばさの骨と筋肉です。人のうでにあたる部分
がつばさになっています。その部分の筋肉は，つば
さを動かすためにとても大きくなっています。また，
鳥の骨の中はすき間がたくさんあります。飛ぶのに
都合がよいように軽くなっているそうです。骨や筋
肉などのつくりは，鳥が羽ではばたいて空を飛ぶの
に都合よくできているんだなと思いました。

T　鳥の骨や筋肉は，空を飛ぶ鳥のくらしに合った形
　になっていることがよくわかりましたね。

天気と気温

◎ 学習にあたって ◎

◉ 何を学ぶのか

　天気（太陽の当たり方）と気温の間には，つながりがあることを学習します。晴れの日と雨の日では，気温はどう違うのか，また，天気によって，1日の気温の変化にはどのような違いがあるのかを調べます。実際に観測すると，太陽の光がよく当たる晴れの日は，気温も上がります。反対に，雲で太陽の光がさえぎられる雨や曇りの日は，気温もあまり上がりません。また，気温の変化のしかたも，天気によって異なります。晴れの日は，1日の気温の変化は大きくなりますが，雨や曇りの日は全体に気温は低いままで，その変化も小さくなります。

　このような天気と気温との関係を，温度計や自記温度計を使って調べます。その過程で，最高気温，最低気温となる時刻もわかってきます。そして，気温は太陽の高さや当たり方と関わって変化していることにも気づかせます。

◉ どのように学ぶのか

　必要な技能として，まず気温の正しい測り方を指導します。気温とは「空気の温度」のことです。気温は「直接日光を当てずに」「風（空気）通しのよいところで」測るのも，「空気の温度」を正しく測るためだということに気づかせます。また，その条件に合わせた観測用具として「百葉箱」があることも伝えます。学校にも設置されているので，その中に何があるのかを教えるよい機会です。また，1日の気温の変化を調べるには，自記（記録）温度計という器械があることも教え，実際に使います。なお，気温の変化をとらえるには，折れ線グラフに表すとわかりやすいことにも気づかせ，折れ線グラフで表現させます。また，算数科とも関わらせて，グラフの読み取り方も指導します。

◉ 留意点・他

　自記（記録）温度計が必要です。また，初めの調整は難しいので教師が行いますが，そのしくみも，（やや難しいですが）簡単に説明しておきます。一方，授業としては，天気や時間に応じて気温の測定をすることもあるので，臨機応変な対応も必要でしょう。地温などは，教師が測っておくとよいでしょう。

◎ 評　価 ◎

知識および技能	・晴れの日の1日の気温は，朝は低く，昼過ぎになると高くなり，そのあと下がっていくことがわかる。 ・晴れの日の1日の気温の変化は大きいが，太陽の光が雲でさえぎられる雨や曇りの日は，1日の気温の変化は小さいことがわかる。 ・気温を測るときには，直射日光の当たらない風通しのよいところで，正しく測る（観測する）ことができる。 ・1日の気温の変化を記録し，その変化を折れ線グラフに表すことができる。
思考力，判断力，表現力等	・晴れの日と雨や曇りの日の気温の違いや，気温の変化の違いは，太陽からの光の当たり方と関係があることに気づいている。 ・1日の気温の変化を表すには，折れ線グラフがよいことに気づき，その読み取り方がわかっている。
主体的に学習に取り組む態度	・友だちとも協力して，1日の気温を測ることができている。 ・天気と気温や，天気と気温の変化には関わりがあることに関心を持っている。

※気温の測定は，およそ1時間ごとに1日を通して行います。休み時間を活用するなど，校時に合わせて臨機応変に測定の時間をとるようにしてください。

次	時	題	目標	主な学習活動
晴れの一日の気温の変化	1・2	晴れの日の1日の気温の変化を調べよう	・晴れた日の1日の気温は，朝は低く昼過ぎには高くなることがわかる。 ・調べた気温の変化を，折れ線グラフに表すことができる。	・晴れの日の1日の気温の変化を予想する。 ・晴れた日に，正しい気温の測り方で1時間ごとに気温を測り，表に記録する。
	3			・測定した気温を，折れ線グラフに表す。 ・1日の気温の変化について，折れ線グラフからわかることを話し合い，まとめる。
雨や曇りの日の一日の気温の変化	4	雨やくもりの日の1日の気温の変化を調べよう	・雨の日や曇りの日の1日の気温の変化を折れ線グラフにかくことができる。 ・曇りや雨の日は，晴れの日よりも気温の変化が小さいことがわかる。	・雨や曇りの日の気温を1時間ごとに測り，記録する。
	5			・測定した気温を，折れ線グラフに表す。 ・折れ線グラフからわかることを話し合い，雨や曇りの日の気温の変化をまとめる。
記録温度計と天気	深めよう1	天気と気温の変化の関係を調べよう	・百葉箱のしくみと使い方がわかる。 ・記録温度計の折れ線グラフと天気の関係がわかる。	・百葉箱のつくりが気温の測定に適していることと，そのわけについて話し合う。 ・記録（自記）温度計の気温の記録を見て，グラフの形は，それぞれの日の天気（晴れや雨）とつながりがあることを話し合う。
太陽の動きと地温・気温	深めよう2	晴れた日の昼すぎの気温が高くなるわけを考えよう	気温は太陽の光の当たり方とも関係し，1日で最も高くなるのは午後1時～2時頃であることがわかる。	・昼ごろ気温が高くなるのは，太陽の高さと関係があることを話し合う。 ・天気による地温・気温の違いは，太陽の光の当たり方と関係があることを話し合う。

晴れの日の 1日の気温の変化を調べよう

板書例

〔問題〕 晴れの日の1日の気温は どのように変化するだろうか

1 晴れの日

・気温が 低いのはいつ？ 高くなるときは？

・気温の 変わり方は？

2 気温のはかり方

・直せつ日光を 当てない（おおい）

・風通しのよいところ

・高さ1.2m～1.5m

同じ場所で 1時間ごとに

9時，10時 … 3時

3

百葉箱（ひゃくようばこ）

記録温度計でも 1週間の気温（きろく）

POINT 第2時の授業（展開3）は，実際には1時間ごとに約7回の気温測定をしています。また，第3時の授業（展開4）は，

1 【第1時】晴れた日の1日の気温や， その変化を予想する

単元の始めに，気温の測り方やグラフのかき方，読み取り方などの基本を学ぶ。よく晴れた日に行う。

T こんなよく晴れた日の1日の気温は，時間とともにどのように変化していくのでしょう。

T まず，晴れた日では，気温がいちばん低いのは，1日のうちいつ頃でしょうか。

C 朝は少し寒いので，気温が低いのは朝かな。

C そのあと，だんだん気温も上がっていく。

T では，気温がいちばん高くなるのは？

C 昼の12時頃。太陽が高いところにあるから。

C 私は昼過ぎ2時ごろがいちばん暑いと思う。

T では，夕方の気温は，どうでしょう。

C 昼ごろからだんだん気温は下がって涼しくなり，太陽が沈むと，気温も下がると思います。

T では，気温を測って，1日の気温の変化を確かめて記録していきましょう。

2 気温の測り方をみんなで確かめておく

T 気温を測るときに気をつけることは，いつも同じ場所で測ることです。それはどうしてでしょうか。そのわけを考えてみましょう。

C 場所が違うと，同じ時間でも気温に違いがあるからだと思います。

T ほかにも気温を測るときに気をつけることがあります。どんなことでしたか。

板書の3つのことを確かめ合う。

T このことから考えると，気温を測る場所は運動場の芝生のところなどがいいですね。

T これから1時間ごとに気温を測ります。まず9時の気温を測って用紙に記録しましょう。

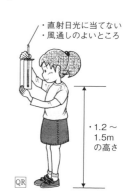

・直射日光に当てない
・風通しのよいところ

・1.2～1.5m の高さ

QR

④ 折れ線グラフに表そう

時こく	9時	10時
天気	晴れ	晴れ
温度（℃）	15	17

⇒

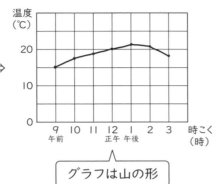

グラフは山の形

〔まとめ〕
晴れた日の気温は
・<u>朝は低く</u>（だんだん上がって）
・<u>昼</u>すぎに（午後1～2時）<u>高くなり</u>（そのあと下がって）
・<u>夕方は低くなる</u>

1日の気温を測定した翌日か翌々日に行うとよいでしょう。

---

3 【第2時】1時間ごとに気温を測って記録し，記録温度計でも気温の変化を記録する

T　気温を測るのは，午前9時から1時間ごとに，午後3時（または4時）まで測りましょう。

【気温の測定について】
・気温を測る場所は，条件を考え，グループで決めさせてもよい。または適地をクラスで決めて，そこで測ってもよい。
・校時や時間割の関係から，1時間ごとに測ることが難しいこともある。その場合は休み時間などを使って測るようにする。あわせて教室内でも気温を測るのもよい。

T　気温を測るために作られているものが『百葉箱』です。行って見てみましょう。
T　（百葉箱の前で）この箱の中で気温を測ると，正しい気温が測れるのです。ここに記録（自記）温度計を入れておきます。1週間分の気温を自動的に記録してくれる器械です。（セットする）
※『百葉箱』『記録（自記）温度計』については，P44【深めよう1】に詳しく取り上げ，つくりなどを学ぶ。

4 【第3時】気温の変化を折れ線グラフに表し，折れ線グラフからわかることを話し合う

T　昨日は，1日の気温を1時間ごとに記録できましたね。気温の変化をわかりやすくするために，表から，折れ線グラフというグラフに表しましょう。
（グラフ用紙を配布）
T　横軸は午前9時からの時刻，縦軸は気温です。
　　個別指導も入れながら，折れ線グラフを作らせる。
T　グラフを見てわかったことを発表しましょう。
　　グラフから読み取れることを交流する。

晴れの日の1日の気温の変化 QR

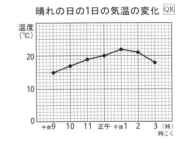

T　まとめると，
晴れた日の気温は，朝は低く，昼過ぎにいちばん高くなり，夕方にかけてまた下がっていく，といえますね。

雨やくもりの日の 1日の気温の変化を調べよう

板書例

〔問題〕 雨やくもりの日の1日の気温はどのように
変化（へんか）するのだろうか

1 予想

晴れの日とくらべて

太陽が出ていない

・気温は
低くなるか？
高くなるか？

・グラフの形は？

2 そくてい

1時間ごとにはかる

時こく	9時	10時	11時
天気	くもり	くもり	雨
気温（℃）	13	14	15

※測定した結果の表を掲示する。

POINT 第4時（展開1・2）は，雨やくもりの日を選んで，1時間目に授業を行うようにします。第5時の授業（展開3・4）

---

1 【第4時】雨や曇りの日の気温の変化を予想する

T 今日は雨が降ったりやんだりしています。こんな雨や曇りの日は，1日の気温はどのように変化していくのか調べてみましょう。

T 晴れの日と比べて気温はどのように変化していくのでしょうか。まず，気温の高さは？

C 雨の日は，晴れの日より少し寒い。

C 太陽が晴れの日のように出ていないから，気温はあまり上がらず低めかな。

C 1日の暑さや寒さは大きく変わらない。

C 雨の日と曇りの日では，あまり変わらない。

T （グラフを掲示して）これは晴れの日の1日の気温の変化を表したグラフです。このグラフと比べて雨や曇りの日はどんなところが同じでどんなところが違ってくると思いますか。

C 太陽が出ていないから気温は上がらない。

C 晴れの日より，どの時間も気温が低くなる。

2 雨や曇りの1日の気温を測って，変化を調べる

T それでは，雨や曇りの1日の気温の変化を調べましょう。気温の正しい測り方は？

C 晴れた日に測ったやり方と同じです。

C 太陽の光をよけるおおいはなくてもいいね。

観測にあたっては，事前に天気予報などで確認しておく。

T 観測は雨の日1日と曇りの日1日に分けて行います。（またはどちらか1日。教科書にあわせる）

T 午前9時から午後3時の間，1時間ごとに測って，用紙に記録します。場所は，各グループともに前と同じ場所で測りましょう。気温のほかに気がついたことも記録しておきましょう。

観測場所はクラスで適地を決めておいてもよい。1時間おきか，休み時間ごとに気温を測り，記録させる。1日の気温が記録できたらグラフをかかせる。

3 〔記録〕
折れ線グラフに表そう

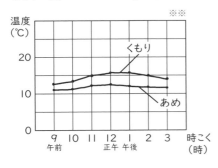

4
晴れの日とくらべると

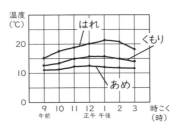

〈雨やくもりの日〉　　　〈晴れの日〉

・1日中低い気温が続く　⟺　昼ごろ高くなる

・気温の変化は小さい　　⟺　上がって下がる

・気温の高低差は小さい　⟺　山の形（高低差は大）

※※グラフは雨か曇りのどちらか1つでもよい。

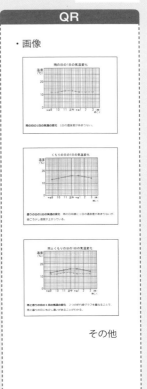
は, その翌日に行うとよいでしょう。

---

3 【第5時】雨や曇りの日の気温の変化をグラフに表してみる

雨の日の気温の変化　　　曇りの日の気温の変化

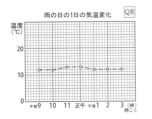 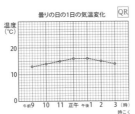

※どちらか一方のグラフでもよい。（教科書にあわせる）

T　グラフからどんなことがわかりますか。

C　気温は, 雨の日も曇りの日もあまり変化しません。

C　朝と夕方の気温と昼の気温の差があまりありません。

C　1日の気温全体が低いです。

C　1日を通して, 晴れの日のような山の形のグラフにはなっていません。

4 晴れの日と, 雨や曇りの日の気温の変化を比べてみる

T　晴れの日と, 雨の日や曇りの日の1日の気温の変化を, 1つのグラフ用紙に表しましょう。

　　1つの用紙に, 色分けして折れ線グラフをかく。

T　1つのグラフにかき表すと, 晴れの日と, 雨や曇りの日の違いがわかりやすくなりますね。このグラフを見てわかったことは？

C　晴れた日は, 気温がどんどん上がっている。

C　雨や曇りの日は, あまり気温が上がらない。

C　晴れた日は, 朝と夕方の気温が低くて午後1時〜2時頃にいちばん高くなりました。グラフは山の形みたいです。

C　雨や曇りの日は, 1日を通して気温の差があまりありません。

T　まとめると, 1日の気温の変化を表すグラフは, 晴れの日は山の形で, 雨や曇りの日は, 変化があまりないということがわかりましたね。

天気と気温の変化の関係を調べよう

板書例

〔問題〕 天気と気温の変化には，どんな関係があるのだろうか

1 百葉箱とは
2 正しい気温や気しょうを観そくするそうち

・白くぬられている
（あつくならない）

・すきまのある板でかこまれている
（風通しがよい）

・高さ1.2m〜1.5m

白い

空気が流れる

しばふ

3 1週間の気温を自動で記録する

記録温度計で気温の変化がわかる

※画像やイラストを提示する。

---

1 百葉箱について気づいたこと，不思議に思ったことを出し合う

T （百葉箱を前にして）今日は百葉箱とはどういうものか，百葉箱のつくりを調べます。

T 説明する前に，百葉箱を見て気がついたこと，不思議に思ったことはありますか。

C 白く塗られているのはなぜかな。

C すき間を作ってあって，斜めに板が張ってあるのはどうしてだろう。

C どうして百葉箱に足がついているのかな。

T いろいろ質問が出ましたね。

〈百葉箱〉

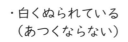

白く塗られている。
（光を反射して，箱が熱くならないようにしている）

斜めの板（よろい戸）
（雨や雪が入らず，空気がよく通りぬける）

下は芝生。
（地面の照り返し防止）

中は涼しい。
・温度計
・気圧計
・湿度計
などが入っている。

2 百葉箱とはどのようなものか調べる

T 百葉箱が白く塗ってあるのには理由があります。どうしてだと思いますか。

C 太陽と関係があると思います。

T そうですね。白色は光を跳ね返しやすいので箱の中があまり暑くならないのです。つまり正確な温度を測るために塗られています。

T 次に，斜めの板が張ってあるわけを考えてみましょう。中を観察してみましょう。

C 中は涼しいです。風が通っています。

C すき間から光が見えて空気も出入りします。

T 「直射日光が当たらない」「風通しがよい」という気温を観測するときの条件にあったつくりですね。では，高さはどうでしょうか。

C 1.2m〜1.5mくらいの高さです。

T このように百葉箱とは正しい気温を観測できるように作られていて，全国の学校にあります。

| ICT | 記録温度計がなくても，記録用紙の 画像を送り，天気の様子を考察させると よいでしょう。 |

3 折れ線グラフから天気を見る

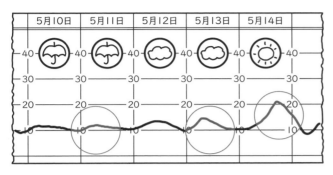

グラフの 形からも 天気が わかる

・晴れの日　　5月14日, 15日
　　1日の気温の変化が大きく, 気温も高い　・・・

・雨の日　　　10日～11日
　　1日中気温が低い。変化があまりない　・・・・・

・くもりの日　11日後半～13日
　　雨の日より少し変化がある　・・・・・・・・・・

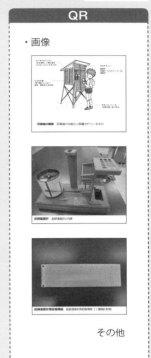

QR

・画像

その他

3　記録（自記）温度計に記録された気温の変化から，その日の天気を考える

T　次に，百葉箱の中に入れてあった記録温度計の記録をもとに，気温と天気の関係を調べます。

記録温度計を教室にもっていき，そのしくみを簡単に説明する。そして，1週間記録された記録温度計の用紙をプリントし，配布する。

T　ここに1週間の温度を記録したグラフがあります。みなさんが記録してくれたグラフの1週間分を続けて並べたようなものです。

〈記録（自記）温度計〉

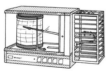

自動的に気温を測り，グラフをかくことのできる器械。

T　折れ線の上がり下がりを見ながら，その日の天気が晴れなのか，雨や曇りなのかを考えてみましょう。まず，晴れの日はありますか。あるなら，いつだと思いますか。また，それはグラフのどこを見てそう思いましたか。

グラフから天気を読み取らせ，理由も合わせて交流する。

T　このグラフを見て，他に気がつくことは？

C　毎日午後1時～2時頃，最高気温になっている。

T　今まで学習してきた気温の変化と天気の関係がよくわかりますね。

記録温度計から
天気を読む

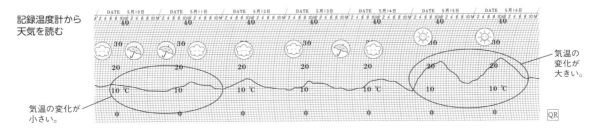

気温の変化が
小さい。

気温の 変化が 大きい。

晴れた日の昼すぎの気温が高くなるわけを考えよう

本時の目標：気温は太陽の光の当たり方とも関係し，1日で最も高くなるのは午後1時～2時頃であることがわかる。

板書例

〔問題〕　晴れた日の昼すぎの気温が高くなるのは，どうしてだろうか

1

（1）太陽の高さ

いちばん高い時こく

↓ 12時ごろ

光がいちばん強くあたる

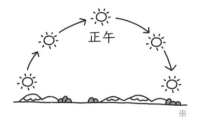

正午

※画像やイラストを提示する。（かいてもよい）

（2）地温と気温

いちばん高い時こく
地温 12時ごろ
気温 午後1時～2時ごろ ｝ずれ

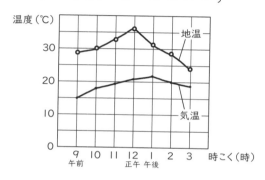

POINT　晴れているときは，夜のうちに宇宙に熱を捨てるので，朝の気温は低いが，雲が多いと熱を捨てにくいので，朝の

1　晴れの日の太陽の高さと，地温や気温とのつながりを考える

　太陽の当たり方が気温と関係していることをわからせたい。まず，晴れの日について考える。

T　1日のうちでいちばん気温が高かったのは昼過ぎの1時頃でした。今日はそのわけをみんなで考えてみましょう。まず，太陽がいちばん空高くに見えるのは何時頃でしょうか。

C　昼の12時頃です。

T　そのころ太陽からの光もいちばん強く当たりますね。

　朝から夕方までの地温や気温は記録できない。教師が用意して配布する。

T　地面の温度，「地温」を調べたものがあります。いちばん地温が高くなっているのはいつ頃ですか。
（太陽の動きと地温・気温の図，グラフを掲示）

C　やっぱり昼の12時頃です。

　（※注）午後1時頃になるときもある。

T　この2つのことから，わかることは？

C　太陽がいちばん高いところにあるときと，地温のいちばん高いときが同じ12時頃です。

T　そうですね。太陽が最も高くなる12時頃には，日光は強く地面にあたるので，地面の温度は1日のうちで最も高くなります。

T　では，地温が最も高くなる12時頃に，なぜ気温も最も高くならないでしょう。

C　温まった地面の温度が，空気に伝わるのに時間がかかるのかな。

T　気温は，地面に近いところの空気からだんだん温められていくため，1日で最も高くなるのは太陽や地温が最も高くなる12時頃から1～2時間ほど遅れた時刻になるのです。

　他，正午以降も2時頃までは出ていく熱より入ってくる熱の方が多く，熱がたまっていくことが主な理由になる。

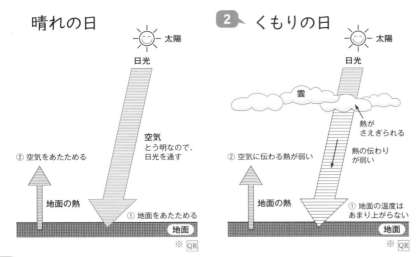

晴れの日

② くもりの日

☀太陽

日光

雲

熱がさえぎられる

空気
とう明なので、日光を通す

② 空気をあたためる

② 空気に伝わる熱が弱い

熱の伝わりが弱い

地面の熱

① 地面をあたためる

① 地面の温度はあまり上がらない

地面

地面

※ QR

※ QR

QR

・画像

その他

③ ［まとめ］
気温（空気の温度）が上がるのは
① 太陽（の光）が地面をあたため，
② あたたまった地面が空気をあたためているから

気温があまり下がらない。

---

2 雨や曇りの日の地温・気温と太陽の関係を見る

T　雨や曇りの日の気温があまり上がらないのはどうしてでしょう。雨や曇りの日，空には何がありますか。

C　雲があります。

T　雲があるのは，気温と何か関係があるでしょうか。

C　雲が日光を遮るから気温があまり上がらない。

T　そうですね。雨や曇りの日は，晴れの日と比べて気温は低めです。それは，雨や曇りの日には<u>必ず雲が出ていて，太陽の光を遮るため</u>です。その結果，太陽からの光や熱が地面にも届きにくくなり，気温はあまり上がらないのです。

雨，曇りの日に気温があまり上がらない理由

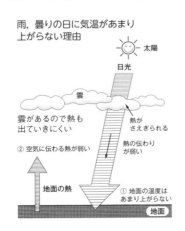

☀太陽

日光

雲

雲があるので熱も出ていきにくい

熱がさえぎられる

② 空気に伝わる熱が弱い

熱の伝わりが弱い

地面の熱

① 地面の温度はあまり上がらない

地面

3 気温と太陽の関係をまとめる

T　晴れの日，雨や曇りの日の気温の変化を見て，太陽との関係も考えました。どんなことがわかったでしょうか。

C　気温は，太陽が出ているかどうかで変わる。

C　太陽が地面を温め，地面の温度が空気に伝わり，空気を温めていることがわかりました。

T　そうですね。<u>気温が上がるのは，太陽が地面を温め，温まった地面の温度が空気に伝わって空気の温度（気温）も上がるから</u>です。気温は太陽と関係があることがわかりましたね。

〈太陽からの熱の伝わり方〉

昼間は光（熱）がどんどん地面に入って気温が上がる。日が沈むと夜には熱はどんどん出ていき気温が下がる。

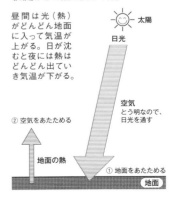

☀太陽

日光

空気
とう明なので、日光を通す

② 空気をあたためる

地面の熱

① 地面をあたためる

地面

電流のはたらき（電池のはたらき）

全授業時数　学習準備１時間＋６時間＋広げよう・深めよう２時間

◎ 学習にあたって ◎

◉ 何を学ぶのか

電気エネルギーは，熱や光，また磁力やモーターなどいろいろな形に変換されて利用されています。ここでは，モーターや豆電球を使って，乾電池の数やつなぎ方（極や直列・並列）を変えることによって，電流の向きや大きさは変えられることを学習します。特に「電流を大きくするには，乾電池を直列につなぐ」という知識は大切です。

「電気は難しい」とよくいわれますが，電気も電気の流れも目に見えず，イメージしにくいこともその一因でしょう。そのため「電気が見える」１つの方法として，検流計（電流計）の使い方を知り，使えるようにします。

◉ どのように学ぶのか

エジソンも技術者であったように，電気は実用的な技術と結びついて使いこなされてきました。ですから，ここでも「回路が組める」「モーターを逆向きに回せる」「直列つなぎ，並列つなぎができる」「検流計が使える」など，技術的な側面を大切にします。つまり，「手を通して学ぶ」という学び方です。その過程で，電気に関わる初歩的な「きまり」に気づかせます。一方，「乾電池を直列つなぎにすると，どうして電流が大きくなるのか」など，電気の理論的なことについては，電圧や抵抗を学ぶ中学校での学習になります。無理な話し合いは避けましょう。

◉ 留意点・他

子どもには，素朴概念といえるようなものがあります。「＋極と−極から電気が出て，豆電球のところでぶつかって光る」「電気は豆電球やモーターを通ると，使われて減る」などです。

一方，「同一回路なら，どこも同じ電流が流れている（同一回路は同一電流）」ことや「ショート回路」は，回路の基本的事項であり，知識です。教科書でも軽くふれていますが，本書でも場面に応じて意識して取り上げています。なお，これらは５年生の「電磁石」の学習でも必要な知識です。その点，電気の学習では，実験だけでなく「説明（お話）」も大きな役割を果たします。

◎ 評　価 ◎

知識および技能	・乾電池の＋極と−極を入れ替えると電流の向きが反対になり，モーターの回転も逆向きになることがわかる。 ・乾電池のつなぎ方には，回路が１つの直列つなぎと，回路が複数の並列つなぎがあることがわかる。 ・乾電池を直列につなぐと電流は大きくなり，モーターは速く回り豆電球は明るくなること，並列につなぐと電流の大きさは変わらず，モーターの回る速さや豆電球の明るさも変わらないことがわかる。 ・検流計の使い方（つなぎ方，目盛りの見方）がわかり，検流計で電流の向きや大きさを計ることができる。
思考力，判断力，表現力等	・モーターを速く回したり逆向きに回したりする方法を考え，そのつなぎ方を配線図や記号で表すことができる。 ・モーターや乾電池を使い，配線や動力の伝達のしくみも考えて，動くものを作ることができる。
主体的に学習に取り組む態度	・生活の中の電気の使われ方に関心をもち，モーターを使った電気製品が多く使われていることに気づく。

◇「ものづくり」は，それぞれの教科書や指導者の考えによって，作るものも違ってきます。教科書も参考にして，子どもの様子に合わせた活動にしてください。

次	時	題	目標	主な学習活動
モーターの回る向きと電流	学習準備	乾電池でモーターを回してみよう	モーターと乾電池をつないで回路を作り，モーターを回すことができる。	・おもちゃの車には乾電池とモーターが使われていることを知り，モーターを乾電池で回してみる。
	1	モーターの回る向きを変えるにはどうすればよいのか調べよう	・乾電池の極を入れ替えて回路を作ると，電流の向きが反対になり，モーターは逆に回ることがわかる。 ・検流計の使い方がわかり，使える。	・モーターを逆に回す方法を考える。 ・検流計の使い方を知り，電流の向きを調べる。
乾電池のつなぎ方と電流の大きさ	2・3	モーターを速く回すつなぎ方を考えよう（直列つなぎ）	回路が１つで，２つの乾電池の＋極と－極がつながるようなつなぎ方を（乾電池の）直列つなぎといい，このつなぎ方をするモーターは速く回ることがわかる。	・モーターを速く回すには，乾電池2個をどうつなげばよいか予想し，回路図をかき，実験して確かめる。
	4	2この乾電池の直列つなぎとモーターの回る速さ・電流の大きさの関係を調べよう	乾電池を直列に2個つなぐと，1個のときより回路を流れる電流は大きくなることがわかる。	・直列つなぎにすると，モーターが速く回った理由を考え，回路を流れる電流の大きさを検流計で計って調べる。
	5	乾電池のつなぎ方とモーターの回り方を調べよう（並列つなぎ）	2個の乾電池の＋極どうし，－極どうしをつなぐつなぎ方を「並列つなぎ」といい，モーターの回る速さは1個のときと変わらないことがわかる。	・乾電池2個の並列回路を作り，モーターの回る速さはどうなるか，予想し調べる。
	6	乾電池の並列つなぎと電流の大きさを調べよう	乾電池2個を並列につないでも，電流の大きさは1個のときと変わらず，大きくならないことがわかる。	・並列つなぎでも，電流は大きくなるかどうかを考え，変わらないことを検流計で確かめる。
	広げよう	豆電球の明るさと乾電池のつなぎ方の関係を調べよう（直列・並列）	モーターの回転と同じように，豆電球の明るさは，2個の乾電池を直列につなぐと明るくなり，並列につなぐと明るさは変わらないことがわかる。	・モーターの代わりに，豆電球でも乾電池のつなぎ方によって明るさは変わるかどうかを調べる。また，電流の大きさも，モーターを使ったときと比べる。
記号と回路図	深めよう	電気の通り道を，記号を使ってかいてみよう	・乾電池の直列や並列の回路を，記号を使って回路図にかき表すことができる。 ・発光ダイオードに電流が流れると，発光することがわかる。	・電気用図記号を知り，これまで学習してきた回路を，記号を使った回路図にかく。 ・発光ダイオードとその使い道を調べ，乾電池をつないで点灯させる。
ものづくり	資料	ものづくり（理科工作）モーターを使った動くもの	モーターを使った動くものを作ることができる。	・導線のつなぎ方や，モーターの動力の伝え方を考え，動くものを作る。

◇ モーターの代わりに，豆電球を使うこともできます。発展は豆電球を使った実験です。電流の働きの一般化のためにも，授業として取り上げると効果的です。第2・3時から第6時までは「乾電池のつなぎ方」ですが，直列と並列つなぎの違いを，モーターの回る速さで比べています。一方，豆電球を使って，その明るさの違いで比べることもできます。豆電球は，明るさの違いで電流の働きが一目でわかり，回路の学習にも適しています。ただ，最近，豆電球や白熱電球は，ほぼＬＥＤにとって代わられ絶滅危惧種となりつつあり，生活上もなじみがなくなっているのが難点です。

板書例

㋯ かん電池でモーターを回してみよう

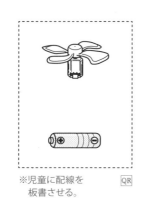

※児童に配線を板書させる。 QR

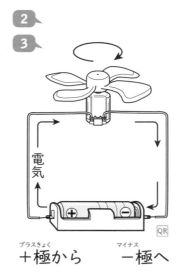

電気

＋極から　　　−極へ

プラスきょく　　マイナス

〔まとめ〕

・電流が流れると
　モーターが回る
　（豆電球がつく）

・ひと回りする輪（回路）
　ができると＋から−へと
　電流が流れる

※回路の図には電流の流れを矢印を入れて表す。

POINT モーターを使っている身近なものを探させることで，この単元への関心を高めさせましょう。

---

1 タイヤを回しているものが，モーターと乾電池であることを確認する

T これは，おもちゃの車です。スイッチを入れると，このようにタイヤが回ります。（ミニ四駆など）

　　タイヤを回したり走らせたりして見せる。

T ではこのタイヤを回しているものは何でしょう。車の中には何が入っているのでしょうか。

C きっと，乾電池だと思います。

C モーター。ぼくの模型の車にも付いてるよ。

T 中を開けてみましょう。（中を見せながら）やはり，乾電池が入っていますね。それから，このようなものも入っています。何でしょうね。これがタイヤを回しているのです。名前を「モーター」といいます。（車の配線は，ビニル線ではなく，リン青銅の銅板でできていることが多い）

C 乾電池とモーターか。

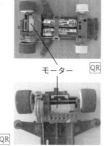

モーター QR

2 乾電池とモーターをつないで，モーターを回す

T ここに同じモーターがあります。乾電池につなぐと回るでしょうか。やってみましょう。

　　モーターと乾電池を1個ずつ配る。ほとんどの児童は，線をつないで回すことができる。回せたらプロペラもつけさせて遊ばせる。

T モーターを回しているものは何ですか。

C 乾電池です。そこから電気が出てモーターを回します。

T 乾電池とモーターを「このようにつないだら」モーターが回った，ということがわかるように図にかいてみてください。

　　ノートにかかせる。また，黒板にかきに来させる。

C モーターから出ている2本の線を，乾電池の＋極と−極につなぐとモーターが回りました。

T 乾電池を使って＋極と−極につなぐと，豆電球に明かりをつけることもできました。（豆電球の明かりをつけてみせる）乾電池のつなぎ方は豆電球もモーターも同じですね。

④ モーター ＝ 回転するもの

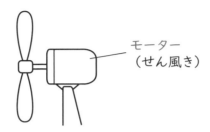

モーター
（せん風き）

・おもちゃの車　　・えんぴつけずりき
・そうじき　　　　・せんたくき
・ドライヤー　　　・冷ぞうこ
・自動車　　　　　・電車

3 回路ができると，電流が流れてモーターが回る　回路をたしかめる

T　（3年の復習）乾電池には線をつなぐところが2か所あります。出っ張っているところをプラス（＋）極，反対側をマイナス（－）極といいます。電気には流れる向きがあり＋極から出て－極につながると電気が流れて，途中にあるモーターを回したり豆電球を光らせたりします。

T　ノートの図で，＋極から順にたどってみましょう。モーターを通って－極に戻りましたか。

　　黒板の図にも通り道を赤でかきに来させる。

T　このように線が途切れずひと回りして輪のようにつながると電気が流れるのです。この輪になった通り道を，「回路（電気回路）」といい，電気の流れを「電流」といいます。

　　回路の輪の1カ所でも切れたり外れたりしていると電気は流れない。

【参考】電流が＋極から－極に流れるというのは，「きまりごと」「約束ごと」として教える事がらになる。

4 学習した目で，生活の中の電気製品に目を向ける

T　このように，電流（電気）は，豆電球に明かりをつけるだけではなく，モーターを回すこともできるのです。（電気エネルギーが運動エネルギーに変えられた）

T　今日はモーターにプロペラを取り付けて回しました。何かに似ていませんか。

C　扇風機だ。モーターを使っているのかな。

T　そうです。扇風機の羽根は，モーターで回っているのです。ここにモーターが入っています。

T　モーターは，暮らしの中の電気製品に多く使われています。どんな物に使われていますか。

C　回るものといえば，洗濯機。ミキサーも。

C　掃除機や鉛筆削り。

T　モーターで動く本物の車はあるでしょうか。

C　電気自動車って，聞いたことがあります。モーターを使っていると思います。

モーターの回る向きを変えるには どうすればよいのか調べよう

本時の目標
・乾電池の極を入れ替えて回路を作ると，電流の向きが反対になり，モーターは逆に回ることがわかる。
・検流計の使い方がわかり，使える。

板書例

〔問題〕 モーターの回る向きは，
何によって変わるのだろうか

1️⃣ モーターの回る向きを変えるには ⇌ 電流の向きを変える

2️⃣

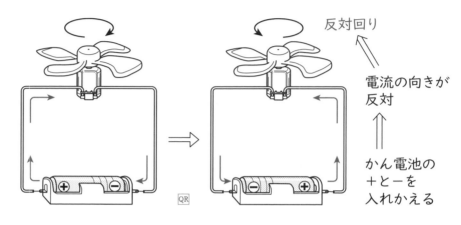

反対回り

電流の向きが反対

かん電池の＋と－を入れかえる

※回路の図には電流の流れを矢印を入れて表す。

POINT 児童が撮影した2枚の写真を比べたり，QRの画像を使って針の触れる向きが変わることを確認できるようにしましょう。

1 モーターを逆向きに回すにはどうすればいいか試してみる

T おもちゃの車は，バックもできます。このとき，モーターの回る向きはどうなりますか。

C 反対回り？ 向きは変えられるのですか。

T そうですね。モーターの回る向きは反対向きにできそうです。皆さんのプロペラ付きモーターでも反対向きに回るのか試してみましょう。

2人組かグループで試行錯誤させると反対回しができる組が出てくる。

T では，できた組にどのようにしたら反対回りになったのか説明してもらいましょう。

C 乾電池の＋極と－極を入れ替えると，プロペラの回る向きも反対になりました。

C 乾電池のつなぎ方を逆にするとできました。
（全グループに，反対回しを試させる）

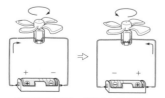

乾電池の＋極と－極を入れ替えるとモーターも逆向きに回る。

2 乾電池の極を入れ替えると，電流の向きはどうなるのか考える

C 乾電池の＋極と－極を入れ替えると，プロペラの回る向きも反対になりました。

T 乾電池のつなぎ方によってモーターの回る向きが変えられるのですね。では，＋極と－極を入れ替えると，何が変わるのでしょうか。

T 電流には，流れる向きがありましたね。＋極，－極のどちらからどちらへと流れましたか。

C ＋極から－極の方へ流れました。

C ＋極と－極を反対につなぐと，モーターを流れる電流の向きも変わるのかな。

T 本当にそうか，電流の流れる向きを目で見るための器具があります。それがこの「検流計」という器具です。

C つなぐところ（端子）が2つある。

C 目盛りと真ん中に針がある。

※＋極側と－極側の端子を間違えないよう注意。

③ けん流計

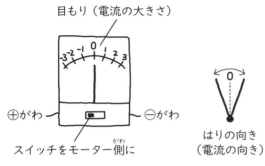

目もり（電流の大きさ）

×

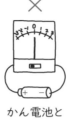

⊕がわ ー ⊖がわ

スイッチをモーター側に

はりの向き
（電流の向き）

かん電池と
ちょくせつ
つながない

④ ［まとめ］

かん電池の＋極と−極の向きを変えると
電流の向きも変わる
（モーターの回る向きが変わる）

---

3 検流計の使い方を知り，回路を流れる電流の大きさはどこも同じということを確かめる

T　はじめに，検流計の使い方を説明します。針が指す目盛りは，流れる電流の大きさを表しています。また，針は右か左に動きます。どちらに動いたかで電流の流れる向きがわかります。

T　検流計は回路の途中に入れると針が動きます。ところで，電流の大きさや向きは，電流がモーターを通る前（ア）と，モーターを通った後（イ）では，同じですか，それとも違いますか。

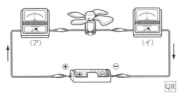

（ア）　（イ）

C　モーターを通った後（イ）では小さくなると思う。モーターで電気が使われるから。（多い考え）

T　では，＋極側（ア）と−極側（イ）の両方に検流計を入れて調べてみます。前に集まってください。針の向きと電流の大きさはどうですか。

C　針はどちらも右向き，電流の大きさも同じ。

4 検流計を使って，電流の流れる向きを調べる

T　このように，電流は，同じ回路ならどこで測っても同じなのです。だから，検流計は回路に１つでよく，どこで計ってもよいのです。

T　グループでも実験して確かめましょう。まず，乾電池の＋極から順に線をつないでいきましょう。検流計とモーターを通って，−極につなげると回路の出来上がりです。

　　児童が−極につなぐ前に時間をとり，教師が点検しておく。

T　針は動きましたか。

C　右へ動きました。（他のグループにも発表させる）

T　乾電池の極を逆向きに入れ替えてみましょう。検流計の針の向きはどうなりましたか。

C　今度は，針は左に動きました。

C　電流も逆向きに流れているとわかりました。

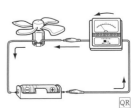

※乾電池と検流計を直結すると検流計が壊れるので注意。

モーターを速く回すつなぎ方を考えよう（直列つなぎ）

回路が１つで，２つの乾電池の＋極と－極がつながるようなつなぎ方を（乾電池の）直列つなぎといい，このつなぎ方をするモーターは速く回ることがわかる。

板書例

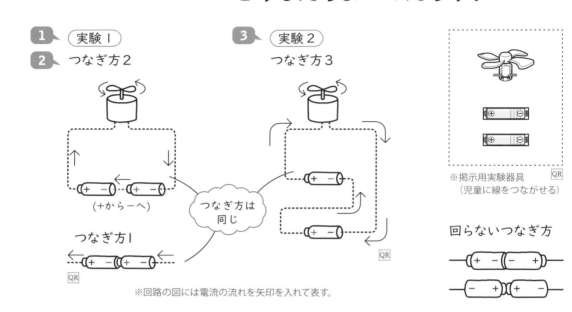

〔問題〕　モーターをもっと速く回すには，どうしたらよいのだろうか

1　実験１
2　つなぎ方２

3　実験２
つなぎ方３

（＋から－へ）
つなぎ方１

つなぎ方は同じ

QR

※掲示用実験器具
（児童に線をつながせる）
QR

回らないつなぎ方

※回路の図には電流の流れを矢印を入れて表す。

POINT　出てきたつなぎ方を，直列つなぎ，並列つなぎ，間違ったつなぎ方に分類し，間違ったつなぎ方はここで指摘して

1　モーターを速く回す方法を考える

　乾電池１個で，プロペラ付きモーターを回して見せる。

T　このモーターを今よりも速く回すことはできないでしょうか。いい方法はないですか。

C　乾電池を増やすとよいと思います。

T　乾電池を２個使うと速く回せると思う人は？

C　はーい。（挙手させると，多くがそう答える）

T　では，乾電池を２個つないで速く回せるか，隣どうしで相談して，いろいろ試してみましょう。

C　速く回った。電池２個分の力が出たのかな。

T　速く回せた組は立って見せてください。では，そのつなぎ方を絵にかきましょう。（つなぎ方１）

T　＋極どうしや－極どうしをつなぐと，どうなりますか。

C　回りません。

2　2個の乾電池が接している場合と，離れている場合のつなぎ方を比較する（実験１）

T　乾電池をどうつないだか，説明できますか。

C　乾電池の＋極と，もう１つの－極をくっつけてモーターにつなぐと速く回りました。（つなぎ方１）

T　では，２個の乾電池が離れていても，モーターを速く回せるでしょうか。（板書「つなぎ方２」の線をかき入れる前の図を示す）どのようにつなぐとよいかを考えて，ノートに線をかき入れましょう。

　各自で考えさせた後，黒板に線をかき入れに来させる（つなぎ方２）

T　このつなぎ方でよいか，回路（輪）になっているか＋極から順に指でたどって確かめましょう。

C　モーターを通って－極に戻ったから回るはず。

T　予想通りになるか実験しましょう。

C　やっぱり回りました。

【黒板掲示用の教具】
黒板でも配線が示せると，話し合いを進めやすい。乾電池は単１を使用。黒板に貼り付けて回路を示す教具は乾電池ボックス（単１）や豆電球台の裏面にマグネットシートを貼れば簡単に作れる。

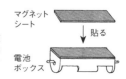

マグネットシート
↓貼る
電池ボックス

ICT	モーターと電池2つが載ったイラストを送り、児童に導線をかき込ませ、つなぎ方を考えさせましょう。

4 〔実験3〕

かん電池を1つ ぬきとると

→ 電流は流れない

　回路は1つ（の輪）
　プラス　マイナス
　＋，－，＋，－と　つなぐ

〔まとめ〕
2このかん電池を，
<u>直列つなぎ</u>（ちがう極どうし（＋と－）でつなぐつなぎ方）
でつなぐと，モーターは速く回る

・画像

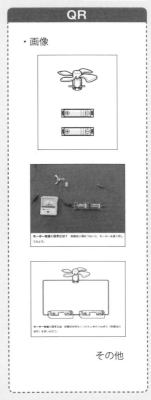

その他

あげましょう。

---

3 2個の乾電池がはなれている場合の つなぎ方を考える（実験2）

T　では，乾電池が2個このように並んでいるとき，（板書「つなぎ方3」の線をかき入れる前の図を示す）速く回るつなぎ方はどのようにすればよいのでしょうか。線でつないでみましょう。

　右のようなプリントを配布し，各自で考えさせる。児童からは，次のような予想図が出ると考えられる。

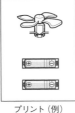

プリント（例）

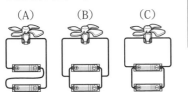

（A）　　（B）　　（C）

本時では，直列つなぎの（A）のみ取り上げる。並列つなぎの（B）（C）は第5時に取り上げることにする。

T　まず，（A）のようなつなぎ方で，速く回るかどうか実験してみましょう。

C　（A）のつなぎ方をすると速く回りました。

T　黒板でも，線をつないで確かめましょう。

4 直列つなぎでモーターが速く回ること を確認する

T　（A）のつなぎ方でモーターを速く回すことができました。では（A）の乾電池を1個抜き取ると，モーターが回るかどうか実験しましょう。

C　回らない。電気が流れないからだ。

T　速く回ったつなぎ方についてまとめましょう。<u>回路（輪）の数はいくつですか。鉛筆でたどってみましょう。</u>

C　1つです。<u>1つの輪になっています。</u>

T　このように乾電池の＋極をもう1個の乾電池の－極につなぐと，1つの輪ができてモーターは速く回りました。<u>このようなつなぎ方を「（乾電池の）直列つなぎ」</u>といいます。

T　（A）のつないだ銅線を引き伸ばすとはじめの形になります。「つなぎ方1」「つなぎ方2」「つなぎ方3」は，どれも同じなのです。

2この乾電池の直列つなぎとモーターの回る速さ・電流の大きさの関係を調べよう

本時の目標：乾電池を直列に2個つなぐと、1個のときより回路を流れる電流は大きくなることがわかる。

板書例

〔問題〕　かん電池2こを直列つなぎにすると、モーターが速く回るのはどうしてだろうか

1 モーターが速く回った理由を考える

かん電池2こだと電流が多く流れたからなのだろうか

2
3 〔実験1〕かん電池1こ

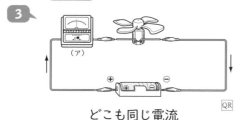

どこも同じ電流

4 〔実験2〕かん電池2こ

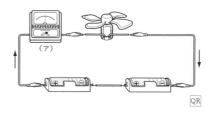

※回路の図には電流の流れを矢印を入れて表す。

POINT　モーターを通ると、電流が小さくなると誤概念を持つ児童がいるので、(ア)(イ) に検流計を置き、モーターの前後

---

1 直列つなぎにすると、モーターが速く回る理由を考える

T　乾電池を2個、直列つなぎにするとモーターは速く回りました。どうしてだと思いますか。

C　乾電池を2個使ったので、モーターを流れる電流も多く（大きく）なったからだと思う。

「乾電池2個」⇒「たくさんの電流が流れる」⇒「モーターも速く回る」という考えが多い。

T　乾電池2個を直列につなぐと、流れる電流も1個のときより大きくなるからということですね。

電流を表すには「大きい」「強い」「多い」などの言葉がある。児童に合った言葉を使う。

T　では、調べてみましょう。見えない電流の大きさを調べるとき、何を使いますか。

C　前に使った簡易検流計です。

T　電流の大きさは、簡易検流計を使って計ります。回路の途中に（直列に）入れると、回路を流れる電流の大きさが計れます。

2 検流計のつなぎ方をふり返る

T　検流計の使い方をふり返ります。前に集まりましょう。

使い方は教科書にも出ているが、実演を交えて指導する。

T　簡易検流計を入れるところを変えて2か所で計ってみます。まず、(ア) のところで計ります。＋極から順につないでいくと、わかりやすいですよ。

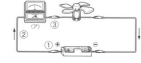

①→②→③の順につないで見せる。

T　(ア) の簡易検流計の目盛りを読んでください。

C　はい、○○です。

T　次に (イ) のところで計ってみます。(ア) の目盛りと比べて同じでしょうか。違うでしょうか。

C　前に（2時目）計ったときは同じでした。

T　計ってみましょう。

C　(イ) も○○だ。(ア) と同じ大きさです。

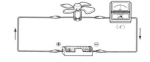

QR

・画像

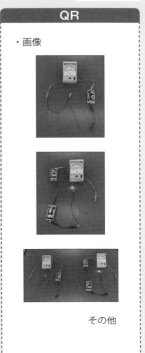

その他

4 グループごとの結果
電流の大きさを数値（アンペア）で表す

記録

◎電流の単位 … A（アンペア）

グループ	1	2	3	4	5
1こ	0.8	0.7	0.8	0.7	0.8
2こ	1.2	1.1	1.2	1.2	1.1

〔まとめ〕
かん電池1このときより2こ直列につなぐと，
電流は大きくなる。モーターは速く回る。

で同じ大きさの電流が流れていることを確認しておきましょう。

3 乾電池1個のときの電流の大きさを計る
乾電池2個のときの電流の大きさを予想する

T　グループで回路を作って，（ア）と（イ）のところで電流の大きさを計りましょう。

　　前の教師実験と同じだが，児童の手を通すところに意味がある。時間の都合によっては，省いてもよい。

C　（ア）で計ると，0.8。
C　（イ）で計っても0.8だ。
T　そうですね。どこで計っても同じ大きさですね。

　　電流の大きさを記録しておきましょう。
※電流の数値は一例。モーターや乾電池により変わる。

T　次に，乾電池を2個直列つなぎにして，電流の大きさを計りましょう。1個のときと比べて大きくなるでしょうか。

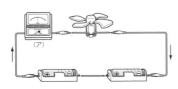

（ア）

C　やっぱり大きくなると思う。モーターが速く回ったのは，電流も大きかったからだと思う。

4 乾電池2個を直列につないで，
電流の大きさを計って比べる

　　配線させ教師が点検指導し，指でたどらせる。

T　計れたら，黒板の表にも書き入れに来ましょう。他のグループの結果とも比べましょう。
C　電流の大きさは1.2かな。（電流の数値は一例）
C　1個のときより電流は大きくなっているね。
T　この結果から，どんなことがいえますか。
C　乾電池を2個直列につないだ方が，1個のときより流れる電流も大きくなる。
C　電流は大きくなるけど2倍にはならないね。
T　電流を大きくするには，乾電池を2個直列につなぐとよいのですね。では，3個直列につなぐと電流はどうなるでしょうか。
C　電流はもっと大きくなると思います。

※「電流の単位は？」という質問があれば「アンペア」と教える。
　教科書に出ていればみんなで読み合う。

乾電池のつなぎ方とモーターの回り方を調べよう（並列つなぎ）

本時の目標 2個の乾電池の＋極どうし，－極どうしをつなぐつなぎ方を「並列つなぎ」といい，モーターの回る速さは1個のときと変わらないことがわかる。

板書例

〔問題〕 へい列つなぎで，モーターの回る速さは
どのように変わるのだろうか

1 （実験1）
（上）に電池を
1こ入れる

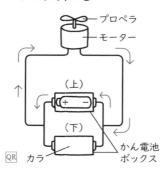

プロペラ
モーター
（上）
（下）
QR カラ
かん電池
ボックス

2 （実験2）
へい列つなぎ
（下）にも入れる（2こ）

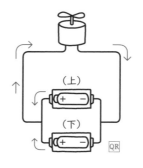

（上）
（下）
QR

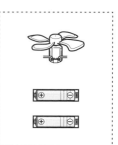

※掲示用実験器具 QR
（児童に線をつながせる）

（結果）実験1と実験2のモーターは同じ速さで回る

※回路の図には
電流の流れを
矢印を入れて表す。

POINT （B）（C）が両方とも並列つなぎであることを子どもは理解しにくいので，電流の流れ方を確認しながら説明して

1 並列のつなぎ方で，まず乾電池1個をつないでみる

第2・3時の（B）や（C）のつなぎ方（並列つなぎ）を取り上げる。

T 2個の乾電池のつなぎ方で，今日は（B）のつなぎ方でもモーターは速く回せるのか調べます。まず，乾電池ボックス2個とモーターを導線でこのようにつなぎましょう。この図（右図）をノートにかきましょう。

T まず，上の方のボックスに1個の乾電池を入れると，モーターは回るでしょうか。

C 回ると思います。乾電池とモーターがつながっていて電気が流れるからです。

C 乾電池1個で回したときと同じだと思います。

T では，電気の流れ道を＋極から順にたどってみましょう。

指か鉛筆でたどらせる。（黒板でも示す）

T 電気は流れそうですね。やってみましょう。

乾電池を1個入れ，モーターが回ることを確かめ合う。

2 並列のつなぎ方で乾電池2個をつなぐ

T 今度は，下の乾電池ボックスにも，乾電池を入れます。（つまり2個入れる）モーターの回り方は次のア～オのどれになるか，予想しましょう。

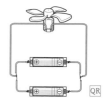

ア．回らない
イ．1個のときより速く回る
ウ．1個のときと同じ速さで回る
エ．1個のときよりおそく回る
オ．その他

T では，考えを発表しましょう。

C イです。2個の乾電池の電流が合わさって流れてモーターに行くので速く回ると思います。（多い意見）

C ウです。前にやった直列つなぎではないので，速くならないかもしれません。

T 乾電池をもう1個下にも入れてみましょう。

C 回ったけど速くならないみたい。なぜかな。

C 乾電池1個のときと同じ速さの回り方です。

T 結果は，ウ「1個のときと同じ速さ」でした。

準備物	・乾電池/乾電池ボックス（各2個） ・モーター　　・リード線 ・並列回路用リード線（各2本） ※真ん中の被覆をはがしてあるもの

I C T	第2・3時で話し合ったつなぎ方の写真 を提示し，本時で検証するつなぎ方を 確認しましょう。

3
4

［まとめ］

・（上）と（下）に かん電池を入れても
　モーターの回る速さは変わらない

・へい列つなぎは，かん電池1このときと
　モーターの回る速さは変わらない

〈へい列つなぎとは〉
・＋と＋，－と－の同じ極どうしでつなぐ
・回路（輪）は2つある

QR

・画像

その他多数

あげるとよいでしょう。

3 　1個の乾電池を抜いても，モーターは回ることを確かめる

T　乾電池を2個使っても，このつなぎ方ではモーターの回り方は速くなりませんね。1個のときと同じ速さのようです。

T　では，乾電池2個のうち，（上）の乾電池を抜き取ると，モーターは回るでしょうか。

C　もう1個の（下）の乾電池から電気が流れているので，モーターは回ると思います。

T　では，電気の流れを指でたどりましょう。

C　1周して回路になっています。

T　では，乾電池を1個抜いて実験しましょう。

C　（実験して）回った。回る速さも変らない。

T　これは乾電池が2個でも1個でも回るつなぎ方ですね。

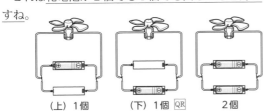

（上）1個　　（下）1個 QR　　2個

4 　並列つなぎを直列つなぎと比べ，まとめる

T　このつなぎ方では，回路（電気の通り道）はいくつあったといえますか。

C　（上）の乾電池を通る回路と（下）の乾電池を通る回路の2つあります。（黒板でもたどらせる）

C　だから，乾電池を1個抜いても，モーターは回ります。

T　このように回路が2つあるつなぎ方を「並列つなぎ（乾電池の並列つなぎ）」といいます。

T　では，2つの乾電池の極は，何極と何極がつながっていますか。

C　＋極どうし，－極どうしがつながっています。

T　直列つなぎとは違いますね。（図で比べさせる）

　　教師実験などで，回るが速くは
　　回らないことを確かめる。

右のつなぎ方（つなぎ方（C））について直列か
並列かを児童と確認する。

※つなぎ方（B）と同じ並列回路だが，児童には
別の回路に見えやすいので注意する。

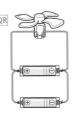

乾電池の並列つなぎと電流の大きさを調べよう

本時の目標 ： 乾電池2個を並列につないでも，電流の大きさは1個のときと変わらず，大きくならないことがわかる。

板書例

〔問題〕 直列つなぎとへい列つなぎで，モーターの回る速さがちがうのは，なぜだろうか

（直列つなぎとくらべる）

1 実験

2

かん電池1こ

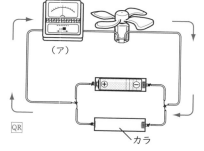

（ア）

QR

カラ

へい列つなぎで2こ

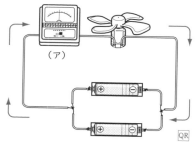

（ア）

QR

電流は
————
ほとんど同じ

※回路の図には電流の流れを矢印を入れて表す。

3 結果

へい列つなぎでは電流の大きさは1このときとくらべて変わらない

POINT モーターを通っても，モーターの前と後で電流の大きさが変わらないことを理解できているのか再度確認しておきま

1 乾電池2個を並列につないだときの電流の大きさを調べる

T （簡単に並列回路をふり返る）乾電池を2個，並列つなぎでつないでも，モーターの回る速さは速くなりませんでした。どうしてでしょうか。

C 乾電池は2個あるのにどうしてかな。

C このつなぎ方では，電流が乾電池1個分しか電流が流れないからだと思います。

T この並列つなぎで流れる電流の大きさを計ります。1個のときと比べてどうなりますか。

C 乾電池が2個あるから大きくなると思う。

C 速く回らないから1個のときと同じだと思う。

T 実験して確かめましょう。電流の大きさは，（ア）（イ）どちらの検流計で計りますか。（P56参照）

C どちらも電流の大きさは同じでした。

T では，1，2，3班は（ア），4，5，6班は（イ）の位置で計りましょう。

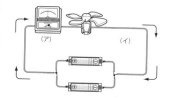

2 乾電池が1個のときと2個並列につないだときの電流の大きさを比べる

T まず，並列つなぎの回路を作りましょう。

乾電池は入れず配線だけをさせ，教師が点検。

T まず乾電池を1個だけ入れ，電流の大きさを計りましょう。

T 1班から順番に発表してください。

C （ア）で計りました。○○アンペアです。

アンペア（A）という電流の単位を使わせてもよい。教師が黒板の表に書き入れていく。（どの班もほぼ同じ値になる）

T 今度は乾電池を2個にして，簡易検流計の目盛りを読みましょう。

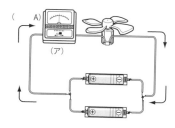

2個目の乾電池の＋と－が逆になっていないか教師が点検する。

C ○○アンペア。1個のときと同じだ。

C 流れる電流は大きくならない。なぜだろう。

QR

・画像

その他

2 電流の大きさ

記録

グループ	1	2	3	4	5
1こ	0.8	0.7	0.8	0.7	0.8
2こ	0.8	0.8	0.7	0.8	0.7

4 〔まとめ〕直列とへい列つなぎ
電流の大きさと回る速さ（2つのつなぎ方）

	〔直列つなぎ〕	〔へい列つなぎ〕
回路	1つ	2つ
電流	大きくなる	変わらない
モーター	速く回る	長い間 回る

※第4時と本時をまとめる。

しょう。

3 並列つなぎでは電流の大きさが大きくならないことを話し合う

T 結果を発表しましょう。

C 1個のときと2個並列につないだときで，電流の大きさは同じでした。

T この結果から，どんなことがわかりますか。

C モーターが速く回らなかったのは，並列つなぎでは電流が大きくならなかったから。

C 乾電池2個でも，つなぎ方によって，電流は大きくなったり，ならなかったりする。

T では，3個目の乾電池を並列につなぐと，電流は大きくなりますか。なりませんか。

C 並列つなぎで，いくつ増やしても大きくならない。1個のときと同じだと思います。

　実験し，3個の並列つなぎでも電流が大きくなっていないことを確かめ合う。

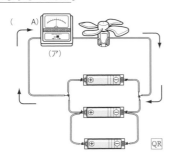

4 直列つなぎと並列つなぎを比べる

T 並列つなぎは，乾電池を2個，3個と増やしても，電流が大きくならないつなぎ方でした。

T では，並列つなぎと直列つなぎを比べてまとめましょう。まず，乾電池1個のときと比べ，モーターに流れる電流の大きさはどう違いますか。

　ノートに違いを書かせた後，板書で表にしてまとめていく。

C 直列つなぎでは電流が大きくなるけど，並列つなぎは1個のときと同じで大きくならない。

T そうですね。だから電流を大きくしたいときは，どうすればよいですか。つなぎ方は？

C 直列つなぎにするといいです。

　発展として，並列つなぎのよいところを児童に質問してもよい。答えは，並列つなぎではモーターは速くは回らないが，回る時間が乾電池1個のときより長くなることである。

※右の2つを教室に置いておき，確かめ合ってもよい。

速く回る

長く回る

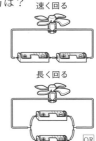

豆電球の明るさと乾電池のつなぎ方の関係を調べよう（直列・並列）

本時の目標　モーターの回転と同じように，豆電球の明るさは，2個の乾電池を直列につなぐと明るくなり，並列につなぐと明るさは変わらないことがわかる。

板書例

〔問題〕　かん電池を2こ直列つなぎや
　　　　　へい列つなぎにすると，電流の大きさや
　　　　　豆電球の明るさはどうなるだろうか

1️⃣　かん電池1こ　　　　　2️⃣　2こ直列つなぎ　　　　3️⃣　3こ直列つなぎ

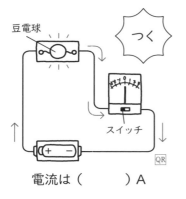

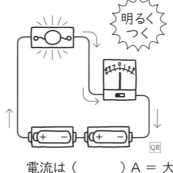

もっと
大きい電流
⇩
もっと明るく
つく

電流は（　　　　）A　　　　　電流は（　　　　）A ＝ 大きくなった

※回路の図には電流の流れを矢印を入れて表す。

POINT　電池を1本抜いて使えないものは，中で直列つなぎになっていることを確認しましょう。

1　乾電池1個で豆電球をつける

T　今日は，モーターの代わりに豆電球を使って，乾電池のつなぎ方の勉強をします。
　　豆電球と乾電池を導線でつないで，つけることはできますか。

C　はい。3年生のときにやりました。

T　（先に教師が実演してみせ）みなさんもつけてみましょう。（つかない原因のほとんどは，豆電球のゆるみ）

T　乾電池1個の豆電球を流れる電流の大きさを計ります。簡易検流計のスイッチは「豆電球（0.5）A」の方にします。この時の目盛りは1を0.1，5は0.5と読むのです。線をつないで計りましょう。（豆電球台を使う）

C　針は0.8ぐらいだから，電流は0.08かな。（数値は一例）

C　電流の向きもわかるね。

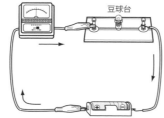

2　乾電池を2個直列つなぎにすると，豆電球の明るさはどうなるか調べる

T　今度は乾電池2個を直列つなぎにして，豆電球をつけてみます。豆電球の明るさは，どうなるでしょうか。ノートに予想と考えを書きましょう。

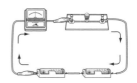

ア．明るくなる
イ．1個のときと同じ
ウ．暗くなる
エ．つかない

T　予想と考えを発表しましょう。

C　予想はア。直列つなぎにするとモーターも速く回ったから，豆電球は明るくなります。（多い意見）

C　アです。直列つなぎにすると，電流も大きくなったので，豆電球も明るくつくと思います。

T　実験してみましょう。（グループ実験後，結果発表）

C　ア「明るくなる」で，電流は0.12でした。

T　結果，豆電球は乾電池1個のときより明るくつき，電流も大きくなりました。モーターを使った実験の結果と似ていますね。

QR

・画像

その他多数

④ 2こ へい列つなぎ

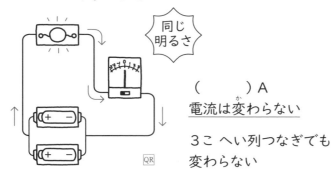

同じ明るさ

（　　）A
電流は変わらない

3こ へい列つなぎでも
変わらない

〔まとめ〕
かん電池を直列つなぎにすると
電流は大きくなり，豆電球は明るくつく

---

3 乾電池を3個直列つなぎにすると，豆電球の明るさはどうなるか実験する

T では，乾電池3個を直列につなぐと，豆電球の明るさや電流の大きさはどうなりますか。

C 豆電球はもっと明るくつくと思う。直列だと流れる電流がもっと大きくなると思うから。

T 実験してみましょう。

（教師実験でもよい）

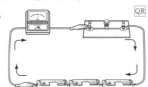

C わあ，明るい。

C 電流は○○Aで，大きくなっています。

さらに乾電池を4個に増やし，豆電球が輝いて切れる様子を見せてもよい。大電流で焼き切れることがわかる。

【並列つなぎと明るさ】

T 乾電池を2個並列つなぎにすると，豆電球の明るさや電流の大きさはどうなるでしょうか。

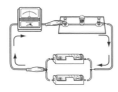

C 乾電池1個のときと同じ明るさだと思う。並列つなぎでは，電流は大きくならないから。

4 乾電池を2個並列つなぎにすると豆電球の明るさはどうなるか実験する

T 実験して確かめます。（教師実験でもよい）

C 明るさも，電流の大きさも，乾電池1個のときと同じです。

C モーターのときと同じです。

ダメ押しとして乾電池3個の並列つなぎを作り，豆電球の明るさがやはり変わらないことを見せてもよい。

T では，この懐中電灯の乾電池は直列，並列，どちらのつなぎ方になっていると思いますか。

C 明るくつくから直列つなぎかな。

T 乾電池を取り出して順に机に並べましょう。＋極，－極，＋極，－極の順ですね。

C 直列つなぎだ。おもちゃの車も直列かな。

T この他の乾電池のつなぎ方も調べましょう。

【参考】家電で乾電池が使われている場合，下のような形の配線をした直列つなぎになっていることが多い。

スイッチ（懐中電灯）

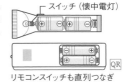

リモコンスイッチも直列つなぎ

電気の通り道を，記号を使ってかいてみよう

本時の目標
・乾電池の直列や並列の回路を，記号を使って回路図にかき表すことができる。
・発光ダイオードに電流が流れると，発光することがわかる。

㊍ 電気の通り道を，記号を使ってかいてみよう

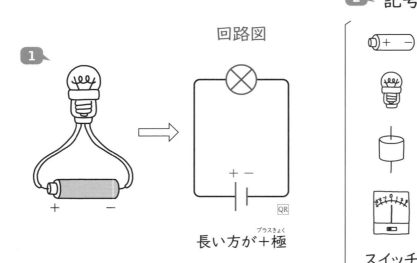

回路図

長い方が＋極

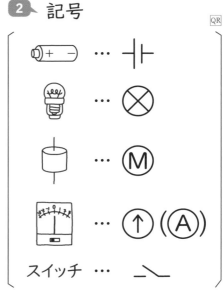

2 記号

スイッチ … ‾‾‾＼

POINT 発展扱いにしていますが，「乾電池のつなぎ方と電流」の理解を深めることができる学習です。

1 乾電池や豆電球を表す記号を使って回路図をかく

T　電気の配線図では「╂」こんな記号が使われています。何を表していると思いますか。

T　（乾電池を見せて）乾電池です。長い方が＋極，短い方が－極です。（短い方を＋極と勘違いしやすい）

T　2問目。「‾‾‾＼」これは何を表す記号ですか。

C　スイッチです。形が似ています。

T　正解です。では3問目。「⊗」は何でしょう。

C　うーん，豆電球かな。

T　そうです。豆電球です。

T　この3つの記号を使って，乾電池1個で豆電球に明かりがつく回路をかきましょう。先生のまねをしてください。
　①乾電池と豆電球をかく。
　②直線で右のようにつなぐ。
　③スイッチも記号で入れる。
　　これででき上がりです。
　　このような図を回路図といいます。

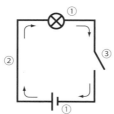

2 記号を調べ，直列や並列つなぎの回路図をかく

T　他には，どんな記号がありますか。
　教科書にも出ていますよ。調べてみましょう。

C　モーターは「Ⓜ」簡易検流計は「↑」です。

T　今度は，この記号を使って乾電池の直列つなぎや並列つなぎを回路図にかいてみましょう。モーターが回るように，検流計も入れてかきましょう。（方眼紙を使うと回路図らしくかきやすい）

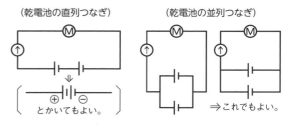

（乾電池の直列つなぎ）　　　　（乾電池の並列つなぎ）

とかいてもよい。　　　⇒これでもよい。

【参考】回路が単純なこともあり，4年生の児童には回路図や記号を使う必要性や良さが実感できないことも多い。一方，かくことによって2つの回路が整理でき，再認識できる。

| 準備物 | ・発光ダイオード（3V用が多い）
・乾電池/乾電池ボックス/リード線
・豆電球　　・モーター　　・検流計
・回路図用紙（0.5cm〜1cmの方眼用紙） |

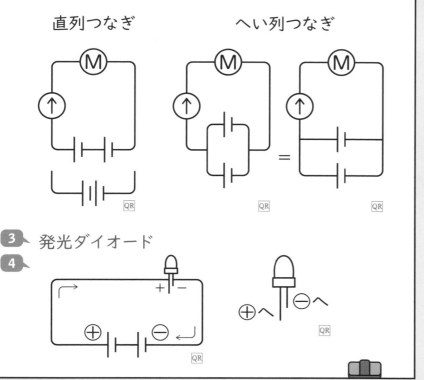

直列つなぎ　　　　へい列つなぎ

3 **4** 発光ダイオード

QR

・画像

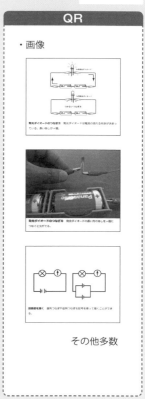

その他多数

---

3 発光ダイオード・LED について話し合う

T このような懐中電灯や電球が多くなりました。何というか知っていますか。（LED を見せる）

C 家にある。たぶん LED かな？

T そうです。発行ダイオード（LED）といいます。電球や蛍光灯の代わりに多く使われるようになってきました。なぜだと思いますか。

C 信号にも使われているし，明るいからかな。

T では，先生が説明します。

知らない児童も多い。長所・短所を簡単に説明する。
　（長　所）同じ明るさでも消費電力が少ない。
　　　　　壊れにくく長年使える。
　（問題点）電球などに比べて，まだ値段が高い。

【生活の中の発光ダイオード（LED）】

エアコン　QR

ポット　QR

スイッチ　QR

4 発光ダイオードを点灯させる

T 発光ダイオードは電気が流れると発光します。乾電池は 2 個，直列つなぎで使います。（3V用が多い。高電圧が必要）

グループごとに乾電池などといっしょに配布する。

C 2本のあしがある。フィラメントはないね。

T 豆電球と違うところがあります。発光ダイオードは，電流の流れる方向が決まっています。長いあしの方が電気の入り口（＋極）になり，乾電池の＋極側につなぎます。

T 回路を作って，明かりをつけてみましょう。

T ついたら，短い方のあしを＋極側に変えてやってみましょう。（反対につなぐと電気は流れない）

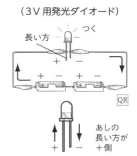

（3V用発光ダイオード）

※簡易検流計を使って電流の向きを調べてもよい。

ものづくり（理科工作）
モーターを使った動くもの

※この時間は，これまでの学習を生かしてものづくりを行います。

◎ **学習にあたって** ◎

◉ **目標**

これまで「電流のはたらき」で学んできたことを生かして，モーターを使った動くものを作ることができる。

◉ **指導にあたって**

① 「ものづくり（理科工作）」をするねらいと価値

何より，児童にとって楽しい学習活動になります。「理科は楽しい」という興味や関心の高まりも期待できます。「ものづくり」では，学んできた電気の知識が本当に使えるものとなっているのかが試されます。車なりクレーンなり，モーターを使って動くものを作るには，まず，電気や回路，導線のつなぎかたなどの基本的な知識と技能が必要です。そして，「作る」という手を使った活用の場をくぐることによって，学んだことが深められます。また，修正，改良を加えることも，「ものづくり」の過程の一段階ですが，それを体で学ぶことができます。

一方，「動く車」も，電気の知識だけでは動きません。電気以外の技術も必要です。プーリーやギアで動力をつたえるアイデアにも気づかせます。また，うまく動かないときは原因を探り，被覆はがしの不十分さなどを見つけ出すことも技術の１つです。このような技能や感覚を育てるのも「ものづくり」の価値の１つです。

② 何を作るのか…工作キットの利用も考えて

モーターを使うことが１つの条件になります。メリーゴーランド，扇風機，クレーン，自動車などが考えられます。教科書にも自動車など，「ものづくり」の例が紹介されています。また，各社の教科書や資料集を見比べて，児童の興味関心や作りやすさはどうか，みんなが作れるか，などの観点から選ぶこともできます。

ただ「自作」となると，大変なのは３０人分以上の材料の準備です。手間も時間も費用もけっこうかかります。このことを考えると市販教材（いわゆる教材セット，工作キット）を使うのも一方法です。実際，使っている学校も多いでしょう。準備のしやすさなども考慮し，柔軟に考えて児童の喜ぶ「ものづくり」にします。

③ どう作るのか…まず，同じものをみんなで作る。独創性を求めず，教え合い，聞き合いを

「ものづくり（理科工作）」の価値は，その成功体験にあります。作り上げて動いたときの児童の顔は，達成できた喜びでいっぱいです。ですから，ともかくどの子にも作れて成功させることが基本です。まずは，みんなが同じものを作るようにします。それは，レシピの手順通りに料理を作るようなもの，ともいえます。

「ものづくり」や「工作」というと「まねをしてはいけません」などと，模倣を嫌い独創性を求める考えが一部にあります。しかし，人の模倣（まね）ができる，人に聞く，人に教えるといった能力は，大事な「生きる力」であり，「ものづくり」を通しても育まれるものです。まねや教え合いは，励みとなるものです。そして，被覆はがしの不十分さや配線間違いなども，友だちとの教え合いで見つけ，修正させていくことが大切なのです。

④ 主体的，対話的で深い学びのために

「ものづくり」は，○○を作るという目標（完成形）がはっきりしています。完成形を頭に描いて，それに向けて活動できる，というのはヒト特有の能力です。そして作る過程も楽しい，このような活動から児童の自主的，主体的な学びが生まれます。同時にそこには友だちや先生との対話を通した教え合い，聞き合いがあります。そして，これまで学んだことを使って目指すもの（○○）が完成したとき，その知識は本物で深いものとなります。

学習資料

1. 電気の学習系統と，主な内容

　小学校での電気や電流にかかわる学習は，３年生から６年生まで次第に積み上がっていくように並んでいます。電気のはたらきとして，順次「明かりをつける（光）」「モーターを回す（運動）」「磁力を生み出す（磁気）」など，エネルギーとして姿を変えていることにも気づかせるようになっています。

　また，前学年の知識の上に立って，新しいことを学んでいく内容が多くなるので，復習も入れながら進めます。電気の学習で基本になるのは「回路（輪）」です。３年生でその初歩を学習しますが，他学年でも「ひと続きの輪＝回路」になっているかどうかを考えさせます。なお，回路とは，①乾電池などの電源，②通り道となる導線など，③豆電球やモーターなど電気を使うところ，の３つの要素から成り立っているものです。

（３年）「電気の通り道」
- 乾電池と豆電球で明かりがつくのは，回路（輪）ができたとき。電流は＋極から－極に流れる。
- 電気を通すもの（導体）と通さないもの（不導体）とがある。電気を通すものは金属。金属は電気を通す。

（４年）「電流のはたらき」
- 乾電池の直列つなぎと並列つなぎの違い。直列つなぎにすると電流は大きくなる。
- 回路ができるとモーターが回る。電流の向きとモーターの回り方。簡易検流計を使う。

（５年）「電流のはたらきと電磁石の性質」
- コイルに電流が流れるとその周りに磁界（磁場）ができ，中に入れた鉄芯は磁石になる。
- 電磁石は，電流を大きくしたり巻き数を多くしたりすると磁力を強くすることができる。

（６年）「電気の利用と私たちのくらし」
- 手回し発電機やモーターを回すと回路に電流が流れる（発電）。また光電池でも発電できる。
- 電気はコンデンサーなどにためることができる。生活と電気のつながり。

2. 児童の活動を促す教具

　見えない電気の流れを考え，話し合うには教具の工夫も必要です。次の物はその一例です。

①黒板に貼る乾電池，豆電球，モーター

　黒板に乾電池（ボックス）や豆電球台，モーター台を貼付し，つなぎ方を話し合うための教具です。「こうつなぐと，直列つなぎになる」「豆電球は明るくつく」などと，話し合ったことを実際にリード線でつないで，みんなで確かめ合うこともできます。

　単一用の乾電池ボックスやモーター台などの裏側に磁石シートを貼り付けると，黒板に貼り付けることができます。

②児童の回路作りを手助けする，配線を考える台

　グループで配線を考え合うための教具です。乾電池ボックスやモーター台の裏側にマジックテープを貼り付けます。また，児童机の半分くらいの大きさのベニヤ板を用意して，乾電池やモーター台の位置にもマジックテープを貼っておきます。

　リード線が絡まったり，乾電池の位置が動いたりするだけで，児童の目には回路が見えにくくなります。乾電池やモーターの位置を固定するだけで，かなり見やすくなります。

雨水のゆくえ

◎ 学習にあたって ◎

● 何を学ぶのか

　この単元は，地学に関わって，5年生の「流れる水のはたらきと土地の変化」や，6年生の「大地のつくりと変化」の学習につながるものです。そして，4年生では，雨が降ったときの雨水はそのあとどうなるのか，またどこへ行くのかを調べます。そのため，まずは校庭（運動場）に出て，降った雨水の流れや，地面（土地）へのしみこみ方を観察します。すると，平らに見える地面にもわずかな高低差（傾き）があること，そして，雨水は地面の高い方から低い方へと流れていることがわかってきます。また，地面への水のしみこみ方は，土の粒の大きさと関係していることにも気づいてきます。つまり，砂場の砂など，大きな粒が多い土は水の通りもよく，水もはやくしみ込みます。反対に粘土など細かい粒が多い土は，水がしみこみにくく，また水も通りにくいことを実験でも確かめます。

　このように，学習内容は難しくはないでしょう。ここでは「雨水のゆくえ」を追究することを通して，地面の高低差（傾斜）や土を作っている粒（粒子）など，地学上の基礎的な事実に目を向けさせる学習ともいえます。

● どのように学ぶのか

　運動場などに降った雨水は，そのあとどうなっていくのかを話し合うと，子どもたちからは，（ア）地面を流れていく，（イ）地面にしみこむ，（ウ）蒸発する〈乾く〉という3つの考えが出てきます。そして，雨が降ったときなどをとらえて，実際に運動場に出て，ふだんの地面の様子とも比べながら観察し，確かめます。すると，（ア）や（イ）の予想どおり，小さな雨水の流れや水たまりなども見つけることができます。これを動機として，地面の傾斜や土の違いによる水のしみこみ方（通り方）を調べるなど，簡単な実験も交えて確かめていきます。

　なお，（ウ）は，水が気体（水蒸気）に変わることなので，地学的な学習とは違った学びとなります。そのため，ここでは取り上げず，「自然の中の水のすがた」という別の単元で，『水のすがたの変化〈蒸発〉』を柱として学習します。

● 留意点・他

・雨が降らないと，流れや地面の様子も観察できません。授業計画も天気に合わせて，臨機応変に対応します。
・雨の校庭での観察は難しいところもあります。また，安全面にも気をつける必要があります。
・水のしみこみやすさを比べる実験では，使う土（砂）など適したものを選び，事前に試しておくとよいでしょう。

知識および技能	・降った雨水は，地面の高い方から低い方へと流れ，やがて最も低いところに集まることがわかる。 ・水は，土の粒が大きいほどしみこみやすく，粒が細かい土にはあまりしみこまないことがわかる。
思考力，判断力，表現力等	・観察を通して，校庭での雨水の流れ方や水のしみこみ方は，場所により異なることに気づいている。 ・雨水が流れる方向には，地面の高低が関係していることに気づき，実験や観察によってそのことを確かめようとしている。 ・雨天時の地面の様子を，晴天時の地面の様子と比べて記述したり，発言ができたりしている。
主体的に学習に取り組む態度	・地面の様子や土をつくっているもの（粒）に関心を持ち，進んで観察や実験に取り組んでいる。

◎ 指導計画　5時間 ◎

※第1・2時の授業は，校庭で雨水のゆくえを観察するので，雨の日や雨が降った直後に行うことになります。そのため，時間割の変更など，天気に合わせた対応も必要になります。

※降った雨水のゆくえについて，ここでは『流れる』『しみこむ』ことを取り上げています。このほか，雨水は『蒸発する』という考えも出てきます。しかし，これは異なる学習内容になるので，別単元で取り上げて学習します。

次	時	題	目標	主な学習活動
雨水の流れ	1・2	ふった雨水はどうなるのか調べよう	校庭などに降った雨は，地表を流れたり地面にしみこんだりしていることがわかる。	・校庭などに降った雨水はそのあとどうなるのか，そのゆくえについて話し合う。 ・雨が降ったときの雨水のゆくえを，運動場や砂場，がけになったところなどで観察する。 ・ふだんの校庭の様子とも比べながら，降った雨水は，そのあと地表を流れたり土にしみこんだりしていることを話し合う。
	3・4	雨水はどのように流れていくのか調べよう	水は，高い場所から低い場所へ流れて集まることがわかる。	・降った雨水が流れるわけについて話し合う。 ・地面の傾きを調べる器具を使い，校庭の地面の傾きを調べる。 ・降った雨水は，土地の高いところから低いところへと流れていることを話し合い，まとめる。
水のしみこみ方	5	雨水は土にしみこむのか，しみこみ方は土によってちがうのか調べよう	雨水の，地面へのしみこみ方は，土の粒の大きさによって異なり，粒の大きい土の方がしみこみやすい（速くしみこむ）ことがわかる。	・運動場に降った雨水はしみこみにくく水たまりができ，砂場に降った雨水は，はやくしみこんでいたことを話し合う。 ・土への水のしみこみやすさを，砂場の砂と運動場の土とで比べる実験する。 ・砂とふつうの土の粒の大きさを，虫めがねで観察したり手ざわりを比べたりする。 ・雨水のしみこみ方は，土の粒の大きさと関係があることを話し合い，まとめる。

本時の目標：校庭などに降った雨は，地表を流れたり地面にしみこんだりしていることがわかる。

板書例

〔問題〕 **雨水**は，どこからどこへ流れていくのだろうか

↓

明くる日には，見えなくなる ⇒ どこへ？ どのように？

1 ふった雨は？

㋒ 空気中へ
（かわく）

㋐ 流れる

水たまり

㋑ 地面にしみこむ　QR

2 観察

・運動場 ― 小さな流れ
　　　　　　水たまりへ

・ブランコの下 ― 水たまり

・すな場 ― 水たまりはない
　　　　　　しみこむ？

・坂，しゃ面 ― はやい流れ

POINT　校庭の水のたまりやすいところや，そうでない場所について子どもの生活経験を話し合わせましょう。

---

1 【第1時・雨の日】降った雨はどうなるのか，雨水のゆくえについて話し合う

T （窓の外を見て）今日の天気は雨です。運動場にも雨が降っています。でも，雨が止んで1日たつと，もう水は見えなくなっていますね。

C 地面も，もと通りの乾いた地面になります。

T 運動場などに降った雨水は，そのあとどうなったのでしょう。どこかへ行ったのかな。

C 雨の日，雨水が運動場を流れているのを見たことがある。水たまりに流れこんだと思う。

C ブランコの下によく水たまりができている。

C 地面にも，しみこんでいったと思う。

C 明くる日，晴れると地面が乾くので，水は，空気中に出て行ったのかな。

T 3つの考えが出ました。降った雨水は『流れる』『しみこむ』『空気中へ』の3つです。

T 運動場で，雨水が流れているのを見たことがある人はいますか。（挙手で確かめる）

2 雨水のゆくえを観察する（雨水の流れや水たまり，水のしみこむところ）

T 水たまりは，どこで見たことがありますか。

C 鉄棒やブランコの下。くぼんでいるから…。

T 反対に，水たまりができていないところは？

C 砂場や花壇など，柔らかい土のところかな。

T では，今から，雨水のゆくえを見に行って，『雨水の流れているところ』『水たまり』と『水がたまらないところ』を確かめましょう。『運動場』『鉄棒やブランコの下』『砂場』も見て記録しましょう。（記録用紙を配る）

　　雨の運動場へ観察に行く。

【観察記録用紙の例】　QR

観察場所	水の流れ方	水たまりとしみこみ方	雨が上がった後の様子（第2時）
運動場			
砂場など			
ブランコの下			
他（　　　）			

※「他」は，坂道など学校の様子に応じて決めるとよい。

<table>
<tr>
<td rowspan="2">準備物</td>
<td>(1時目)・雨傘 (雨の場合)
・観察カード QR</td>
<td rowspan="2">I
C
T</td>
<td rowspan="2">雨が降ったときに，校庭の雨水の流れる様子を撮影しておき，その様子を見せましょう。</td>
<td rowspan="2"></td>
</tr>
<tr>
<td>(2時目)・水を入れたバケツ
・観察カード QR</td>
</tr>
</table>

3 雨があがったあとのようす ☀

- 運動場 ── 流れたあと ┬→ 水たまりへ
　　　　　　　　　　　　　└→ 外のみぞへ

- ブランコの下 ── 水たまりは小さくなった

- すな場 ── 水たまりはない（しみこんだ）

4 これから調べること

㋐ 雨水はどのように流れるのか ［どこから　どこへ］

㋑ 水のしみこみ方は，場所によってちがうのか

　　（水たまりのできないところ と できるところ）

QR

- 画像

---

3 【第2時・雨の後か，雨の日の翌日】雨上がりに，雨水と運動場の様子を観察する

T　雨が止みました。前に観察した『雨水の流れ』『水たまり』『砂場』などはどうなっているでしょうか。その様子を見に行きます。見つけたことは観察用紙に書いておきましょう。

　　雨の日に観察した運動場で，雨水のあとを観察する。

C　雨水はもう流れていないね。どこへ行ったのかなあ。でも，流れたあとは残っているよ。

C　鉄棒の下の水たまりも小さくなっているよ。

C　減った水はしみこんだのかなあ。

C　砂場には，もともと水たまりはなかったね。

T　雨水はもう流れていませんね。でも，雨水の流れたあとはあるようですね。

C　少しへこんで，みぞのようになっています。

T　本当に雨水の流れたあとなのか，バケツの水を流してみましょう。（児童に水を流させる）

C　流れた。やっぱり雨水の流れたあとだった。

4 観察の結果から，問題（課題）を見つける

T　雨水は，どこへ流れていったのかな。『流れのあと』をたどっていくとわかりそうですよ。

C　この流れのあとは，運動場の外の溝につながっていって，うまく外へ流れ出るみたいです。

T　水たまりは，どうなっていましたか。

C　水は少なくなっていました。

C　砂場は，水たまりができないところでした。

　　教室へ戻る。

T　これからどんなことを調べていきたいですか。

C　運動場の雨水がどちらの方に流れるのか，その向きには何か『きまり』があるのか。

C　水たまりができるところと，水たまりができないところとでは，どこが違うのだろうか。

T　『流れ方』と『しみこみ方』の，2つの問題について，次の時間から調べていきましょう。

　　『空気中へ』については別に学習することを伝える。

雨水はどのように 流れていくのか調べよう

本時の目標：水は，高い場所から低い場所へ流れて集まることがわかる。

板書例

〔問題〕 雨水は，どこからどこへ流れていくのだろうか

1 予想

・地面にかたむきがある

・高いところ → 低い方へ
（水たまり）

↓

・地面には高い低いがある？

2 そくてい

地面のかたむきを調べる

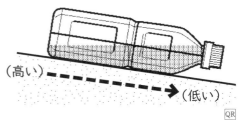

（高い）・・・・・・・➤（低い）

雨水の流れは？

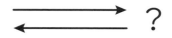

?

POINT バットにビー玉を置いて，転がる様子から傾きを考えさせるのもよいでしょう。

1 雨水はどのように流れているのかを予想する

T 運動場などの観察で，雨水は場所によって流れる速さや向きが違うことがわかりました。

T まず，勢いのある雨水の流れはどこでしたか。

C 坂のように高いところから下の方へと流れてくる雨水です。

T 運動場での流れはどうでしたか。

C 地面が平らみたいで，ゆっくり流れていた。

C でも，少し地面が傾いているように思った。

C 水たまりのところまで流れてたまっていた。

T この違いは地面の傾きと関係があるのかな。

C 傾きが急だと速く流れて，平らなところではゆっくりと流れていたと思います。

T 流れるのは，地面が傾いているからのようですね。それでは，前の観察で雨水がゆっくり流れていたところ，勢いよく流れていたところで地面の傾きを調べることにしましょう。

2 【参考】 地面の傾きを調べるための道具を作る

T では，地面の傾きを調べる道具を作りましょう。各グループで1つ作ります。簡単ですよ。

〈「傾き検査器」の作り方と使い方〉

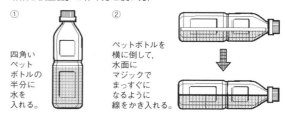

① 四角いペットボトルの半分に水を入れる。

② ペットボトルを横に倒して，水面にマジックでまっすぐになるように線をかき入れる。

③ 平らなときの水面と線，傾けたときの水面と線がどうなるかを試してみる。

④ ペットボトルの線の傾きと，左右の高低を確かめる。
※ペットボトルの右が下がるとき→左が高く，右が低い。

この他に，地面の傾きを調べるやり方は教科書にも出ているので参考にできる。また，ラップの芯のような筒にビー玉を入れて，その転がる方向で地面の高低を確かめたりもできる。

3 〔調べる〕

雨水が流れたあとをたどると

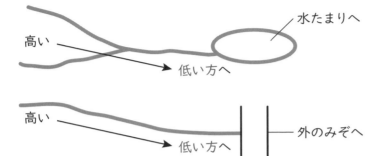

高い　　　　　　　　　　　　　　水たまりへ

→ 低い方へ

高い

→ 低い方へ　　　　外のみぞへ

4 〔まとめ〕

雨水は
・地面の高い方から低い方へと流れる
・まわりより低いところへ集まる ⇒ 水たまり，みぞ

---

3 地面の傾きを調べ，雨水の流れ方を考える（運動場で）

T　運動場で『傾き検査器』を使って地面の傾きを調べましょう。

　運動場へ行く。雨の降ったあとの雨上がりがよい。

T　運動場に雨水の流れたあとは残っているかな。グループで探しましょう。

C　このへこんだ溝が，雨水の流れのあとだよ。

T　流れたあとをたどってみましょう。

C　鉄棒の下の，水たまりへ行っています。

T　では，流れたあとと水たまりをつないで，その途中に『傾き検査器』を置いて，傾きを調べてみましょう。

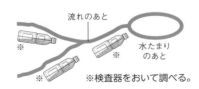

流れのあと
水たまり
のあと
※検査器をおいて調べる。

C　水たまりの方の地面の方に傾いています。水たまりのある方の地面が少し低いです。

　同様に坂道でも傾きを調べる。

4 雨水の流れ方と，地面の傾きについてまとめる（教室で）

T　（教室へ戻って）わかったことをグループで話し合いましょう。（次に，クラス全体で発表）

C　雨水は，地面の高い方から低い方へ流れていることがわかりました。

C　降った雨水は最後に水たまりに流れこんでいることがわかりました。

C　雨水が最後にたまる水たまりのあるところはまわりより低くなっていました。

T　坂道で調べると，どうなっていましたか。

C　傾きは運動場よりも急でした。だから雨水も，速く流れていました。

T　雨水の流れは『地面の高い，低い』と関係があるようです。文にまとめて発表しましょう。

C　雨水は，地面の高い方から低い方へ流れる。

C　雨水は，高い場所から低い場所に流れて集まる。

雨水は土にしみこむのか，しみこみ方は土によってちがうのか調べよう

雨水の，地面へのしみこみ方は，土の粒の大きさによって異なり，粒の大きい土の方がしみこみやすい（速くしみこむ）ことがわかる。

板書例

〔問題〕　土やすなのつぶの大きさによって，
　　　　　水のしみこみ方にちがいがあるのだろうか

1 運動場の土　　すな場のすな

・水たまりがある（水がたまる）

・水がしみこみにくい土？

・水たまりがない（水がたまらない）

・水がしみこみやすい土？

2 調べる

土をくらべてみよう

運動場　　　すな場

・つぶはこまかいものが多い

・さわるとねっとり

・つぶは大きいものが多い

・さわるとざらざら

POINT 授業前に運動場や砂場に同じ量の水を垂らし，染み込み方の違いを確認しておきましょう。

1 雨水のたまり方と，運動場の土と，砂場の土（砂）の違いについて考え，話し合う

T 学校の校庭でも，降った雨水がたまるところと，たまらないところがありました。
C 運動場に水たまりがあちこちにできていた。
C 砂場はぬれていても，水たまりはなかった。
T どちらも地面の土なのに，何が違うのかな。
C 運動場の土と砂場の土（砂）では，水のしみこみ方が違うのだと思います。
T では，運動場の土と砂場の砂を比べてみましょう。それぞれの場所の地面の様子はどうでしたか。運動場の土は？また，砂場の砂は？
C 運動場の土は，固い感じのする土でした。
C 砂場の砂はやわらかかったです。手でも簡単に掘ることができました。
T 土に違いがあるようですね。運動場と砂場の2つの場所の土（砂）を取ってきました。どこが違うのか，比べてみましょう。

2 運動場の土と砂場の砂を，虫眼鏡で見たり，さわったりして比べてみる

2つの場所の土を，ペトリ皿などに入れて違いを観察する。

T まず見た目での違いはありましたか。
C 運動場の土の方が，細かい感じがします。
C 砂場の砂は，粒が大きいようです。
T 虫眼鏡で見たり，手でもさわったりして比べてみましょう。
C 虫眼鏡で見ても砂場の砂の方が大粒です。
C 砂場の砂は，さわるとざらざらします。

【土や砂のような用語と，粒の大きさ】
「砂」や「粘土」などの用語は，正しくは「粒の（径の）大きさ」によって，次のように使い分けられている。
・2mm以上の粒 … 「れき（礫）」という　※小石も「れき」
・16分の1mm〜2mmの粒 … 「砂」という
・16分の1mm以下の粒
　…「シルト」および「粘土」という
　（併せて「どろ」ということもある）
土という用語はなく，日常語での「土」とはこれらが混じったものを指し，「砂」という言葉も「土」よりも大粒のものを指すことが多い。

準備物	・運動場の土と砂場の土（砂）　　・虫眼鏡 ・植木鉢（プラ製）かポリコップ（2つ） ・鉢にしくガーゼ　　・ビーカーやカップ ・流す水（※全てグループ数を用意）

I C T	実験がうまくいかなかった場合は，QR の動画を視聴し，粒の大きさによる染み込み方の違いを確認しておきましょう。

3 （実験）

水のしみこみ方，通り方をくらべる

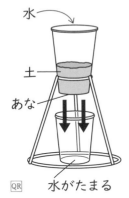

水がたまる

4 （結果）

	運動場の土	すな場のすな
つぶの大きさ	小さい	大きい
水のしみこみ方	ゆっくり	はやい
通りやすさ （たまった水の量）	通りにくい （少ない）	通りやすい （多い）

〔まとめ〕
・雨水は土にしみこんでいく
・つぶの大きい土（すな）の方がはやくしみこむ

QR

・動画
「砂場の土と畑の土の
しみこむ速さの違い」

「土のつぶの大きさと
しみこみ方」

・画像

その他

3　土の粒の大きさと，水のしみこみやすさ，
水の通りやすさを調べる

T　大きな粒の砂場の砂と，細かい運動場の土とでは，
水がしみこみやすいのは？

　　実験の前に予想させる。

T　では，砂場の砂と，運動場の土で，水のしみこみ
方を調べる実験をして比べてみましょう。

C　砂場の砂の方が，水は早くしみこみました。

C　下のコップに早く水がたまるのも砂場の砂の方
です。水が通りぬけるのも早いです。

C　粒が大きいと，すき間も大きいからしみこみやす
いと思います。

C　運動場の土にも水は少しずつしみこんだ。

T　粒の大きい砂場の砂の方が，水がしみこみやすく
通りぬけやすかったですね。

（運動場の土）小さい粒　　（砂場の砂）大きい粒

 水が
しみこみ
にくい

 水が
しみこみ
やすい

4　実験からわかったことをまとめ，
学んだことをふり返る

T　この実験からわかったことを，表にまとめて発表
しましょう。雨水と土についてどんなことがわかっ
たといえますか。

C　どちらの土でも，雨水は土にしみこんでいくこと
がわかりました。

C　しみこみ方は粒の大きさによって違いました。
粒の大きな砂の方が速くしみこみました。

C　水たまりが砂場にできなかったのは，雨水が次々
としみこんでいたから，とわかりました。

T　雨水のゆくえについても，ふり返りましょう。
雨水は，どうなることがわかりましたか。

C　地面の高い方から低い方へ流れていっていま
した。

C　地面にしみこんでいく雨水もありました。

　　森林の腐葉土の保水作用や，自分たちの地域に降った雨は
どこへ流れていくのかなど話し合ってもよい。

季節と生き物 「夏の生き物」

◎ 学習にあたって ◎

◉ 何を学ぶのか

　春に続いて，「夏の生き物」の自然観察です。観察を通して，夏に見られる動物の活動や植物の成長の様子には，春とは違いがあることに気づかせます。

　1年のうちでも気温が高くなる夏は，生き物の活動が活発になり，体も成長する時期です。動物（昆虫も）では，見られる種類や個体数が多くなり，食べることを中心に動きも活発になります。ツバメなら，巣のヒナにえさを何度も運び，子育てする姿が観察できます。また，植物にとっても，夏は大きく成長する時期です。それは，ヘチマなどの栽培植物では，茎の伸び方や葉の繁り方で確かめられます。これらの春との違いは，気温とも関係しています。また，観察のしかたなど，技能に関わることも，春での学習ともつないで習熟させるようにします。

◉ どのように学ぶのか

　学校や地域など，子どもたちのくらしの場の生き物を取り上げます。そして，春と同じように，生き物のいる場所に足を運び，自分の手と目で生き物に触れることが基本です。一方，今では優れた図鑑や画像なども多く出ています。これらは学びを広げる助けとして，活用できます。

　そして，春の様子と比べるためにも，できるだけ春のときと同じ場所で観察するようにします。夏になると，見られる動植物の種類や姿，活動の様子が違ってきていることが見えてきます。また，サクラやヘチマ，ツバメなどの動植物の様子も，春のときとの対比の目で観察し，記録するように助言します。

◉ 留意点・他

　野外での活動を伴う学習です。草むらに入ることもあるでしょう。また，夏は日射が強く，気温も高い季節です。そのため，安全面での準備は欠かせません。草むらに入る服装（帽子も）や水分補給，擦り傷などの応急処置への備えなど，配慮が必要です。事故に合わないためにも，複数での引率も考えられます。

◎ 評　価 ◎

知識および技能	・動物の活動や植物の成長の様子には，暖かい季節，また寒い季節など，季節によってちがいがあることがわかる。 ・動物の活動や，植物の成長や様子の変化には，その季節の気温が関係していることがわかる。 ・夏には，虫など動物の種類が増え，食べるなどの活動も活発になり，ヘチマなどの植物については，茎が伸び大きく成長していることがわかる。
思考力，判断力，表現力等	・春の生き物の様子とも比べながら，夏の動物や植物の様子を観察し，絵と文，またグラフなどで記録し，表現することができている。
主体的に学習に取り組む態度	・夏の生き物に進んで触れたり育てたりすることを通して，季節の移り変わりと，生き物の様子の変化に気づき，自然と生き物についての関心を深めている。 ・夏の生き物とその様子について，自分の見つけたことや気づいたことを発表し，友だちとも交流することができている

◇「夏の生き物」の学習は，夏休みの自由研究にもつなぐことができます。学びを広げる上で，『昆虫採集』や『草花標本づくり』など，呼びかけるのもよいでしょう。4年生にふさわしい学びになります。

◇ 理科の時間だけでなく，朝の会などを利用して，夏の生き物を紹介し合うのも効果的です。

◇ スケッチのほか，簡単な押し花標本づくりをすることもできます。

次	時	題	目標	主な学習活動
夏の生き物	1	夏のサクラのようすを観察しよう	夏の頃のサクラは，花はなく葉が緑濃く大きくなっていることがわかる。	・春の頃のサクラの様子をふり返る。 ・葉を中心にサクラの木の様子を観察する。 ・春との違いを話し合い，まとめる。
	2	夏のヘチマのようすを観察しよう	ヘチマは夏になると，花が咲いたり茎が伸びたり，葉が大きくなったりなど，春とは違って大きく成長していることがわかる。	・春と対比して，夏のヘチマの様子や姿を観察し，記録する。 ・春との違いを話し合い，まとめる。
	3・4	夏の動物（こん虫）のようすを観察しよう	夏の気温を測ったり，動物の様子を観察したりして，春との違いに気づく。	・春の頃の動物の様子をふり返る。 ・夏の気温を測り，昆虫やカエル，ツバメなど，見られる種類や活動の様子を観察し，カードに記録する。 ・結果を話し合い，春との違いをまとめる。
広げよう		夏の野草を見つけよう	学校付近の草花を観察し，夏にはヒメジョオンなど，春の野草とは異なる野草が見られることに気づく。	・夏に咲いている花を見た経験を話し合う。 ・校庭や野外で夏に花が咲いている野草を観察し，標本にしたり図鑑で調べたりする。 ・春と比べて，違いを話し合う。

夏のサクラのようすを観察しよう

板書例

〔問題〕　暑くなって, 植物（サクラ）のようすは, どのように変わっているだろうか

1

春のころ

・花

↓ ちって

実に

・そのあと 葉が出る

2 観察

3 夏になって

※画像を掲示する。

サクラは

・葉は, 数がふえて 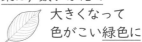 大きくなって 色がこい 緑色に

※ QR

・新しいえだも のびて （緑色）

POINT　サクラ以外（イチョウ・イロハカエデなど）の樹木の様子も観察させ, 植物による様子や形の違いに気づかせましょう。

1 夏のサクラの様子を予想し, 話し合う

T　（春の頃のサクラの画像を見せて）これは春の頃のサクラの様子です。

C　花がいっぱい咲いていたね。

T　春のサクラの観察カードを見ながら, 春のサクラはどんな様子だったか思い出してみましょう。

C　葉が出る前に花が咲いていました。

C　花びらは5枚ありました。

C　花が散ったあとに葉が出てきていました。

C　花が散ったあと, 小さな実ができている木もありました。

T　夏のサクラはどんな様子だと思いますか。

C　葉の数が増えていると思います。

C　葉っぱ1枚1枚が大きくなっていると思う。

T　では, 校庭に出て, 夏のサクラの様子を観察してみましょう。

2 夏のサクラの様子を観察する（校庭で）

校庭の, 春に観察したサクラを観察する。教師はカメラで撮影しておく。

T　葉の大きさや形, 色などの様子や, 枝の先の様子などよく見て観察カードにかきましょう。春との違いを考えて観察しましょう。

T　サクラの木の下から上を見てみましょう。どんな様子ですか。

C　葉っぱがたくさんあります。

C　葉っぱが多くて空が見えません。まるで大きな傘みたいです。

〈夏のサクラ〉

QR

サクラの木を下から観察させることで, 葉が重ならないようについていることがわかる。葉が日光を得ようとして広がっている様子から, 植物の智恵に気づかせることができる。傘のようでもある。

（観察）

サクラの木を下から見ると かさのように

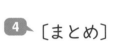
葉がいっぱいにしげって

・空が見えなかった

・木の下は少し暗い

　葉は日光をいっぱい
　受けている

※ QR

4　〔まとめ〕

春とくらべると
夏のサクラは，葉をいっぱいしげらせている
葉は多くなり，大きくなり，色もこくなる

QR

・画像

その他多数

---

3 観察して見つけたことを発表する（教室で）

T　（教室に戻って）サクラの様子はどうでしたか。

C　花はぜんぜんありませんでした。

C　葉っぱが大きくなって，数もすごく増えていました。葉の緑色も濃くなっていました。

C　枝の先の方は緑色でした。新しく伸びた枝だと思います。

　　観察カードに基づいて発表させる。その日に撮影した画像を適宜提示するとよい。

T　サクラの木を下から見上げたとき，どんな様子でしたか。

C　木の下は日陰でした。

C　葉がいっぱいで空が見えませんでした。

T　サクラの葉は，空が見えないほど茂っていましたね。太陽の光をいっぱい浴びようとしているのでしょうね。

4 春のサクラの様子と比べて，違いをまとめる

T　春のサクラと比べて，夏のサクラが違っていたところはどこでしょう。まとめてみましょう。

C　春に比べて，花はなくなって葉っぱが増えていました。葉の色は濃くなっていました。

C　新しい枝も伸びていました。

T　夏になり気温が上がって，サクラの様子が春とはずいぶん違っていることがわかりました。

　　夏は，全体が成長し，大きくなる時期といえる。

〈春の頃のサクラからの枝先の変化〉 QR

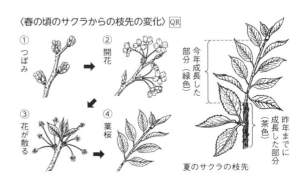

夏のヘチマのようすを観察しよう

本時の目標 ヘチマは夏になると，花が咲いたり茎が伸びたり，葉が大きくなったりなど，春とは違って大きく成長していることがわかる。

板書例

〔問題〕 暑くなって，ヘチマのようすは，どのように変わっているだろうか

1 春のころ ➡️ **2** 観察

たねをまく

↓

子葉

↓

葉

↓

くき（つる）

まきひげで立つ

3 夏になって 大きく育ってきた

葉がふえて
くき（つる）がのびて
花がさいて（2つの種類）

おしべ

おばな

めしべ

ふくらんでいる

めばな

※画像（イラスト）を掲示する。

POINT ツルレイシも育てている場合は，ヘチマとあわせて観察します。

1 このごろのヘチマの育ちの様子を話し合う

この学習の1週間前に，春に植えたヘチマの茎の長さを測り，記録させておく。ネットに印をつけておくとよい。

T この頃のヘチマを見て，どんなことに気づきましたか。

C 全体が大きくなっていました。

C 茎が伸びて，葉っぱが増えていました。

C 花が咲いていました。

ヘチマの育ちで，日頃気づいたことを発表させる。

T 茎の長さは，1週間でどれくらい伸びているでしょう。

C 10cmぐらいだと思います。

C 30cmぐらいだと思います。

C 1mぐらいだと思います。

T では，学級園でヘチマの観察をしましょう。

2 夏のヘチマのすがたを観察する（学級園で）

T まず茎の長さを測ってみましょう。1週間前の長さと比べて，どれだけ伸びたかな。

児童の身長を超えていると思われる。脚立などを用意し，代表の児童に測らせるとよい。

C すごく伸びて測るのが大変だ。

C 90cm以上伸びているよ。

T 次に，葉の色や大きさ，花の色や形をよく見て観察し，カードに記録しておきましょう。

教師はカメラで記録をとっておくとよい。

〈ヘチマの成長〉

ヘチマなどのつる性の植物は，まきひげを使って他のもの（ネットなど）によりかかって伸びていく。茎を太くして自分で支える必要がない分，どんどん上へと高く伸びていくことができる。

QR

・画像

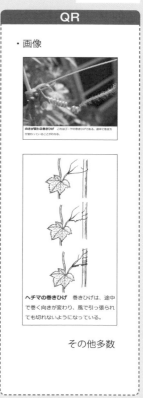

ヘチマの巻きひげ 巻きひげは，途中で巻く向きが変わり，風で引っ張られても切れないようになっている。

その他多数

1週間で のびる くきの長さ

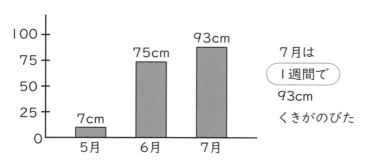

7月は
（ 1週間で ）
93cm
くきがのびた

4 〔まとめ〕

ヘチマは夏になって

・大きく成長する（まきひげを使って上へのびる）
　葉も大きく多くなる

・花をさかせる（おばな と めばな）

---

3 観察して見つけたことを発表する（教室で）

T　観察してきたことを発表しましょう。まず，茎の長さを測りましたね。1週間前と比べてどれだけ伸びていましたか。

C　93cm です。

T　茎の伸びは，5月に7cm，6月に75cmでしたね。それに比べてもすごい伸びですね。

T　その他のヘチマの様子はどうでしたか。

C　葉っぱが大きくなって数も増えていました。

C　まきひげが何本も伸びてネットにまきついていました。

C　黄色い花も咲いていて，形が2通りあったね。

T　花の種類の違いによく気がつきましたね。ヘチマの花には雄花と雌花があります。根元がふくらんでいる方が雌花で，これが実になっていきます。これから観察するとき，この部分がどうなるのか注意して見るようにしましょう。

4 春のヘチマの様子と比べて，違いをまとめる

T　夏のヘチマの様子は春と比べてどのような違いがありましたか。まとめてみましょう。

C　春と比べて体が大きく成長していました。

C　葉っぱの数がすごく増えていました。

C　茎の成長した長さがすごくて93cmでした。

C　花が咲いていました。色は黄色です。花には雄花と雌花の2種類がありました。

C　まきひげがたくさんネットにつかまっていた。

T　夏になると気温が上がり，日差しも強くなって，ヘチマは大きく成長していることがわかりました。観察を続けていきましょう。

〈ヘチマの雄花と雌花〉
雄花

おしべ

雌花

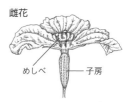

めしべ　　子房

雄花と雌花のある植物では雄花のほうが先に咲く。雌花の子房が実になる。

夏の動物（こん虫）のようすを観察しよう

本時の目標：夏の気温を測ったり，動物の様子を観察したりして，春との違いに気づく。

板書例

〔問題〕 暑くなって，夏の生き物（動物）のようすは，どのように変わっているだろうか

1 春のころ　24℃　　➡　　**2** 夏になって　28℃

3

春のころ 24℃
- ・チョウ（たまごをうむ）
- ・テントウムシ（よう虫・成虫）
- ・カマキリ（たまご→よう虫へ）
- ・カエル（たまご・おたまじゃくし）
- ・ツバメ（すづくり）

⇒

夏になって 28℃
- ・春より多くのこん虫
- ・バッタのよう虫 → 成虫へ
- ・カマキリのよう虫 → 成虫へ
- ・おたまじゃくし → カエルへ
- ・ツバメのひな（子ツバメ）

POINT　6月ごろから観察を始めることで，見つかる生き物の種類が多くなります。（ツバメやアゲハは6月ごろから観察

1 春の動物の様子をふり返る

　　春の頃の観察カードを見ながら，春の生き物の様子を思い出させる。

T　春の動物観察では，どんな動物（鳥や虫）が観察できましたか。

C　チョウが飛んでいました。

C　テントウムシがいました。

C　カマキリの幼虫が卵からかえっていました。

C　ツバメが巣を作っていました。

　　児童がかいた春の観察カードの中から何枚か黒板に貼る。

T　春の頃の気温は何度でしたか。

C　２４度くらいでした。（温度計の図を貼る）

T　今日は夏の生き物の様子を観察しましょう。春と比べてどんなところが違っているか調べてみましょう。

　　校庭に出る指示をする。

2 外へ出て気温を測り，動物の様子を観察する（校庭で）

T　（春と同じ時刻，同じ場所で）まず，気温を測って記録しましょう。温度計に直接日光が当たらないようにして，地面から1.2〜1.5mの高さで測りましょう。

　　気温を記録させたら，教師は温度計を集める。

T　では，動物（昆虫）探しに行きましょう。春のときに見つけた場所を中心に探すとよいですね。

　　安全に留意して，花壇や雑草の生えているところ，春にツバメが巣作りをしていた場所などを中心に調べる。観察カードに記入させ，終わったら教室に戻る。

〈夏に見られる生き物 ①〉QR

ナナホシテントウ（成虫）　アゲハ（成虫）

クマゼミ　アブラゼミ

| 準備物 | ・観察カード QR ・温度計　・温度計の掲示物 ・事前に撮影した生き物などの画像 ・昆虫図鑑 | I C T | 夏の生き物の写真を見せ，どのような生き物を観察するか見通しを持たせましょう。 |

春のころ　→　夏になって

ナナホシテントウ ○月○日　春 30 20 10 24℃
ツバメのひな ○月○日　夏 30 20 10 28℃

※児童がかいた観察カード，温度計の図を掲示する。

4 〔まとめ〕

夏になると気温が上がって
・動物（こん虫）の種類と数がふえた
・こん虫は食べて成長（バッタ，カマキリ）
・ツバメはたまごからヒナへ → 子ツバメに
・おたまじゃくしが大きくなって → カエルに

QR

・画像

アゲハ（成虫） アゲハ 成虫は花の蜜を吸う。赤や紫の花が好きで、ミカンやサンショウなどに卵を産む。

ナナホシテントウ（成虫） 春には幼虫が多かったが、夏には成虫が多く見られる。

トノサマガエル（親） トノサマガエル 体長は大きいもので8〜5cm以外、緑色や褐色の模様のものが多い。

その他多数

できる。）

3　観察の結果を発表する（教室で）

T　<u>草むらで見つけたことを発表しましょう。どんな昆虫がいたでしょうか。</u>

C　水のそばでシオカラトンボが飛んでいた。

C　カマキリの幼虫が大きくなっていました。

T　ツバメや他の動物の様子はどうでしょうか。

C　巣の中に子どものツバメがいました。

C　おたまじゃくしが小さなカエルになっていた。

　　児童の観察カードを何枚か紹介する。

T　気温は何度でしたか。

C　２８度もありました。（温度計の図を掲示）

　　気温を図示することで視覚的にとらえさせる。

4　春と比べて，違うところをまとめる

T　春と比べて，今（夏）の生き物の様子で違うのはどんなところですか。

C　春よりたくさんの種類が見られました。

C　カマキリの幼虫は，春より大きくなっていた。

C　子ツバメが卵からかえって育っていました。

　　事前に撮影した動物（昆虫）の画像を提示する。

T　気温はどうでしたか。

C　気温は春よりも高くなっていました。

T　夏になると春より気温が高くなり，動物（昆虫）の種類が増えました。また，<u>大きく育ってきた動物もいる</u>ことがわかりましたね。

〈夏に見られる生き物 ②〉QR

トノサマバッタ（成虫）　オオカマキリ（幼虫）　親ツバメ 子ツバメ ↑ここが特徴　（水辺で）トノサマガエル（親）　アメリカザリガニ

広げよう めあて
夏の野草を見つけよう

学校付近の草花を観察し，夏にはヒメジョオンなど，春の野草とは異なる野草が見られることに気づく。

め 夏の野草を見つけよう

板書例

① 春には

- ・オオイヌノフグリ
- ・タンポポ
- ・ナズナ
- ・カラスノエンドウ

（〇〇公園で）

⇒

② 夏になると
※

- ・ヒメジョオン　　・ヤブガラシ
- ・オヒシバ　　　　・ヘクソカズラ
- ・メヒシバ　　　　・ヒルガオ

＝

つる植物

※地域で見られる野草を書き，植物名とともに実物も見せる。

(POINT) 夏に見られる草花の葉の色や大きさを，春と比べます。植物の多様性や共通性を感じさせることも大切にしましょう。

---

1 夏に見られる野草について話し合う（教室で）

　本時の観察や採集に際しては，近くの空き地や公園，草原など，観察にふさわしいコースを下見して，夏に見られる草花を調べておく。また，野草の種類の変化に気づかせる上で，春と同じ場所が望ましい。夏に見られる草花（野草）について，児童が見つけた場所やそのときの姿など，教室でまず話し合う。

T　春の草原では，ナズナやカラスノエンドウなどの草花を見つけることができました。今は気温も高くなり，日差しも強くなってきました。この夏の季節にはどのような野草が見られるでしょうか。学校や家の近くの草原で見つけた草花（野草）にはどのようなものがあったのか，話し合ってみましょう。

C　公園のフェンスにヒルガオが咲いていました。

C　小さな白い花が空き地に咲いていました。（などと話し合う）

2 野外観察で見つける野草を聞き，確かめ合う（教室で）

　教室で，本時のめあてとすることを伝える。

T　先生は，こんな花を見つけました。（見せる）
　名前はヒメジョオンといいます。他にもこんな草花が見つかります。（いくつか紹介）

T　外での観察では，次のような草花を見つけてみましょう。（下欄参照）見つけたら，そのうちの１つ（または２つ）をとっておき，教室で標本にして「図鑑」にしましょう。

【比較的目につく夏の野草】 実物を見せるとよい。

ヒメジョオン　　　　　ヘクソカズラ

他，ヤブガラシ，オヒシバ，メヒシバ，ツユクサ，ヒルガオなど

| 準備物 | ・観察カード QR ・虫眼鏡
・植物図鑑 ・見せるための草花
・標本作製のための材料
（台紙用の画用紙，セロハンテープなど） | ICT | 夏の植物の写真を見せ，どのような植物を観察するか見通しを持たせましょう。 |

３ 標本をつくる

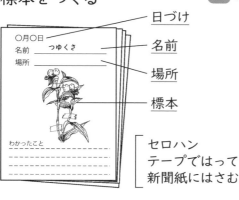

○月○日
名前 つゆくさ
場所

標本

わかったこと

- 日づけ
- 名前
- 場所
- 標本

セロハンテープではって新聞紙にはさむ

〔わかったこと〕同じ場所でも夏には，春とはちがう野草が育っている

４ 図かんも使って

・野草の名前

・とくちょう
　どんな植物か

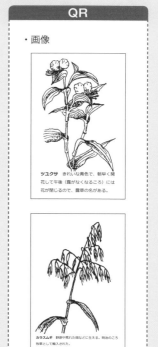

QR

・画像

ツユクサ きれいな青色で，朝早く開花して午後（露がなくなるころ）には花が閉じるので，露草の名がある。

カラスムギ 野原や荒れた畑などに生える。明治のころ牧草として輸入された。

その他多数

---

３ 野外に出て，夏の野草を探し観察する　教室で標本にする

野外に出て，実際に夏の野草を見つけて観察する。

T　では，外へ出て観察，採集をしましょう。

観察コースを引率する。地域により咲く時期には違いがあるが，春に比べて背の高いものが多くなる。また，オヒシバのようなイネ科植物も目につく。見つける野草を４つ～５つくらい決めておき，それを採集させ，そのうち１つか２つを標本やカードにさせる。また，名前のわからない草花も採集し，後で調べる。

【教室に戻って】

T　採ってきた草花を標本にしましょう。そのままセロハンテープで貼りつけます。背の高いものは花と葉だけを貼ります。日付，場所，見つけたことも書いておきましょう。

【野草図鑑・例】

○月○日
名前 つゆくさ
場所

わかったこと

４ 図鑑でも，草花の名前を調べる　気づいたことを発表し，交流する

T　観察した草花は，図鑑でも調べてみましょう。特徴も書いてあるので，標本カードに書き加えるとよいでしょう。草花の中で名前のわからなかったものも，図鑑で調べてみましょう。

名前を調べるのは難しい。教師の手助けも必要。

T　どこでどんな草花が見つかったのか，また観察して気がついたことを発表しましょう。

C　ツユクサの青い花が見つかりました。９月ごろよく見るのに，もう咲いていて驚きました。

C　ヘクソカズラがフェンスにからんでいました。触るとくさかったです。

C　ヘクソカズラもヤブガラシも，ヘチマと同じようにからみつくつる植物だとわかりました。

T　夏休みの自由研究として，このほかにも家の近くの夏の草花を観察したり，それを標本にしたりするのもいいですね。（と，呼びかける）

夏の星・星の明るさや色

全授業時数　2時間＋広げよう2時間

◎ 学習にあたって ◎

◉ 何を学ぶのか

　小学生にとって初めての天体の学習です。季節に合わせて「夏の星」「月の動き」「冬の星」の3部に分かれています。そのうち，ここでは夏の代表的な星座や星を取り上げますが，星座の名前や形をただ覚えるだけの学習にならないようにします。実際に夏の星空を見上げ，自分の目で「彦星，織姫星が見えた」「さそり座がわかった」という「本物の体験」につながってこそ，価値のある学びになります。そのため，授業では「見たい星の見つけ方」を教え，「見える」ようにしてやらねばなりません。また，観察や，観察体験の交流を通して，星には明るさや色の違いがあることにも気づかせます。

◉ どのように学ぶのか

　子どもたちは（大人もですが）星座や星の名前は知っていても，実物の星は案外見ていない（見えていない）ものです。そのため「星を見つけられるようにする」には，まず，取り上げる星の集まりを，夏の大三角（こと座，わし座，白鳥座）やさそり座，北斗七星のような明るく形のわかりやすいものに限定します。また，星という「点」を，頭の中でつないで形づくることや，時間や方位，高さといった空間認識も難しいものです。ですから，星座の形を机上で形づくらせたり，描かせたりして星座の形を脳裏に焼きつけさせます。また，星の位置もおよその方角と高さで示すなどの配慮をします。

◉ 留意点・他

　星を知るには「星を観る会」などで，実物の星を見ながら「あれがさそり座…」などと教えてもらうのがいちばんよいでしょう。しかし，現実には難しさもあります。その際助けになるのは，夜空の映像（写真など）を見せることです。特に学校から地上の景色もいっしょにうつし込んだ映像なら，方角や高さ，大きさを，実感を伴ってとらえることができます。また，学校で「見つけ方」を習ったあとは，各自が家で観察することになりますが，大人同伴など安全面での呼びかけも必要です。夏の星を取り上げる時期は七夕や夏休み前にあたります。夏休みに向けて星の観察を呼びかけるのにもよい時期です。

◎ 評　価 ◎

知識および技能	・「夏の大三角」など，夏に見える代表的な星のならび（星座）や星を知り，その見つけ方がわかる。 ・星には，明るさや色の違いがあることがわかる。
思考力，判断力，表現力等	・星や星座を観察した記録を，時間（いつ）と方位，高さ（どこ）を入れて書くことができている。 ・星座早見や星座カードの使い方がわかり，見たい星を見つけることができている。
主体的に学習に取り組む態度	・星や星座に関心をもち，すすんで観察をしたり記録したりすることができている。

◎ 指導計画　2時間＋広げよう2時間 ◎

◇　1時間に1つの星座を取り上げ，次の時間までにその星座を家で観察するように呼びかけます。
◇　本単元ページの末尾に，「教具と天体写真の写し方」についての「学習資料」を載せています。

次	時	題	目標	主な学習活動
夏の星・星座	1	夏の大三角を見つけよう	7月の夜8時頃，東を向くと「夏の大三角（ベガ，アルタイル，デネブの3つの星）」が見えることを知り，その形と見つけ方がわかる。	・七夕の星を含む「夏の大三角」の形を知り，小石をならべるなどして，その形を覚える。 ・時間，方角，高さをもとに，見つける練習をする。
夏の星・星座	広げよう1	夏の大三角を「星ざ早見」で見てみよう	星座早見（星座盤）の使い方を知り，夏の南の空には，さそり座，アンタレスが見えることを知る。（※星座カードを使うやり方もある）	・星座早見の使い方を聞き，夏の大三角を見つける。また，南の空にはどんな星座が見えるのかを調べ，さそり座が見えることを話し合う。
明るさと色星の	2	星の明るさと色を調べよう	星によって明るさや色の違いがあることがわかる。	・これまで観察してきた星には，明るさや色の違いがあったことを話し合う。
まとめ	広げよう2	北の空の星を見つけよう	夏の夜，北を向くと北斗七星と北極星が見えることがわかり，夜空での見つけ方がわかる。	・星座早見で，北の空に見える星座や星を調べる。北斗七星の形と北極星の見つけ方を聞き，動作を通して見つける練習をする。 ・夏休みに向けて，星の観察の予告を聞く。

※星に関わる写真は，「ひげくま天体観測所（井本彰）」の撮影によるものです。

【参考】

☆惑星の位置も確かめて

　　星には星座を形づくっている恒星の他に，火星や木星，土星などの惑星もあります。惑星とは，太陽の周りを回り太陽の光を受けて光っている星です。惑星は文字通り位置が変わるので，星座早見にも教科書の写真にも載っていません。惑星はさそり座などの黄道上の星座付近に見え，たいていは明るく輝いて見えます。ですから，惑星が出ていると星座の一部と見まちがえやすいので，前もってどこにどの惑星が出ているのかを調べておきます。それには，教科書会社からの年報や「天文年鑑」の他，科学雑誌やインターネットでも調べることができます。

☆「星座早見」や星座カードなど

　　夜空で星座を見つけるときには，「星座早見」などが助けになります。しかし，4年生の児童にとって「星座早見」を使いこなすのは容易ではありません。もともと丸い天球を平面に写しているため，形のゆがみもあり，方角もとらえにくく，大きさも実視とはかけ離れています。星座早見では「全天型」が一般的で，ここでもそれを使っていますが，「南天＋北天型」「全天＋南天型」もあり，小学生には「全天＋南天型」が比較的使いやすいかもしれません。

　　また，星が見えるおよその方角や高さがわかっている場合には，「実視星座カード」が使いやすいので，星座カードをつけている教科書もあります。なお，近年はスマートフォンやタブレットなども使えるようになっています。

☆「スターウォッチング」についての資料が右のQRコードに入っています。

板書例

㋱ 夏の大三角を見つけよう

1 夏の大三角
　おりひめ星＝ベガ
　ひこ星＝アルタイル
　（けん牛）

2 夏の大三角

◎おりひめ星 (ベガ)

デネブ

ひこ星
（アルタイル）

QR

3 7月夜8時ごろ
　東を向いて
　空の中ほど
　を見る。

上

東

QR

POINT　イラスト等で星の形を確認してから，夜空の写真を見せることで，見通しを持って星座を見つける活動に取り組めます。

1　七夕の星を見つけてみる

T　もうすぐ七夕（7月7日）です。七夕のお話に出てくるのは『彦星（牽牛星）』と『織姫星（織女星）』ですが，これらの星を実際に見たことはありますか。
（実物を見た子は，案外少ない）

C　空には星がいっぱいで，どの星なのか…。

T　今日は，その彦星と織姫星の見つけ方を勉強しましょう。今夜，見られるといいですね。

T　見たい星を探すには次の3つのこと（要素）が大切です。①何時ごろに（時刻），②どちらの方角を向いて（方角），③見上げる角度（高さ）はどのくらいか，です。

T　時刻は夜の8時頃です。東の方角を向いて立ちます。高さは目の高さと真上のまん中くらいです。そこに，このような明るい3つの星が見えます。
（3つの星を板書）

2　夏の大三角の形と星の名前を覚える

T　（黒板の星を指して）この明るい3つの星を，頭の中で，線でつなぐとどんな形に見えますか。

C　三角形です。三角定規にも似ています。

T　この明るい3つの星を線でつなぐと，大きな三角形に見えますね。これを『夏の大三角』と呼んでいます。言ってみましょう。（言わせる）

T　いちばん上の星が織姫星で，右下の星が彦星なのです。左下の星はデネブという星です。先生が指す星の名前を言いましょう。（言わせる）

T　では，用意した3つの小石を机の上に並べて，「夏の大三角」を作ってみましょう。

QR

T　並べられたかな。では，今から言う星を指で指してください。まず，彦星は？（指させる）

並べる3つの小石は休み時間などに拾わせておく。（おはじきやボタンでもよい）夏の大三角のイメージをもたせるために三角定規を見せるのもよい。

| 準備物 | ・小石（小指の爪大）または，おはじき，ボタンなど
・トレーシングペーパー
・方位磁針　・教師用三角定規
・星空の画像（掲示用）QR　・ワークシート | ICT | 夜空の写真を送り，星座や夏の大三角形を線で結ばせ，正解と比べさせるのもよいでしょう。 | |

4 星ざ …… 何かの形

（ことざ）　　　　（わしざ）　　　　　（はくちょうざ）

平行四辺形

3つならんだ星

※星座の画像などを提示する。QR

QR

・画像

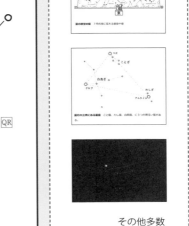

その他多数

---

3 夜空で夏の大三角を見つけられるように，練習をする

T　織姫星と彦星には世界共通の名前もあります。織姫星は『ベガ』，彦星は『アルタイル』です。（星の名前を板書し，児童に名前を言わせる）

T　もう，黒板を見なくてもノートに夏の大三角の形がかけるかな。星の名前も書けますか。

　見て回って助言したり，よくかけた児童をほめたりする。

T　今夜，夏の大三角を見つけられるように練習しましょう。今，夜の8時です。方位磁針で調べて東を向きましょう。次は高さです。目の高さから握りこぶし4つ分（40度）くらい上を見ましょう。その辺りに，夏の大三角のベガが見えるのです。

約40°

南　西
東
北

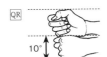

10°

【天体の高さは角度で表す】
星などの高さは，角度（0度〜90度）で表す。こぶし1つ分が約10度になり，4つ重ねると40度になる。

4 星座の名前を知り，教科書でも確かめる

T　織姫星かどうかを確かめる方法があります。明るい織姫星（ベガ）の右下には，このように（板書）平行四辺形に並んだ星があるのです。これらの星をつないだ形を昔の人は『琴』の形に似ていると考えて，この星の集まりを『こと座』と呼びました。このように，星を結んで何かの形に見立てたものを『星座』といいます。アルタイルやデネブは，何という星座にあるのかを教科書で調べてみましょう。

　アルタイルのわし座，デネブの白鳥座を，調べさせる。

T　実際の夜空は，このように見えます。

　教科書の夜空の画像などを提示する。

T　教科書の写真から夏の大三角を見つけましょう。トレーシングペーパーにも写しましょう。

夏の大三角を「星ざ早見」で見てみよう

板書例

め 夏の大三角を「星ざ早見」で見てみよう
（星ざばん）

1 夏の大三角を見て

・すごく大きい三角形
・七夕の星がわかった
・東の〇〇山の上に見えた
・おりひめ星が明るい
・天の川は？

星の明るさ・色は？

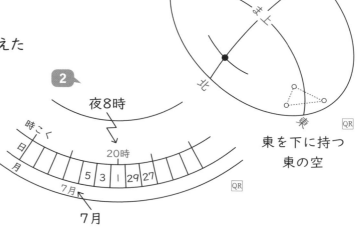

2

夜8時

20時

時こく
日
月

5 3 1 29 27

7月

7月

東を下に持つ
東の空

POINT　イラスト等で星座の形を確認してから，夜空の写真を見せることで，見通しを持って星座を見つける活動に取り組めます。

1　星座早見の使い方の説明を聞き，日時を合わせてみる

T　前回学習した『夏の大三角』は，お家で見つけることができましたか。見つけられた人は？（挙手させ）多くの人が見つけられましたね。

　　星を見た作文や日記を書かせておき，読ませるのもよい。

T　さて，見たい星や星座を探す便利なものがあります。（星座早見を見せて）『星座早見』といいます。この星座早見で，今夜8時の空の星を調べることができます。『夏の大三角』もこの星座早見に出ています。

（児童に，星座早見を配布）

T　使い方を説明します。星座早見の端（ふち）に，月日と時刻が書かれた目もりがあります。今日は7月1日なので，7月1日と，見る時刻「夜8時（20時）」を，円板を回して合わせましょう。

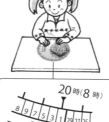

20時(8時)

8 9 7 5 3 1 29 27 25

7月

2　星座早見で夏の大三角を見てみる

T　今，まるい窓の中に見えているのが，今夜8時に見える星や星座なのです。

T　まるい窓のまわりに東西南北の文字が書かれていますね。夏の大三角は東を向くと見えたので『東』の文字が下になるように持ちましょう。『東』の文字のふちが地面（地平線）近くになります。どんな星が見えていますか。

C　白鳥座やわし座，こと座だ。夏の大三角です。

T　今夜8時に東を向いて空を見上げると，この星座早見と同じ星が夜空にも見えるのです。まるい窓のまん中あたりが頭の真上に見える星になります。

T　実際にやってみましょう。星座早見を持って東を向いて立ちます。「東」を下にして，握りこぶし4つ分くらいのところを見上げると，そこに夏の大三角が見えます。

準備物	・星座早見 (ここでは全天用を使用) ※実物大の星座カードを使ってもよい ・「さそり座」のワークシート QR ・方位磁針

ICT	夜空の写真を送り，さそり座を線で結ばせ，正解と比べさせるのもよいでしょう。

3 さそりざを見てみよう

南の空に … さそりざ
（魚つり星）

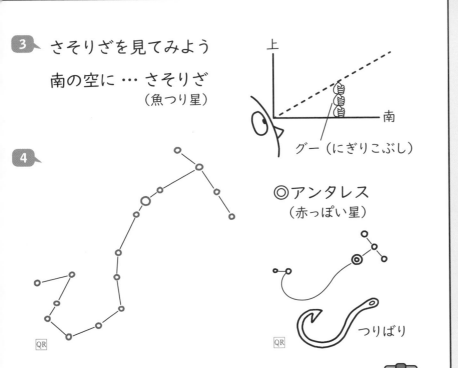

グー（にぎりこぶし）

◎アンタレス
（赤っぽい星）

つりばり

QR

・学習の手引き

・画像

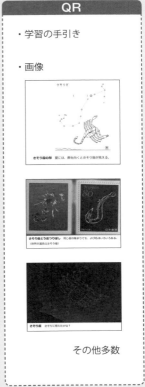

その他多数

---

3 星座早見で南に見えるさそり座を見つけてみる

T　今夜，南の方を向くとどんな星や星座が見えるでしょうか。星座早見を使って調べるとき，東西南北のどこを下にして持ちますか。

C　南です。（日時はそのままで，南を下にして持たせる）

T　南の方には，どんな星座が見えますか。

C　少し東の方にさそり座が見えます。

T　今夜8時，南の空には『さそり座』が見えるのです。さそり座にはアンタレスという明るい星も見えます。星座早見を持って南を向いて立ちましょう。

南に向かい，握りこぶし3個分くらい見上げさせる。

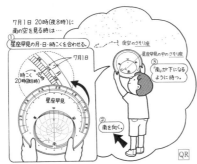

T　その辺りに，さそり座が見えます。

4 さそり座の形を見てかいて，また見て，覚える

T　では，さそり座の形を覚えましょう。

プリントを配布し，黒板には図を提示する。

T　さそり座の星を線でつないでみましょう。どんな形になるでしょう。何に見えますか。

C　大きく曲がった形です。

C　ねこのしっぽかな。

T　実際の夜空の写真で，さそり座をたどってみましょう。（画像を提示）

T　この形を外国の人はサソリの形と見て『さそり座』と名づけました。日本では釣り針の形と見たてて『つり針星』とか『魚釣り星』などと呼ぶ地方もありました。今夜見つけてみましょう。それから，星には明るさや色の違いがあるかどうかも観察しておきましょう。

板書例

〔問題〕 夏に見られる星の明るさや色は，
　　　　どのようなちがいがあるのだろうか

1 さそりざと
夏の大三角を見て

さそりざ

・夜8時ごろ南の方に
　〇〇山の上
　〇〇ビルの方に ｝南の方

・アンタレスはオレンジ？

夏の大三角

・デネブと十字の形がわかった

・ベガはいちばん明るい

2 問題１

星の明るさにちがいは … ある
あるだろうか

明るい星 ｛ アンタレス
１等星　　 ベガ
（とうせい）アルタイル
　　　　　 デネブ

(明るい) ← → (暗い)

-1 0 1 2 3 4 5 6 7 8
　　　等星　　　　等星
　　　ベガ　　　　　　目で
　　　　　　　　　　　見えない

POINT 家庭学習の機会などを使って，夜に実際の星を観察させるよう促しましょう。

1 夏の大三角，さそり座を観察して その様子を話し合う

T　この前勉強した，夏の大三角とさそり座は，見つけることはできましたか。(挙手させる)

　以下，これらの星の映像を見ながら話し合うと効果的。

T　では，見たときに書いた作文を読んでください。見た時間や方角も発表してください。

C　さそりの形がよくわかりました。夜8時半ごろ，〇〇ビルの上に見えました。

C　アンタレスの色は薄い赤色でした。他の星はみんな白色みたいでした。

　具体的な時間，方角とともに，明るさや色の違いに気づいている作文や発言を取り上げ，評価する。

T　夏の大三角もわかりましたか。

C　星座早見で調べた場所に見えました。東の空の真ん中ぐらいの高さに見えました。

C　3つの星は，まわりの他の星より明るかったです。

　西の空のアルクトゥルス（うしかい座）も観察させてもよい。

2 星には明るさの違いがあることを 確かめる

T　星の明るさや色のことを書いた発表がありました。まず，星には明るさに違いはあったでしょうか。

C　アンタレスがいちばん明るくて目立っていてすぐわかりました。他の星は暗かったです。

T　(画像を指しながら) 星には明るさの違いがあるのですね。ベガやアルタイル，デネブも特に明るい星なのです。この明るい星だけをつないだのが「夏の大三角」です。このような明るい星は「１等星」といってアンタレスやベガのように名前もついています。他に１等星はないか，星座早見で探してみましょう。

【星の明るさ】 等級で表す。

１等級ごとに光量は 2.5 倍になり，１等星は６等星の 100 倍の明るさになる。７等星以下は肉眼では見えないが望遠鏡を使うと見える。明るい星はさらに０等星，－１等星などと表す。

ベガ	0.0 等級
アルタイル	0.8 等級
デネブ	1.3 等級
アンタレス	1.0 等級
北極星	2.0 等級
太陽	－ 26.7 等級

QR

QR

・学習の手引き

・画像

さそり座のベガ　さそり座が見えた時刻や方角，形，また星座を話し込めた。

こと座のベガ　…（中略）した1等星（夏等級），おりひめ，アンタレスとは色がちがう。

天の川　雲のように見えるのが何なのか

その他多数

3　問題2

色にちがいはあるだろうか … ⟨ある⟩

ベガ ┐
アルタイル ├ … 白
デネブ ┘
太陽 ………… 黄色 ← （太陽も星のひとつ）
アンタレス …… 赤い

4　天の川（銀河）…… 多くの星の集まり

〔まとめ〕・星は，明るい星から暗い星など
　　　　　明るさにちがいがある
　　　　・白い星や黄色い星，赤い星など
　　　　　色にもちがいがある

---

3 星には色の違いがあることについて話し合う

T　星の明るさには違いがありますが，色には違いがあったでしょうか。さそり座のアンタレスは，赤っぽい色ということですが，ベガやアルタイルの色は，どうでしたか。

C　ベガは白色で，赤くはなかったです。

C　アルタイルやデネブも白く光っていました。

T　写真を見てみましょう。星によって色も違います。白く光る星もあれば，赤やオレンジ色に見える星もあります。また，スピカという星は青白く光っている1等星です。星を見るとき，どんな色なのかにも気をつけて見ましょう。

【星の色と表面温度】※星の色の違いは，表面温度の高低による。

	（色）	（表面温度）	QR
スピカ	青白	20000℃	高い ↑
ベガ	白	9500℃	
デネブ	白	9000℃	
アルタイル	白	8000℃	
太陽	黄	6000℃	↓
アンタレス	赤	3500℃	低い

このような知識は，指導内容を超えていますが，子どもたちは喜んで受け入れます。ただし，評価，評定の対象とはしません。

4 太陽や天の川も星であることを知る

T　今（昼間）でも，星が見えていますね。何という星か，わかりますか。

　（「昼なのに見えない」という声が上がるが，やがて）

C　太陽かな？

T　そう，太陽も星のひとつで黄色く光る星です。明るさは，約−27等星です。

T　それから，星座早見や星の画像を見ると，さそり座や夏の大三角あたりに雲のようなものが写って（描かれて）います。何でしょうか。

C　もしかしたら「天の川」ですか。

T　そうです。これが七夕のお話にも出てくる『天の川』（銀河）です。雲のように見えますが，実際はたくさんの星の集まりなのです。夜空が明るい都会では見えませんが，暗い海辺や山ではきれいに見えます。チャンスがあれば見てみましょう。

北の空の星を見つけよう

夏の夜，北を向くと北斗七星と北極星が見える
ことがわかり，夜空での見つけ方がわかる。

板書例

め 北の空の星を見つけよう

1 北を向いて

・こぐまざ
・おおぐまざ
・りゅうざ

2 ☆北斗七星（ほくとしちせい）（おおぐまざ）

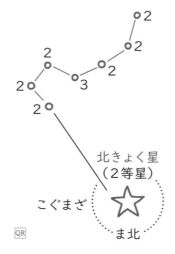

2等星（とうせい）（6つ）　少し暗い
3等星（1つ）

北に見えるひしゃくの形

北きょく星
（2等星）

こぐまざ ☆ ま北

（北）
西 ←→ 東

QR

POINT イラスト等で星座の形を確認してから，夜空の写真を見せることで，見通しを持って星座を見つける活動に取り組めます。

1 夏の北の空に見える星や星座を調べる

T これまで，夏の東の空，南の空の星を見てきました。今日は，北を向くとどんな星が見えるのかを調べましょう。

T 何を使えば調べられるでしょうか。そう，星座早見ですね。今日の月日（7月○日）と夜8時（20時）を合わせましょう。合わせたら，北の空だから北の文字を下にして持つのですね。

　星座早見などはくり返し指導し，慣れさせる。

T どんな星座が見えていますか。

C 「こぐま座」「おおぐま座」があります。

C 「りゅう座」もあるよ。

T （北斗七星の図をかくか提示して）わかりやすいものに，こんな形をした7つの星があります。星座の名前ではありませんが，「北斗七星」と呼んでいます。言いましょう。

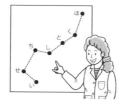

2 北斗七星の形をとらえる

T 北斗の『斗』とは『ひしゃく』という意味です。ですから『北に見えるひしゃく形の7つの星』が北斗七星です。（ひしゃくか小鍋を見せる）

T では，用意している7つの小石（またはおはじきなど）を机の上に並べて，北斗七星を作ってみましょう。

QR

　星の並びを手と目とイメージでとらえさせる。隣どうしで確かめ合わせ，教師も見て回る。特に「柄」の向きに気をつけさせ，指導する。

T ノートにもかいてみましょう。黒板にもかきに来てください。

T 北斗七星の明るさは，どれくらいですか。ベガのような1等星ですか。（星座早見で調べさせる）

C 2等星が6つ，3等星が1つ（真ん中の星）だ。

T 夏の大三角のように明るい星ではありませんが，みなさんなら見つけられると思います。

3 ☆北（ほっ）きょく（せい）星

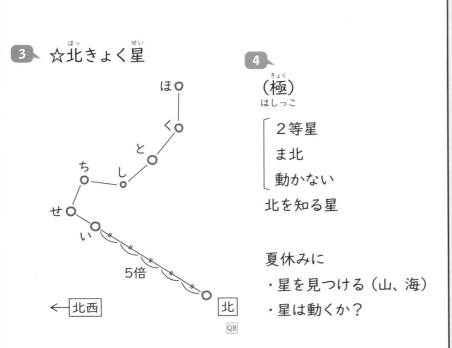

ほ・く・と・し・ち・せ・い

5倍

← 北西　　北

4 （極（きょく））はしっこ

2等星
ま北
動かない
北を知る星

夏休みに
・星を見つける（山、海）
・星は動くか？

---

3 北斗七星，北極星の見つけ方を練習する

T　星座早見の北を下にして持ち，北を向いて立ちましょう。（方角を方位磁針で確かめ，立たせる）

T　北斗七星（大熊座）の方角は？　そう，北西です。北を向いて左が西ですから，左手を斜め上にあげたその辺りに北斗七星が見つかります。

T　北斗七星が見つかると，もうひとつ大事な星を見つけることができます。（図を指して）北斗七星のこの2つの星（ポインター）をつないで線を延ばしていきます。すると，こぐま座の端に「北極星」という星が見つかります。

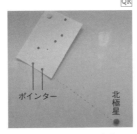

北斗七星の2つの星（ポインター）を伸ばしたところに磁石玉を貼るか，手で描く。

ポインター　　北極星

T　北極星は，真北にあり，星座早見の中心にある星です。時間がたっても動かないので，夜に北の方角を知る目印にしてきた星です。

4 北斗七星，北極星の明るさや色を調べる

T　北極星の明るさは，何等星でしょうか。

C　（星座早見で）2等星。1等星ではありません。

T　北極星は2等星です。色は白。ベガのように明るくはないので目立ちませんが，北斗七星をもとにすると見つけることができますよ。

「北斗七星と北極星」のワークシートを配布する。

T　北斗七星の星に色を塗り，線でつなぎましょう。そして，2つの星の間の長さを5倍のばしましょう。そこにあるのが北極星です。

T　北極星が見える方角が真北です。今夜，北を向いて北斗七星と北極星を探してみましょう。

日記等に書かせて，翌日の朝の会で報告し合うとよい。

T　それから，夜9時にもう一度同じ星を見たとき，星は動いているかどうか，これも確かめてみましょう。

＜学習資料＞「夏の星」「冬の星」「月の動き」の学習に使える効果的な教材教具

　「夏の星」「冬の星」「月の動き」など，天体の授業は「やりにくい」ということをよく聞きます。天体の分野では，学習の対象が天体であるだけに，実物の星や月の観察や記録は各家庭で行うことになってしまいます。この点，教室で実物や現象をもとに予想したり，話し合ったり確かめたりという理科らしい授業展開が難しいというところに「やりにくさ」「難しさ」の一因があるといえるでしょう。

　もちろん教室での授業は大切です。宇宙，天体への興味関心をもたせたり，家庭での天体観察の動機づけを行ったりするのも授業の役割です。そこで，天体の授業を教室で行う上で効果的なのは，教材教具です。とりわけ，星や月の画像や動画，図版などは，それを見ながら動きを予想したり話し合ったりすることもでき，「結果を確かめたい」「本物を見てみたい」という観察への動機も生み出すことができます。その他，教室で使えるちょっとした教材，教具があるだけで子どもたちの興味を引き，授業も進めやすくなります。そのいくつかを紹介します。

【教室で使える教具と，作り方】

1. 小石やボタン，おはじき，ビーズなどを並べて，星座や星のならびを形作らせる

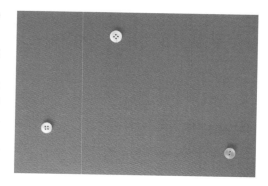

　夜空を見上げて「あれが○○座」だと星座が「見える」のは，すでに頭の中にその画像がインプットされていて，それと照合できたときです。その星座の画像を脳裏に作る上で有効なのが，小石などを星に見立てて，星座の形に並べる活動です。写真や図などを見て，星の数と位置を考えながら並べます。目と手と思考を通して，星座が頭の中に形作られます。そして，本物の星座を見たとき，「ああ，あれが○○座…」となるのです。

2. 黒板に貼って使う，シールを使った「星座の図版」

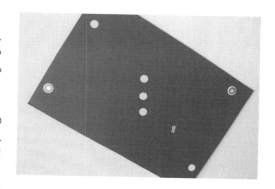

　板書をするときに，黒板に貼れる「星座」です。また，「オリオン座の動き」を話し合う場面などでも，「こう動いたよ」と，子どもたち自身が黒板上で動かしながら説明ができます。

【作り方】

　八ツ切りの色画用紙の大きさに合わせて星座を投影し，星の位置に鉛筆で印をつけます。そこに，白のまるいシールを貼ればできあがりです。色画用紙は夜空に見立てて，藍色や黒，また濃緑（黒板色）がよいでしょう。シールは径１６mm（２等星），２０mm（１等星）などです。赤色や青色の星には，蛍光ペンで色をつけます。裏には磁石シートを貼っておきます。

3. 星の動きを見せる，大き目の傘とシールを使った教具

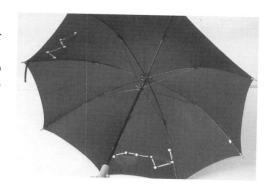

　北天の北斗七星，カシオペア座，北極星の位置関係を表すのに，傘の内側を北天の空の一部に見立てます。

　また，時計の針と反対まわりに回すと，北天の星の動きが再現できます。それぞれの星が空を動いているのではなく，いわば星の貼り付いた空全体が動いていることもよくわかります。傘は大きめの黒か紺色のもの。星は白いシールを北斗七星とカシオペア座の位置と形に合わせて傘の裏に貼ります。北極星は真ん中付近（柄の先の方）になります。

【授業で使える天体の映像の写し方】…「私にも写せます」

　画像や動画は，できれば校庭などから撮った自作のものを見せられると，より効果的です。４年生では，まだ方位や高さなどの空間認識も確かなものではありません。「東を向いて，右側の方位は？」と問われても，うまく答えられないことが多いものです。その点，山や建物などの学校からの景色，あるいは地域のランドマーク等がいっしょに写されていると，星座の大きさや「あの方角に，あの高さに見える」ということが，実感を伴ってとらえられます。もちろん星の明るさや色についても，画像を見ながら話し合うこともできます。

【 準備するもの 】
1.　カメラ
　レンズ交換ができるタイプのカメラが理想的です。これから天体以外の自然写真撮影や，撮影力量を上げていきたい方は，この機会に一眼レフカメラやミラーレスカメラなどを始めてみられることをぜひおすすめします。
2.　三脚
　可能な限り丈夫で重い三脚を使います。やわなものはかえってブレを作ってしまいます。
3.　拡散フィルタ
　拡散フィルタは星の像をにじませるためのものです。デジタルカメラはシャープに写るので，星の像がどうしても小さくなりがちです。「ソフトフォーカス」「ディフューザー」「ソフトン」といった名称で販売されています。
4.　リモコン
　直接シャッターを押すと確実にブレますので，リモコンでシャッターを切ります。カメラのセルフタイマーを使って数秒後にシャッターを切るようにすることでもブレを防ぐことができます。

【 撮影場所 】
　安全で見通しのよい，平らなところ，明るい光が画面に入らないところを選びます。校庭など子どもたちにとって身近な場所がよいかもしれません。
【 カメラの設定 】
　「ISO感度は１６００，絞りは４，シャッタスピードは１０秒，距離は無限大」が原則です。撮影条件によってはこの設定ではうまくいかないこともありますが，とりあえずの星空撮影でしたら，まず撮れるはずです。
【 星を撮る 】
　都会地ではバックの空が明るすぎるので，露出は数秒が限界です。カメラに夜景モードや星空モードがあればそちらに設定しましょう。三脚に固定したカメラを写したい星空に向けてシャッターを切ります。シャッターが開いてから閉じるまで数秒から十数秒かかります。最初はなかなかうまく撮れないと思いますが，デジタルカメラはフィルム代がかからないのと，結果がすぐにわかるのと，感度が高いのとで，試行錯誤さえ惜しまなければコツをつかむことはすぐにできると思います。チャレンジ精神が大切です。
【 月を撮る 】
　望遠レンズもしくは双眼鏡や望遠鏡が必要です。カメラについているズームレンズや交換した望遠レンズでは最大限までズームアップしてください。ピントがシビアになりますので液晶画面を見ながら慎重に合わせます。
　双眼鏡などを使う場合は，目でのぞく代わりにカメラにのぞかせると考えてください。スマートフォンなどのカメラでも撮影は可能です。自動露出にすると月が明るく写りすぎますので，マイナスの露出調整をしてください。
～参考書～
　多種の本が出ています。写真・自然書籍コーナーを探してみましょう。

「デジタルカメラによる天体写真の写し方」中西昭雄　　誠文堂新光社
「デジタルカメラによる星座写真の写し方」沼澤茂美　　誠文堂新光社
「都市星景撮影術」　他「撮影術」シリーズ　　　　　　アストロアーツ社

月の動き

◎ 学習にあたって ◎

◉ 何を学ぶのか

　1日に月はどのように動いているのか，観察を通して月の動き方を調べます。夕方の月を見ると，満月は東に，三日月は西にと，日によって形も見える方角も異なるのですが，どんな月でも東から上り西に沈むことに変わりはありません。この動きは，太陽や星と同じく日周運動であり，そのもとは地球の自転です。しかし，安易に地動説を持ち込むと子どもは混乱します。ここでは見かけの動きとして，月の形は変わっても「（太陽と同じように）東から南を通り西へ」動く，というきまりをとらえさせます。

◉ どのように学ぶのか

　まず，実物の月をみんなで見ることから始めます。月の動きを調べる手だてとしては，観察と記録があります。ただ，広い空間にうかぶ月の位置を，見る位置を変えずに正しく記録することは，4年生にとっては難しい作業です。ですから，記録の仕方はまず教師がやって見せ，個別の指導もていねいにします。それでも，うまくできない場合もあるので，厳密さを求めすぎないようにします。およその位置が記録できていればよしとします。その点，月の動きについて写真や動画などの映像を活用することも，理解を助けるひとつの手立てとなります。

◉ 留意点・他

　見ているようで案外見ていないのが月です。月は日によって形も見える位置も，月の出の時間も変わります。そのため「月はいくつもある」とか「三日月は西から上る」といった誤解もうまれます。ただ，月の動きを調べる前提として，「月は形が変わって見えても実体は1つ」「月は球形で，太陽のある側が光って見えている」という基本の知識は必要です。これは6年生の学習内容（月の形の変化）とも重なりますが，本単元でも第1時目と「発展」でそのことを簡単に扱うようにしました。

◎ 評　価 ◎

知識および技能	・月は日によって形が変わって見えるが，どの形の月も時間とともに見える位置が変わり，太陽と同じように東から上り，南の空を通って西に沈むという，月の1日の動きがわかる。
思考力，判断力，表現力等	・場所を決めて（定点で）記録するなど，正しく月の位置を記録する方法がわかり，時間をあけて月の位置の変化を記録することができる。また，その記録からわかった月の動きを発表できる。
主体的に学習に取り組む態度	・月の形や動きに関心をもち，すすんで月を見たり調べたりしようとしている。

◇ 月の観察のしやすさを考えると，本単元の学習の時期としては，9月頃に行うのがよいでしょう。

◇ 半月と満月の間に日にち（約1週間）が空いて観察を続けにくいので，他の単元と並行して行うのがよいでしょう。

次	時	題	目標	主な学習活動
午後の半月	1・2	半月はどのように動いているのか調べよう	・いろいろな形に見える月も，1つであることがわかる。 ・半月（上弦）は，時間がたつにつれて動き，見える位置が変わることがわかる。	・校庭で午後に見える半月を見つけ，太陽のある側が光っていることを観察する。 ・時間をあけて観察を行い，その記録や映像をもとに，時間がたつと月はどの方向に動いたのかを話し合い，調べる。
満月の動き	3・4	半月の動きをまとめ，満月の動きを考えよう	午後に見えた半月も，夕方，東に見える満月も，太陽と同じように東から南の空を通って西に動いていることがわかる。	・記録や映像をもとに，午後の半月の動きについて話し合い，月の動き方をまとめる。 ・夕方，東に見える満月の動き方を予想し，映像で確かめる。 ※実際の観察は各家庭で行う。
朝の半月・形の変化のきまり	深めよう	月の形の変わり方のきまりを見つけよう	満月のあと，月は左の半月（下弦）となり，同じように西に動くことがわかる。月は，新月→半月→満月→と，形の変化をくり返していることに気づく。	・朝に見える半月の動きを予想し，観察する。 ・朝の半月のあとの月の形を考え，資料をもとに，月の満ち欠けのきまりについて話し合う。

◇ できれば継続的な月の観察として，三日月の動きも発展として取り上げるとよいでしょう。（資料ページ参照）

◇ 月の学習に関わる「学習資料」ページをつけています。参考にしてください。（教具）

◇ 月に関わる写真や動画は，「ひげくま天体観測所（井本彰）」の撮影によるものです。

【月の教材研究】… 月について知っておきたいこと

月の見え方にもやはり「きまり」がある。授業で取り上げる必要はないが，いつ，どの方角を見上げればどんな形の月が見えるのか，次のようなことを知っておくと指導上も役立ち，子どもたちの質問にも対応できる。

● 学習の時期は，比較的高さが低く観察しやすい9月頃（9月〜10月）がよい。冬は，月が高くなり観察に適さない。

● 月の満ち欠けのひとめぐり（新月から新月まで，また，満月から満月まで）は，29.53日（約30日）である。これが昔の（旧暦の）ひと月。

● 月と太陽の角度は，1日に12°ずつ開いていく。（360°÷30日＝12°）したがって，月の出の時刻は，1日に48分ずつ遅れることになる。

● 例えば，午後6時に上った満月なら，翌日には少し欠けた月が48分遅れた6時48分に上る。また，新月の時の月は，太陽と同じ方向にあるが，翌日には12°離れ，太陽より48分遅れて上り，太陽を追うように沈むことになる。

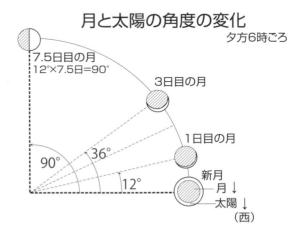

月と太陽の角度の変化
夕方6時ごろ

7.5日目の月
12°×7.5日＝90°

3日目の月

1日目の月

新月
月↓
太陽↓
（西）

90°
36°
12°

夕方6時頃，太陽が西にあるときの図です。
それぞれ，月の形によって見えるところは違っています。
三日月なら西36°上に見え，右の半月は，ほぼ西から90°の真南のところに見えます。

半月はどのように動いているのか調べよう

- いろいろな形に見える月も，1つであることがわかる。
- 半月（上弦）は，時間がたつにつれて動き，見える位置が変わることがわかる。

板書例

〔問題〕 時間がたつと，半月の位置は　　　　どのように変わるのだろうか

1
2

見える　　←← 太陽
　　　　光 ←←
見えない

月は1つ
月はボールのような形
（球きゅう）

3 月の動き

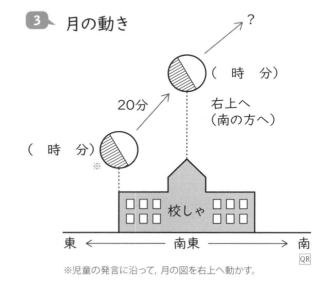

20分
（　時　分）
右上へ
（南の方へ）
（　時　分）※
校しゃ

東 ←――― 南東 ―――→ 南

※児童の発言に沿って，月の図を右上へ動かす。

POINT 定点観測するためには，固定遊具などの上にタブレットを置き，タブレットの傾きを固定して，一定時間ごとに撮影

1 午後に見える半月を見つける（外で）

T これから，月の勉強をします。今は昼ですが，月は出ているのでしょうか。

C 朝に薄い白色の月を見たことがあります。

C 月は，夜にしか出ていないと思います。

T では，外へ出て確かめましょう。

T （外へ出て）実は，月は今出ているのですよ。どこに，どんな形の月が見えますか。

C 東の方（南東）に白い月が見えます。

C 右上が白い半月です。

C 昼でも月が出ているね。

T 右側（右上）が見えている半月ですね。月にはいろいろな形がありますが，月は1つでしょうか。それともいくつもあるのでしょうか。

午後2時頃に見える
右の半月（上弦の半月）

C 1つです。宇宙の番組で見ました。

2 形が違って見える月も1つで，球の形をしている（外で）

T （ボールを見せながら）月はボールのような丸い形（球形）をしていて1つなのです。丸い形なのに半月の形に見えるのはどうしてでしょう。

児童には答えられないので，教師が下のように説明する。

T この発泡スチロールの球を，月の見える方角（南東）に上げてみると，球に太陽（太陽は南西方向）の光が当たります。球は今，どのように見えていますか。

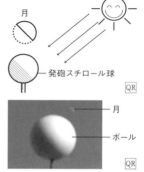
月
発砲スチロール球
月
ボール

C 月と同じ形です。

C 球なのに月と同じ半月形になった。

T ボールのような月も，太陽の光が右側から当たるとこのような半月の形に見えるのです。

グループごとに白いボールで半月を作らせてもよい。

4 ［まとめ］

昼間見える右の半月は
南東から南の方へ上がっていく

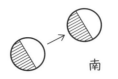

南

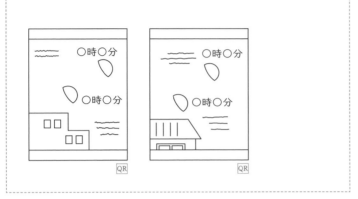

※児童の記録用紙を掲示する。

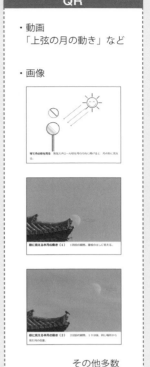
するとよいでしょう。（うまく撮影できなかった場合はQR内の画像を利用するのもよい。）

---

3 観察記録のとり方を聞き，
月の動きを記録する（外で）

T　半月は時間がたつと動くのかな。月が動いている
かどうかを調べるにはどうすればよいでしょう。

C　じっと見ていると動くかどうかわかる。

C　写真やビデオに撮るか，絵でかく。

T　まず，目で確かめましょう。そして，記録をしま
しょう。（記録方法を指導）

【記録用紙の例】

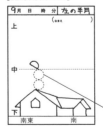

① 木や建物の屋根などを目印にして，
その上に月が見える場所に立つ。
② その場所の地面に印をつける。
（物を置いてもよい。）
③ 1回目のスケッチをする。（地上物
は簡単に）方位も確かめる。
④ 10分か20分後に2回目の月をか
き加える。
※屋根からの高さは握りこぶし○こ分
で調べ，○で入れてもよい。

（こぶし2こ分の場合）

T　20分（10分）後に，同じ場所からもう一度
月を見て，同じ用紙に月をかき入れましょう。

場所を助言し個別に指導する。ビデオでも撮影しておく。

4 観察結果を話し合い，
月の動きをまとめる（教室で）

T　（2回の記録後）月は，動いていましたか。

C　右上に動いていました。（教室に戻る）

T　月の位置を2回記録しました。2つの月の位置を
比べると，どんなことがわかりますか。

C　20分たつと，月の見える場所が違っていた。

C　月は上の方へ，右上に動いていました。

T　記録から，時間がたつと月は右上へ動いていた
ことがわかります。『右上へ』とは，方角でいうと
どちらになりますか。

C　南東から，南の方へ上っていきました。

T　月の動きを，写真（動画）で見てみましょう。

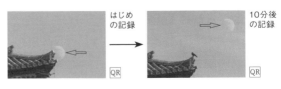

はじめ
の記録

10分後
の記録

T　今日の夕方5〜6時頃には，どこに見えるでしょ
う。予想して目で確かめておきましょう。（南の方）

板書例

〔問題〕　時間がたつと，月の位置は
　　　　　どのように変わるのだろうか

1 昼の右の半月（ ◗ ）は

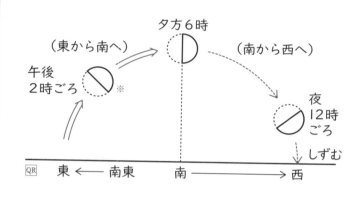

夕方6時

（東から南へ）　　　（南から西へ）

午後
2時ごろ　　　※

夜
12時
ごろ

しずむ

QR　　東 ← 南東　　南　　→ 西

※黒板に「半月」を貼り，動きを再現する。

2 満月…まん丸な月

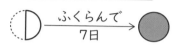

◖ ふくらんで 7日 ●

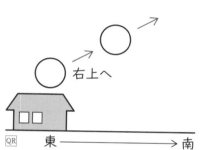

右上へ

QR　　東 ──────── 南

POINT　半月は月の出の時間が早いが，満月の出の時間はそれに比べて遅いので，資料画像を使って月の動きを考えさせます。

1 観察をもとに，午後の半月の動きをまとめる

T　このあいだ見た半月は，夕方にはどの方角に見えたでしょうか。観察できましたか。

C　夕方6時頃，半月は真南の方角に見えました。

C　右に動いていました。

T　つまり，午後，南東に見えた半月は，夕方には南の方に動いて（上って）いたのですね。

　黒板に半月の図を貼り，動かして月の動きを再現する。
　（月の図版，作成方法については，単元末資料ページ参照）

T　このあと半月はもう動かないのでしょうか。それとも，どちらかの方向へ動いていくのでしょうか。
　（予想させ，黒板の「月」で説明させる）

C　やっぱり右（西）の方へ動くと思います。

T　写真を見て確かめましょう。（画像を見て検証）やはり南の空を通って右に動き，真夜中に西に沈むのですね。（半月の月出は正午ごろ）

T　この動き，何かと似ていますね。（太陽）

2 夕方見える満月の動きを考える

T　右の半月を見てから約1週間たちました。今日見える月はどんな形をしているでしょうか。

C　半月の時から3日後に見ると，少し膨らんでいました。膨らんでいると思います。

T　右の半月（上弦）はだんだん膨らんできて，今日見える月はまん丸な月です。『満月』といいます。（満月の図版と，形の変化を板書に示す）満月を見たことはありますか。

C　夕方7時ごろ東の低い空に見えました。

T　満月は，夕方（日没時）東の低い空に見えます。東の空に見えた満月は，その後どちらに動くのでしょう。（予想させ，黒板の図版で説明させる）

C　お月見したとき，だんだん上ってきたと思います。夜9時頃にはずっと上の方に見えました。

※上弦の月から約1週間後に，新月から15日後（15夜）が満月になる。

4 〔まとめ〕
満月の動きと半月の動きは同じ

東から上り → 南の空 → 西にしずむ
(太陽と同じ)

3

夜12時
夕6時　午後2時
夕6時
夜3時
夜9時　朝6時

QR　東　　　南　　　西

QR

・動画
　「のぼった満月」 など

・画像

夕方の形の半月　右の半月は, 夕方 (6時ごろ) には南の空高くに見える。

角の動き　右の半月も, 南れ見れ上がり, 南の空を通り西にしずむ。

満月・十五夜の月　満い月はまるまる一晩 (夜) よずば中空のところに見える。

その他多数

(タブレットを持ち帰らせて, 自宅で定点観測させるのもよい。)

3　満月の動きを, 映像で確かめる

T　満月は時間がたつとどちらの方向に動くのか,
　方角と動いた方向を確かめましょう。

【満月の動き】※画像を順に映していく。QR

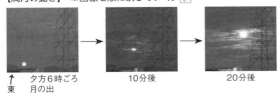

↑　夕方6時ごろ　　10分後　　20分後
東　月の出

T　東から出てきた満月は, 右上の南東の方向へ
　上っています。もう一画像を見てみましょう。

　　再度, 映像で確認し, 板書の満月を動かしてまとめる。

T　この動きは, 何かの動きと似ていますね。
C　太陽の日の出と同じかな。
T　では, このあとどう動くのでしょうね。
C　太陽と同じように, 南から西に行くのかな。
T　このあと朝までの満月の動きを見てみましょう。
　　(真夜中に南中し, 明け方に西に沈む様子を見せる)

4　半月の動きと満月の動きを比べ,
　同じところを考える

T　満月は朝に沈むけれど, やはり太陽と同じような
　動きで, 西に沈むのですね。
C　満月は, 夜に動く太陽みたい。
T　午後の半月と満月の動きを調べて, 「同じだ」と
　思ったところはありましたか。
C　形も見えた時刻も違うけれど, どちらの月も東
　から登って, 西に沈みました。
C　太陽の動きのようでした。
T　日によって月の形は違って見えても, 月は, 太陽
　と動きは同じだといえますね。
T　今夜, 満月を見て, 上ってくる様子を観察しま
　しょう。電線や建物を目印にするとわかりやすい
　ですよ。5分か10分で動きが見えます。

　　観察したことは日記等に書かせ, 翌日読んでみんなで確か
　め合う。児童の実情に応じて記録用紙に記録させてもよい。

月の形の変わり方のきまりを見つけよう

満月のあと，月は左の半月（下弦）となり，同じように西に動くことがわかる。月は，新月→半月→満月→と，形の変化をくり返していることに気づく。

板書例

〔問題〕 月の形の変わり方のきまりはあるのだろうか

1 満月（まんげつ）のあと
…月の形は…？

○ → ？ ◐

2 「こよみ」らんで

日 → 日 → 日

○ → ◑ → ◑

右がわから欠（か）けていく

3

月れい12 ← 月れい7.5 ← 月れい3

満月 月れい15 → 月れい23 → 月れい27 → 新月（見えない月）QR

「こよみ」

※新聞のこよみらんの拡大コピー

POINT 左の半月（下弦の月）が出てくる時間は，真夜中から夜明けにかけてなので，登校前などに観察すれば見つけること

1 朝に見える半月（下弦）の動きを見る

T 満月のあと，月の形はどう変わっていったのでしょうか。今日の月（下弦）を見ましたか。

　1週間～10日後には，朝，南西に見える下弦の半月になる。

C 満月のあとは，細くなっていると思います。

C 朝，登校中に薄く半月が見えた。

T こんな月かな。（下弦の月の図版を掲示）月はまたどの方向に動くと思いますか。

　予想させたあと観察し，満月などと同様に東から西へ動くことを確かめる。教室からでも，5～10分で観察できる。

2 満月のあと，左の半月のあとの形はどうなるのか調べる

T 満月になると，月は右側から欠けていき，左の半月になりました。月の膨らみが小さくなっていくことを『欠ける』，大きくなっていくことを『満ちる』といいます。

T この半月のあと，月の形はどんな形になっていくと思いますか。

　予想させたあと，教科書などで調べさせる。

T 新聞には，月の形がわかる『こよみ欄』があり，それで月の形の変わり方がわかります。

【月の形の変化】「右から満ちて，右から欠ける」QR　　※ 本欄の呼び名の月・日は，暦の上での月・日とは必ずしも一致していない。

月日	9/16	9/19	9/23	9/27	10/1	10/5	10/9	10/12	10/15	10/19	10/23	10/26	10/30	11/4	11/7
月の形															
月齢	0.0	3.0	7.0	11.0	15.0	19.0	23.0	26.0	29.0	3.6	7.6	10.6	14.6	19.6	22.6
月出	5:36	8:59	13:10	15:55	18:04	20:41	—	2:13	5:29	10:05	13:21	15:01	17:14	21:07	23:57
月入	17:47	19:48	23:34	2:43	6:39	10:18	13:18	15:06	16:57	20:23	—	2:37	6:24	10:34	12:28
呼び名	新月	三日月	上弦		満月		下弦		新月	三日月	上弦		満月		下弦

QR

・動画
「しずむ四日月」など

・画像

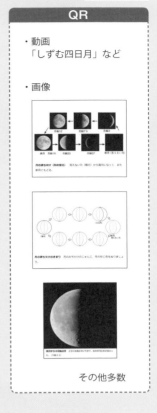

その他多数

---

4 月の満ち欠け　くり返し

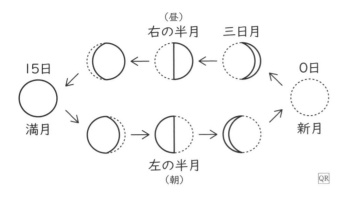

（昼）
右の半月　三日月

15日　　　　　　　　　　　　　　　　0日

満月　　　　　　　　　　　　　　　　新月

左の半月
（朝）

QR

〔まとめ〕
月の満ち欠けのひとめぐりは30日（1ヵ月）
新月から新月まで
新月 → 満月 → 新月

ができる。

---

3 月の形の変化は，
　　30日でくり返していることを知る

T　欠けていって，とうとう見えなくなった月を『新月』といいます。新月からあとの形はどうなっていきますか。

C　また，膨らんで（満ちて）いきます。

C　右の方から膨らんで（満ちて）います。

T　欠けるときも右から，満ちるときも右からです。新月から3日目の月を『三日月』といいます。そのあと午後見えた右の半月になり，また満月になるのです。形がひと巡りしましたね。

T　満月から満月まで（新月から新月まで）何日くらいかかると思いますか。

C　表を見ると，ひと月くらいです。

T　正確には29.53日，約30日です。

　　月の動きや形の変化を各写真パネルにして並べてもよいし，映していってもよい。（板書参照）形は変わっても月面の模様は変わってない。

---

4 月の形がひとめぐりする日数は，
　　およそ「ひと月」であることを知る

T　30日とは何かの日数と同じですね。

C　30日は，1か月の日数と同じです。

T　昔の暦（旧暦）では，新月から新月までの約30日を『ひと月』としたのです。では月の形の変わり方を，図を塗りまとめてみましょう。

　　プリントを配布し，形の変化に合わせて塗らせる。

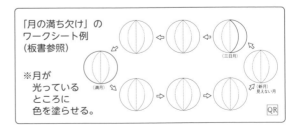

「月の満ち欠け」の
ワークシート例
（板書参照）

※月が
　光っている
　ところに
　色を塗らせる。

（三日月）

（満月）

（新月）
見えない月

QR

T　1つのボールのような月が，形が変わって見えるわけは，6年生で勉強します。

　　このあと，いろいろな形の月の映像を見せ，形は変わっても同じ月だという証拠（模様が同じ）を考えさせたり，月の模様の見立てや月面の様子に触れたりするのもよい。

＜発展資料＞　満月のあとの月の形と動きの観察

　満月のあと，月は朝に見える左の 半月（下弦）→ 見えない月（新月）→ 夕刻に見える三日月…と形を変えます。しかし，いずれの形の月も太陽と同じく西へ動く（沈む）様子が観察できます。発展扱いとなりますが，朝の半月や三日月も観察すると，月の動きや形についての理解はより確かなものとなるでしょう。また，授業で取り上げなくとも，朝の休み時間や下校時などに月の観察を呼びかけ，見させるだけでも月への関心は高まることが期待できます。

1 朝に見える左の半月（下弦の月）の形と動き

朝に見える左の半月

・月の見える方向にボールを掲げると，ボールも月と同じ形に見える。

月の動きを写真や動画で見る QR

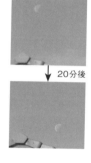

20分後

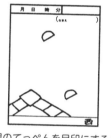

屋根のてっぺんを目印にすると，右下へ動いているのがわかる。

（ねらい）朝，西に見える半月は，時間の経過に伴って位置を変え，西に下がっていく（沈む）ことがわかる。

（展開）
1．満月のあと，月の形はどう変わるかを話し合い，下弦の形になることに気づかせる。また，朝（９時～１０時頃），西の方角に見えることを教える。
　※ 下弦の月は，満月の約１週間後に見える。
2．外へ出て下弦の月を探し，形を観察する。太陽は東方（左方）にあり，月も太陽のある側（左上）が明るく見えていることを確かめる。
　※ 球を月の見える方角に掲げると，球も同じ形に見える。
3．２０分～３０分時間を空けて２回観察すると，月は西の方へと下がっていく（沈んでいく）ことがとらえられる。
　※ 太陽が上るとともに，太陽を先導するように朝の半月は下がっていく。
4．その後，教室で動きを確かめ合う。画像を見るのもよい。

2 夕方に見える三日月の形と動き QR

半月から10日後の月の形

朝の半月　27日目　新月　三日月

見えない月

7～8日　　3日

約10日

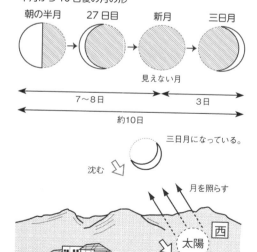

三日月になっている。

沈む

月を照らす

西

太陽

・先に沈んだ太陽の光を受けて，右下が光って見えるのが三日月。やがて，太陽とともに沈んでいく。
・月はいつも太陽のある側が明るく輝く。

（ねらい）夕方，西の方に見える三日月も，時間とともに位置を変え，太陽を追いかけるように，西に沈んでいくことがわかる。

（展開）
1．朝に見えた左の半月のあと，月の形はどう変わるかを話し合い，下弦の月 → 新月 → 三日月 …と形が変わっていくことに気づかせる。
　※ 三日月は，朝の半月から約１０日後に見える。
2．三日月の形や三日月が何時頃どの方角に見えるか，簡単に話し合い，夕方（日没時）西の地平付近の低いところに見えることを教える。
　※ 太陽のある右下側が照らされて明るく見えている。
3．夕刻見える三日月の動きを予想し，話し合う。
　　ア．そのまま動かない　　イ．上へ上る
　　ウ．下に沈む　　　　　　エ．その他
4．「夕方，三日月を観察して確かめよう」と呼びかける。
5．翌日，観察結果を話し合う。画像で確かめてもよい。
　※ 沈んだ太陽のあとを追いかけるように，三日月も西に沈んでいく。

106

＜資料＞　月の学習に使える効果的な自作教材，教具

1　掲示用の「動かせる月」の図版 QR

　月の授業を教室で行う場合,動かせる「月の図版」があるだけで,授業はずいぶん進めやすくなります。月がどう動いたのか，黒板上で操作させたり，手に持たせて動作化させたりするなど，児童の活動を生み出し，具体物をもとにした話し合いができます。また，いくつかの形の月を並べると月の形の変化をたどることもできます。この図版は６年生の「月」単元でも使えます。

（材料）厚紙，蛍光ペン（赤・黄），墨汁，磁石シートなど

（作り方）① 厚紙を直径１３cm くらいに切り抜き，月の円盤を作る。
　　　　　② 満月，新月，半月など８種類くらいの月の形をかく。
　　　　　　※ コンパスを使って簡単にかくことができる。
　　　　　③ 墨汁と黄色の蛍光ペンで月の円盤を塗り分ける。
　　　　　④ 裏面の中央に磁石シートか磁石玉を貼り付ける。
　　　　　⑤ 赤の蛍光ペンで「太陽」の円盤も作っておく。

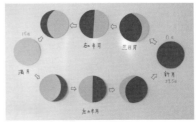

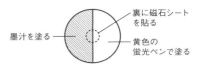

墨汁を塗る　　　裏に磁石シートを貼る
黄色の蛍光ペンで塗る

2　太陽の位置と月の形，動きを再現する QR

　月も太陽と同じように東から上り，南の空を通って西に沈みます。その運動は，太陽と連動して同じ方向に向かって動いているともいえます。また，半月など月が明るく見えている側には必ず太陽があります。これら，太陽と月の位置関係や動きを示すための教具があると，児童にもいくぶんすっきりとした形で提示できます。

（材料）工作用の木の棒（１cm×３mm×約５０cm）×２本,蝶ナット，ボルト，マジックテープ，1 の満月と太陽の図版

（作り方）① ２本の棒を蝶ナットでつなぎ，開閉できるようにする。
　　　　　② 棒のはしと「月の図版」の裏にマジックテープを貼る。同様にもう一方の棒のはしに「太陽の図版」を貼る。
　　　　　③ それぞれの月の形に応じて棒の角度を決め，蝶ナットを締めて固定する。（半月の場合なら９０度，満月は１８０度）

（使い方）蝶ナットを中心にして動かす（回す）と，黒板上で太陽と月が連動して動く様子が再現できる。

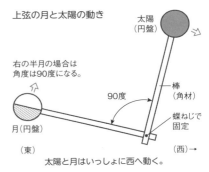

上弦の月と太陽の動き

太陽（円盤）
右の半月の場合は角度は９０度になる。
90度
棒（角材）
月（円盤）
蝶ねじで固定
（東）　　　　（西）→
太陽と月はいっしょに西へ動く。

3　月の形を再現する発泡スチロール球

　月は１つであり，太陽との位置関係で形が変わって見えるだけです。このことに気づかせるために，発泡スチロール球を園芸用支柱など長い棒の先に取り付けて月の見える方向に掲げると，月と同じ形に見えます。６年生でも使えます。

4　学校からの景色を写し込んだ月などの天体写真

　児童の見知っている学校付近の景色とともに写し込まれた天体の画像があれば，児童にも見える方位や高さがとらえられます。近年，カメラは使いやすくなり「写し方」に関わる本や資料も出ています。自作の学校独自の映像は，実物を持ち込めない天体の授業では有効な教材となります。（「夏の星」の資料ページ参照）

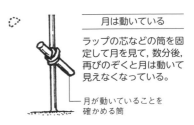

月は動いている
ラップの芯などの筒を固定して月を見て，数分後，再びのぞくと月は動いて見えなくなっている。
月が動いていることを確かめる筒

自然の中の水のすがた

◎ 学習にあたって ◎

◉ 何を学ぶのか

　雨の後の地面が，いつの間にか乾いていたり，魚を飼っている水槽の水が減っていたりすることがあります。では，その乾いたり減ったりした水はどうなったのかというと，もちろん「消えた」のではありません。液体として見えていた水が，目に見えない気体の水，すなわち水蒸気に「すがたを変えた」ので，無くなったように見えたのです。

　ここでは，このように自然の中の水が「液体から気体へ」，また，「気体から液体へ」とすがたを変えている事実を取り上げて学習します。また，空気中には，気体のすがたをした水蒸気がたくさん含まれていること，そして，それは再び液体の水にすがたを変えていることにも気づかせます。

◉ どのように学ぶのか

　4年生では，これまでにも「（降った）雨水のゆくえ」を調べています。そして，雨水のゆくえの1つとして，「乾く」「蒸発する」という考えも子どもから出てきます。つまり，見えないけれど，水は空気中へ出ていくのでは？という見方です。こういう考え方ともつないで学習を進めるのもよいでしょう。

　調べ方としては，水の入った容器や湿った地面に「ふた」をかぶせるなどして，水が空気中に出ていっている事実をまず確かめます。あわせて，出ていった水が「ふた」に再び水滴として，現れることも確かめます。また，空気中には，「気体の水」である水蒸気が多く含まれていることを，冷えたコップにつく水滴などから推察させます。

　なお，水が水蒸気にすがたを変えていることは，実験だけでとらえることは難しく，説明も必要になります。

◉ 留意点・他

　水の「液体⇔気体（水蒸気）」の変化は，『水の3つのすがたと温度』などの単元で，「固体（氷）⇔ 液体」の変化や「沸騰」も取り上げて学習します。ただ，4年生には，言葉の面でも難しさがあります。例えば，『ろうがとけて，水になった』というように，子どもは『水』という言葉を，『液体』という意味でも使います。また『空気』とは，子どもには『気体』と同義語のようです。さらに，『水蒸気』とは『湯気』のことだ，と思っている（大人でも）こともあります。ですから，このような科学の言葉を使うときには，『気体（水蒸気も）とは，目に見えない（物）』だということ，また『水蒸気』とは，『気体になった水（水の気体）』のことだということを，常に言い添えるとよいでしょう。

◎ 評　価 ◎

知識および技能	・地面にたまった水が，いつの間にか見えなくなっていたり，洗濯物が乾いたりするのは，液体の水が蒸発して，気体の水蒸気にすがたが変わっていたからだと気づく。 ・空気中の水蒸気（気体の水）は，冷えて温度が下がると，もとの液体の水に変わることに気づく。
思考力，判断力，表現力等	・地面が乾いたり，洗濯物が乾いたりすることや，冷えたコップに水滴が付くわけなど，くらしの中での事実と，水のすがたの変化を結びつけて，考えたり書いたりすることができている。 ・「水蒸気」や「蒸発」という言葉の意味がわかり，文の中でも正しく使うことができている。
主体的に学習に取り組む態度	・くらしの中や自然の中の水のすがたの変化について調べるなど，関心を持っている。

次	時	題	目標	主な学習活動
水のゆくえ	1・2	水たまりの水はどうなるのか調べよう	運動場の水たまりの水やアスファルトの上の水は，水蒸気にすがたを変えて空気中に出ていくことがわかる。	・水たまりの水は，消えたのかどうか話し合う。 ・2つのビーカーに入れた水の減り具合や，内側にできた水滴の様子を観察し，減った水のゆくえについて話し合う。 ・水は，水蒸気になって「蒸発」したことを聞く。 ・地面からも水が蒸発していることを確かめる。
空気中にある水（水蒸気）	3・4	空気中には，水じょう気があるのかどうか調べよう	空気中には目に見えない水蒸気(気体の水)が含まれていて，その水蒸気は冷たいものに触れると，水滴になって再び見えることに気づく。	・洗濯物が乾くのは，水分がどうなったからなのかを，説明し合う。 ・空気中には，目には見えないが，水蒸気が多く含まれていることを話し合い，氷を入れたコップに水のつぶがつくこと（結露）によって確かめる。 ・水と水蒸気の変化について説明を聞き，くらしの中の『結露』の例を話し合う。
	5・6	水じょう気はどこにあるのか調べよう水のすがたの変化を調べよう	水蒸気は目には見えないが，空気中のどこにでもあるものだということがわかる。	・校内のいろいろな場所で，水蒸気があるかどうかを調べる。 ・湿度計によって，空気中の水蒸気がどれくらいあるかがわかることを聞く。 ・自然の中での水の循環について話し合う。 （発展としてもよい）

水たまりの水はどうなるのか調べよう

本時の目標：運動場の水たまりの水やアスファルトの上の水は、水蒸気にすがたを変えて空気中に出ていくことがわかる。

板書例

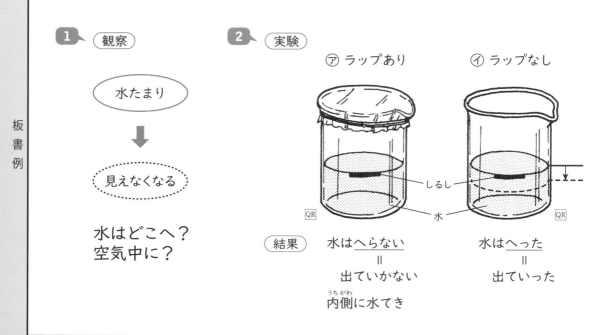

〔問題〕 水は，空気中に出ていくのだろうか

1 観察

水たまり

↓

見えなくなる

水はどこへ？
空気中に？

2 実験

⑦ ラップあり　　⑦ ラップなし

しるし
水

結果

水はへらない
＝
出ていかない

内側（うちがわ）に水てき

水はへった
＝
出ていった

POINT　展開2で数日使って写真を撮影させるのであれば，撮影方法の説明のあと展開3に進み，知識を整理することで，

1 運動場の水たまりやぬれたアスファルトの水のゆくえについて話し合う

T　運動場の水たまりやぬれたアスファルトの水は，天気がよくなると消えてしまいます。水はどこへ行ったのでしょうか。

〈運動場の水のゆくえ〉※天気のよい日

運動場の
小さな水たまり

次の日，水たまりは
見えなくなっている

C　水は乾いて，空気中に散っていったのかな。
C　太陽の光であたためられ，水分が蒸発して空気中に出ていったと思います。
T　水蒸気は気体なので，空気中にあるのなら見えませんね。そこで，水が空気中に出ていったのかどうかがわかる実験をしましょう。

2 2つのビーカーの水は，空気中に出ていくのかどうかを調べる

T　2つのビーカーに同じ量の水を入れ，1つはそのままにして，もう片方にはラップをかけて日当たりのよいところに2，3日置いておきます。ビーカーの水はどうなったのかを観察して記録します。（2，3日後どうなるか予想させる）

【観察ポイント】
・⑦ ⑦ の水の量の変化を見る。

・ラップをかけた方⑦ の内側の様子を見る。

ラップ　⑦　　　⑦

はじめの水の量に印をつけておく

T　（2，3日たって）どんな変化がありましたか。
C　⑦ の水は，減っていた。
C　⑦ の水は，あまり減っていなかった。
C　⑦ のラップや入れ物の内側にたくさんの水滴がついていた。

QR

・画像

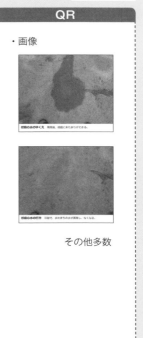

その他多数

３　水がへったのは？

目に見えない
すがたの水

水じょう気 に

↑

すがたを変えて

じょう発 して

↑

見える水が

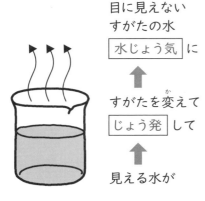

４　地面の水は？

水てきでくもる

水じょう気

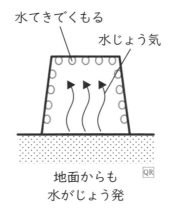

地面からも
水がじょう発

［まとめ］
水は，水じょう気（見えない）に
変わって，空気中へ出ていく

見通しをもって実験に取り組ませることができるでしょう。

３　水が空気中に出ていったことについて話し合う

T　㋐の水が減ったのはどうしてでしょうか。

C　水分が空気中に出ていったからだと思う。

T　㋑の水は，どうなったと思いますか。水滴がついたこともあわせて考えると？

C　水は水面から出ていったけれど，ラップで止められて入れ物の外に出られなかった。

C　内側の水滴は，出ていった水だと思います。

T　水たまりの水なども空気中に出ていき散っていくようですね。では，<u>見えていた水が，どのようにして空気中に出ていくのか説明します。</u>

【水はどのようにして空気中に出ていくのか】（説明）

　水は，空気中に出ていくとき，空気のような（気体の）すがたに変わります。なくなったのではありません。<u>この，見えないすがたに変わった水を『水蒸気』といいます。</u>

　そして，ふつうの（液体の）水が，目に見えない『水蒸気』にすがたを変えて，空気中に出ていくことを『蒸発』といいます。（このように『水蒸気』は，空気と同じように，目には見えませんが，水のすがたのひとつです。）

４　地面にしみこんだ水のゆくえを調べる

T　では，地面にしみ込んだ水はどうなるでしょうか。

（予想を交流する）

T　次のような実験で確かめてみましょう。地面にプラスチック水槽（透明な容器）を裏返しにして，よい天気の日に置いておきます。

〈地面の水のゆくえ〉 ※太陽があたる場所で実験する。 QR

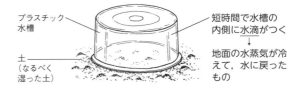

プラスチック
水槽

短時間で水槽の
内側に水滴がつく
↓
地面の水蒸気が冷えて，水に戻ったもの

土
（なるべく
湿った土）

T　どんな変化がありましたか。

C　水槽の内側がくもって，水滴がついていた。

C　この水滴は，地面から水蒸気が出ていたからそれが水滴になってついたと思います。

T　<u>地面からも水が蒸発して水蒸気が出ていることがわかりましたね。</u>

空気中には，水じょう気が あるのかどうか調べよう

板書例

〔問題〕　じょう発した水は，ふたたび目に見える すがたにもどるのだろうか

1 問題1

せんたくものが かわくわけを考えよう

水じょう気 になって （じょう発） 出ていった

水が 空気中に 出ていく ＝ かわく

2 問題2

空気中に水じょう気は あるのだろうか

3 実験　氷を入れたコップ

空気中の 水じょう気が 冷やされて 水てきになった （結ろ）

水てき

結果　水てきがつく 目に見えるすがたの水にもどる

---

1 洗たく物が乾くのは，水が水蒸気に なって出ていくことだと話し合う

T　水たまりの水が見えなくなったり，地面や道路が乾いたりするのは，『水が』どうなったからでしょうか。

C　水がすがたを変えて，目に見えない水蒸気になって空気中に蒸発していったからです。

T　水は，蒸発して水蒸気に変化したのですね。

T　では，洗濯物を外で 干していると乾きます ね。ぬれていた水がど うなって乾いたのか， 説明してみましょう。

C　水でぬれた洗濯物の 水は，太陽の光であた ためられて，水蒸気に なって空気の中に出ていったと思います。

T　洗濯物が乾くとは，洗濯物の水分が水蒸気になって，空気中に出ていくことなのです。

C　水蒸気は空気中にいっぱいあるのかな。

2 空気中には，水蒸気がいっぱいあること を確かめる

T　『水蒸気』は見えない水の気体です。その水蒸 気は，空気中にいっぱいありそうですね。

T　水蒸気が，本当に空気中にあるのかどうかを， 次のような実験をして確かめてみましょう。

T　氷を入れたコッ プをしばらくおい ておきます。

（しばらく観察）

〈氷が入った外側の水滴〉

T　そして，コップ の表面の変化をよ く見てみましょう。

C　コップの表面が， くもってきました。

C　コップの表面に， 水滴がついてきま した。

氷

水滴

空気中の水蒸気が 冷えて，水に戻ったもの

T　この水滴は，どうして出てきたのでしょうか。

準備物	・コップ ・ラップ	・氷 ・輪ゴム

4 問題3

水じょう気はふたたび水にもどるのだろうか

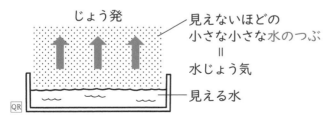

じょう発

見えないほどの
小さな小さな水のつぶ
＝
水じょう気

見える水

見える水にもどる水じょう気 ＝ 結ろ

・部屋のまどガラス
・おふろのガラス ｝ ふたたび水にもどる

〔まとめ〕

・空気中には，目に見えないすがたの
　水（水じょう気）がふくまれている
・空気中の水（水じょう気）は，空気が冷やされると，
　目に見えるすがたの水にもどる

QR
・画像

その他

---

3 コップのまわりについた水滴のもとは何なのかを考えて話し合う

T　コップの周りについた水滴は，どこから，何がどのようになって出てきたのでしょう。

C　コップの中の氷が，コップのガラスを通りぬけるはずは…ないからなあ。

C　水滴のもとは，コップの中の氷ではなく，空気中の『水蒸気』だと思います。空気の中の水蒸気が，また水になったのだと思います。

T　そうです。水滴のもとは，コップの中の氷ではなくて空気中の水蒸気なのです。空気中にある水蒸気は，冷やされるとまた水のすがたに戻るのです。だからコップの氷に冷やされた空気中の水蒸気は，水滴となってコップの表面に出てきたのです。

　　この，水の『気体から液体へ』の変化を，児童に説明させたりすることは，かなり難しい。教師がお話としてわかりやすく説明して聞かせるのがよい。

4 くらしの中に見られる『結露』について話し合う（学びとくらしをつなぐ）

T　水蒸気とはどんなものなのか，お話ししましょう。空気中にある水蒸気は，目に見えませんが，ちゃんとあります。たいへん小さい目に見えないほどの水のつぶが，飛び回っていると思えばよいでしょう。

〈水蒸気のイメージ〉

※水蒸気は目に見えないだけに，何らかのイメージを持たせたい。板書では，点々などで水蒸気をイメージさせる。

目に見えないほどの，
小さな小さな水のつぶ

T　水滴は，水蒸気の小さな粒が冷やされて集まり，目に見えるほどになったものです。

T　このように，空気中の水蒸気が冷えて，また見える水滴になることを『結露』といいます。どこかで見たことはありませんか。

C　冬の部屋の窓ガラスや，お風呂の窓で見ます。

C　お風呂の窓ガラスが曇るのも，『結露』だと思います。

水じょう気はどこにあるのか調べよう
水のすがたの変化を調べよう

本時の目標：水蒸気は目には見えないが，空気中のどこにでもあるものだということがわかる。

板書例

〔問題〕 水じょう気は，空気中のどこにでも
あるのだろうか

1 実験

空気中にある水＝水じょう気

結ろ(けつ)すれば
水じょう気がある

氷

場所	ろう下	体育館	中庭	階だん
ある なし	◯	◯	◯	◯

※水蒸気があれば◯印。観察後に入れる。

2 結果

水じょう気は
（目に見えないが）
どこにでもある

3 しつ度計 ＝ しめり気

空気中の水じょう気が
どれくらいあるかを
0〜100の数字であらわす

〔まとめ〕
水じょう気は，空気中の
どこにでもふくまれている

POINT 水の循環は社会科等とも関連があるので，必要であれば教科横断的な授業を展開しましょう。

1 水蒸気は，どこにでもあるのだろうか という課題と，その調べ方を知る

T 空気の中には，蒸発して目に見えなくなった水がありました。この目には見えない水（気体の水）のことを何といいましたか。

C 水蒸気です。

前時に学習した大事な言葉を確かめる。

T その水蒸気は，どこにでもあるものなのでしょうか。廊下や体育館，中庭などで調べます。

T 水蒸気があるのかどうか，どうやって調べるとよいでしょうか。

C コップかびんに氷を入れて，その周りに水滴がついたら水蒸気があることになります。

T ふたつきのガラスびんを使います。氷を半分くらい入れておきましょう。

C びんの表面に水滴がついたら，そこには水蒸気があったということだね。

氷の代わりに保冷剤と，ポリ袋を使う方法もある。

2 いろいろな場所に水蒸気はあったのか どうか，調べた結果を報告し，まとめる

T 各場所での水蒸気を調べに行きましょう。

各場所で，びんの結露の様子を観察させる。氷はポリ袋に入れて持って行き，現地でびんに入れさせる。

C 氷の入っている下半分に水滴がいっぱいついている。体育館の中にも水蒸気があった。

T びんの外側に水滴がついたら水蒸気があったということですね。表に◯をかきましょう。

各場所で観察後，
教室でまとめる。

場所	ろう下	体育館	中庭
ある なし	◯	◯	◯

T では，それぞれの場所での結果を発表しましょう。まず，体育館の中はどうでしたか。

C 体育館の中にも，水蒸気はありました。

同様に，各場所の結果を確かめ合う。

T 結果から，どのようなことがわかりますか。

C 水蒸気は，どこにでもあるということです。

C 見えていないだけで，いっぱいありました。

（深めよう）

め 水のすがたの変化を調べよう

4 すがたを変える水　2つのすがた

見える水（ふつう）と 見えない水（水じょう気）

変身している

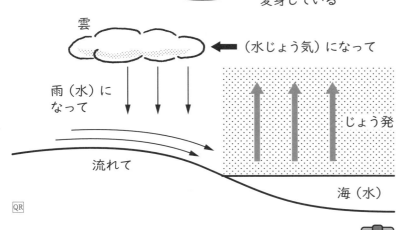

雲

←（水じょう気）になって

雨（水）になって

じょう発

流れて

海（水）

QR

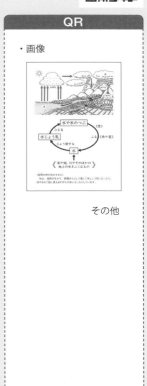

QR

・画像

その他

---

3 くらしと，空気中の水蒸気の量「湿度」について聞き，考える

T （温湿度計を示して）ここに，こんな器械があります。1つは気温を差す温度計です。もう1つは何を測る器械でしょうか。

T これは，『湿度計』といって，空気中の水蒸気がどれくらいあるのかを測る器械です。

25.9℃
51.0%

T 今日は「51」です。どれくらい水蒸気があるのかを0から100までの数字で表しています。

C 今日は51だから，半分くらいだね。

T ジメジメした日は，空気中の水蒸気が多い日なので湿度も高くなります。そんな日は除湿機などを使って水蒸気の量を減らします。

T 反対に，からっと感じる日は，空気中の水蒸気の量や湿度は，どうなっているでしょうか。

C 水蒸気は少なくて湿度も低いです。

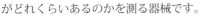

これを契機に，湿度計を教室に備えるのもよい。

4 【深めよう】自然の中での水のすがたの変わり方を学ぶ

T 水には，見える水のほかに，空気中にある目に見えない水『水蒸気』もあることがわかりました。水には2つの姿があるのですね。この考えを使って，前に学習した『雨水のゆくえ』を考えてみましょう。

T 水たまりの水は，見える水です。そのあと，その水が見えなくなったのは，どうして？

C 水が蒸発して，水蒸気に変身したからです。

T そして，この水蒸気は，上空に上がると冷えます。すると，水蒸気はびんの表面の水滴のように小さな水粒にもどります。これが雲です。この雲の小さな水粒がさらに多く集まると重くなり，やがて雨粒となって落ちてくるのです。

T このように，水は，見える水と見えない水（水蒸気）の2つに姿を変えて，地上と空気中とを行き来しているのですね。

季節と生き物 「秋の生き物」

全授業時数　4時間＋広げよう1時間

◎ 学習にあたって ◎

◉ 何を学ぶのか

　秋に見られる身近な動物や植物について，探したり育てたりする活動を通し，動物の活動や植物の成長の様子は，夏と比べて違いがあることをとらえさせます。その中で，秋にはバッタやコオロギなどの虫が多く見られることや，カマキリの産卵など，冬に向かう秋らしい季節の特徴に気づかせるようにします。一方，秋の植物の様子では，これまで世話をしてきたヘチマやツルレイシの様子を観察します。秋になると，夏のような顕著な体の成長は止まります。そして，花が咲いたあと結実し，種子を残して枯れてしまうなどの一生の変化をとらえます。また，これらの変化は，夏より気温が下がり，涼しくなっていることと関連があることに気づかせます。

　また，活動を通して観察や実験に関わる技能を身につけるとともに，既習の内容や生活経験をもとにした根拠のある予想や仮説を発想する力や，生物を愛護する態度，主体的に問題を解決しようとする態度を育成します。

◉ どのように学ぶのか

　秋の季節の身近な動物や植物について観察します。その際，夏の様子との違いに目を向けて対比の目で取り組むようにします。観察についても，できるだけ夏のときと同地点で同一の対象を定期的に観察するようにします。また，その地域にあった動植物を取り上げることを通して，地域の自然に愛着がもてるようにします。観察したことは，観察カードや図，表，グラフなどに表現するようにします。

◉ 留意点・他

　野外での学習に際しては，ウルシやヌルデなど，さわるとかぶれるような植物や，マムシなどの毒をもつ動物に注意するとともに，事故に遭わないようにするなど，安全に配慮します。

◎ 評　価 ◎

知識および技能	・動物の活動は，暖かい季節，寒い季節などによって違いがあることがわかる。 ・秋には，草むらにすむバッタやコオロギのなかまや，たまごをかかえたカマキリなどが見られること，カエルなどの小動物は少なくなり，ツバメは南の国へ戻り巣は空になっていることがわかる。 ・植物の成長は，暖かい季節，寒い季節などによって違いがあることがわかる。 ・秋には，ヘチマやツルレイシは成長が止まり実や種ができていること，サクラなど葉の色が変わり葉を落とす木もあることがわかる。
思考力，判断力，表現力等	・動物や植物の活動の様子や成長は，季節の変化による気温と関係していることをとらえ，自分の考えや観察したことを表現することができる。 ・既習の内容からその季節の動物の活動の様子や植物の成長について予想することができる。
主体的に学習に取り組む態度	・季節による生き物の変化などの自然のしくみや多様性などに気づき，自然への関心を一層深める。 ・身近な動物や植物を育てたり観察したりする活動を通して，生き物を大切にする態度を育む。

◇ 秋といっても9月と11月では気温もかなり違い，見られる動植物の種類もその様子も異なってきます。そのため，「秋の生き物」としてひとまとめにしてあれもこれもと取り上げて観察するのは難しいものです。観察させたいものに応じ，それぞれに合った時期にあわせて観察する時間をとるようにするとよいでしょう。

◇ 朝の会などで「季節の自然だより」として，見つけたものを子どもどうしで紹介し合うこともできます。自然に目を向ける動機ともなり，4年生にふさわしい表現活動になります。

次	時	題	目標	主な学習活動
秋の生き物	1	秋のサクラのようすを観察しよう	秋のサクラの様子（紅葉や落葉していることなど）を観察し，夏との違いを知る。	・夏のサクラの様子をふり返る。 ・秋のサクラの様子を観察する。 ・観察の結果を発表し，夏との違いをまとめる。
	2	秋のヘチマのようすを観察しよう	秋のヘチマの様子を観察し，茎の成長が止まったり，実ができているなど，夏との違いを知る。	・夏のヘチマの様子をふり返る。 ・秋のヘチマの様子を観察する。 ・観察の結果を発表し，夏との違いをまとめる。
	3・4	秋の動物（こん虫）のようすを観察しよう	秋の気温や動物の様子を観察し，産卵する虫がいること，ツバメは日本からいなくなることなど，夏と比べてどんな違いがあるかを知る。	・夏の動物の様子をふり返る。 ・秋の気温を測り，動物の様子を観察する。 ・観察の結果を発表し，夏との違いをまとめる。
広げよう		秋の野草を調べよう	秋にはキクやタデ，イネのなかまが花を咲かせていることや，植物が実や種を散らばせる工夫をしていることに気づく。	・秋の野草で気づいたことを発表する。 ・秋の野草の観察をする。 ・図鑑で調べたり，虫眼鏡などで観察したりする。 ・観察したことやわかったことを発表する。

秋のサクラのようすを観察しよう

本時の目標：秋のサクラの様子（紅葉や落葉していることなど）を観察し，夏との違いを知る。

板書例

〔問題〕 すずしくなって，植物（サクラ）のようすは，どのように変わっているだろうか

1 夏

- ・たくさんの葉
- ・緑色の葉
- ・えだものびる（緑色）
- ・毛虫やクモ

※ QR

2 秋になって

3

- ・葉が色づく（赤・黄）
- ・葉が落ちる（落とす）
- ・えだは茶色に
- ・虫くいの葉も

※ QR

※それぞれの季節の画像を掲示する。

POINT 地域の気候に応じて，紅葉の様子を観察するために適した時期を選んで取り上げます。さらに，冬に使えるよう，

1 夏のサクラの様子をふり返る

夏の頃にかいた観察カードを見ながら，夏のサクラの様子を思い出させて発表させる。

T 夏に観察したサクラは，どんな様子でしたか。
C 葉っぱの数がとても多かったです。
C 葉っぱの色が緑で，濃い色でした。
C 毛虫がいました。
T （夏の様子の画像を提示して）これは夏のときに撮った写真です。
C 葉がいっぱいだった。
C 花はもうなかった。
T 今日は秋の季節のサクラの様子について観察します。秋のサクラは，夏と比べてどんなところが違っているか，調べてみましょう。

観察カードを持って校庭に出るよう指示する。

2 秋のサクラの様子を観察する（校庭で）

これまで観察してきたサクラを観察する。

T サクラの様子を観察しましょう。葉の数や色，枝先の様子などを観察して，気づいたことを観察カードにかきましょう。（教師は撮影）
T サクラの他に，葉が色づいている木はないか探してみましょう。

時間があれば，サクラ以外の樹木も観察させるとよい。イチョウ，カキ，カエデなどの落葉樹を観察させると，葉の色の変化や落葉など，季節による様子の違いがわかりやすい。

〈紅葉する木 ①〉 QR
・紅葉する木　　　イロハモミジ
・黄葉する木　　　ポプラ

ナンキンハゼ　　サクラ　　イチョウ

QR

・画像

その他多数

色づく木の葉 ※※

・赤く　　イロハモミジ　ナンキンハゼ　サクラ　カキ

・黄色に　イチョウ　ポプラ

・茶色に　クヌギ　ケヤキ（黄）　コナラ

4　〔まとめ〕

夏とのちがい

・葉が緑から赤や黄色に

・やがて葉が落ちる ＝ 冬に向けてのじゅんび

※※校庭や公園にあり，児童の知っている樹木から示す。

この時期に花芽や葉芽の写真を教師が撮影しておくとよいでしょう。

3 観察して見つけたことを発表する（教室で）

T　秋のサクラの様子はどうでしたか。見つけたことは？

C　葉っぱが黄色や赤色になっていました。

C　落ちている葉っぱもたくさんありました。

C　枝の先の方の色が茶色でした。

C　虫に食われている葉っぱもありました。

　　観察カードに基づいて発表。画像を適宜提示する。

T　秋のサクラは，葉が赤や黄色に変わり，やがて葉を落として冬を越す準備をしているのです。

　　植物が落葉するわけや，葉の色が変わるしくみなどを簡単に説明するとよい。また，虫食いの葉っぱから，サクラの葉を食べる生き物もいて，他の生き物とつながりあって生きていることなどを話すとよい。

〈紅葉する木 ②〉 QR

・褐色になる木

クヌギ　　　ケヤキ　　　コナラ

4 夏のサクラの様子と比べて，違いをまとめる

T　秋のサクラの様子で，夏と違うところをまとめましょう。

C　サクラの葉は，夏には緑色でしたが，秋には赤や黄色などに変わることがわかりました。

C　サクラの葉は，夏にはすごくたくさんあって，木の下から上を見上げても空が見えないぐらいだったけど，秋には葉が落ちて少なくなっていました。

C　サクラは，葉を落とすことで冬を越す準備をしているのだなと思いました。

〈紅葉のしくみ〉 QR

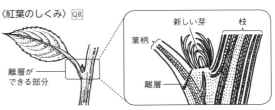

新しい芽　　枝

葉柄

離層ができる部分

離層

気温が低下すると，葉のつけ根部分に離層という物をつくり，葉に水や栄養分がいかないようにする。すると，葉緑素や葉の糖分が分解されて葉が紅葉する。

秋のヘチマのようすを観察しよう

秋のヘチマの様子を観察し，茎の成長が止まったり，実ができているなど，夏との違いを知る。

板書例

〔問題〕 すずしくなって，ヘチマのようすは，どのように変わっているだろうか

1 夏 ➡ **2** 秋になって
3

・葉は 大きく 多い，緑色

・くきがぐんぐんのびていく

・花（おばな・めばな）がさく

・葉は かれている

・くきも かれている

・花のあとに，実ができている

※画像を掲示する。

※ QR

POINT ツルレイシも育てている場合は，ヘチマとあわせて観察しましょう。

---

1 夏のヘチマの育ちの様子をふり返る

夏の観察カードを見ながら，夏のヘチマの様子をふり返らせ発表させる。

T 夏に観察したヘチマは，どんな様子でしたか。

C 葉っぱが緑色でした。とても大きくなり，たくさんついていました。

C 黄色い花が咲いていました。雄花と雌花がありました。

C 春に比べて，茎がすごく伸びていた。1日でかなり伸びました。

T そうでしたね。（夏のヘチマの写真を提示して）これが夏のときのヘチマの写真です。

C きれいな緑色の葉っぱがたくさんあるね。

C 花も咲いて，実になる雌花もあるよ。

T 今日は，秋のヘチマの様子を詳しく観察して，夏との違いを調べてみましょう。

外に出て観察することを指示する。

2 秋のヘチマのすがたを観察する（学級園で）

T ヘチマの観察をしましょう。葉や茎，実の色や形をよく見ましょう。夏のときと違っていると思うことを観察カードにかきましょう。

教師はカメラで記録をとっておくとよい。

〈枯れたヘチマ〉

秋になると成長も止まり，葉や茎などが全体として茶色になり，枯れてくる。

ヘチマの実の中

- 黒い種(たね)がたくさん
  ⇓
  春に 芽(め)を出す（新しい命）

4 〔まとめ〕

秋のヘチマは

- くきは のびなくなる（成長(せいちょう)は止まる）
  ⇓
- 葉やくきは かれはじめる → かれる

しかし

- 実が 緑色 → 茶色に
  中にたくさんの種ができている
  ⇓
  来年ヘチマに

3 観察して見つけたことを発表する（教室で）

T （ヘチマの画像を提示して）秋のヘチマを観察して，どんなことが見つかりましたか。

C 葉が枯れていて茶色でした。

C 茎も茶色で硬かった。枯れていると思う。

C 茎の長さは，夏からあまり伸びてなかった。

C 雌花のあとに大きな実がたくさんできていて，緑のものと茶色のものがありました。

T 夏のときの様子とは，違っていることがわかりましたね。ヘチマの実の中はどうなっているのか，中に何があるのか，調べてみましょう。

　実を包丁などで切り，実の中の様子を観察させる。

C 種がたくさんあります。色は黒色です。

　緑色の実と茶色になった実の両方を観察させたい。茶色の実は，振ると音がしたり，はずれた先の方から種がこぼれ落ちたりする様子などを見せたい。時期に応じて2回に分けて観察してもよい。

4 夏のヘチマの様子と比べて，違いをまとめる

T 夏と比べて秋のヘチマの違うところをまとめましょう。

C 暑い夏はよく成長して茎が伸びたけど，秋はあまり伸びていませんでした。

C 葉っぱや茎は枯れて茶色になっていました。夏は緑色でした。

C 夏は花が咲いていましたが，秋には花のあとに実ができていました。

C 実の中には，黒い種がたくさんありました。

T 秋になると気温も下がり，ヘチマの成長が止まることがわかりました。また，実ができて中にたくさんの種ができていましたね。葉や茎は枯れてしまいますが，植物の命は，種で次のヘチマにつながっていくのですね。

　秋は，個体の命はなくなるが，種で次の世代を残す季節だということに気づかせたい。

秋の動物（こん虫）のようすを観察しよう

秋の気温や動物の様子を観察し，産卵する虫がいること，ツバメは日本からいなくなることなど，夏と比べてどんな違いがあるかを知る。

板書例

〔問題〕 すずしくなって，秋の生き物（動物）のようすは，どのように変わっているだろうか

1 夏のころ　30℃　➡　**2** 秋になって　18℃
3

・アゲハチョウ

・カマキリの成虫

・セミ（7〜8月）

・ツバメの子と親（夏鳥）

ツバメのひな
○月○日

※（夏の観察カード）

・アゲハチョウ

・おなかの大きいカマキリ

・コオロギやバッタ

△セミはいない

△ツバメはいない（すは，カラに）

カマキリ
○月○日

※児童がかいた観察カードを掲示する。

1 夏の動物の様子をふり返る

　夏の時期の観察カードを見て，夏の動物の様子を思い出させながら発表させる。

T　夏の生き物観察では，どんな動物（昆虫や小動物）が観察できましたか。

C　アゲハが飛んでいました。

C　大きくなったカマキリがいました。

C　セミが鳴いていました。

C　ツバメの親子が飛んでいました。

　児童がかいた夏の観察カードの中から何枚か掲示する。

T　夏に観察したときの気温は何度でしたか。

C　30度でした。

T　今日は秋の生き物の様子を観察します。夏と比べてどんな違いがあるのか，調べましょう。

　校庭に出る指示をする。

2 外へ出て気温を測り，秋の動物の様子を観察する（校庭で）

T　（夏と同じ時刻，同じ場所で）まず，気温を測って記録しましょう。気温の正しい測り方は覚えていますか。温度計に直接日光が当たらないことと，地面から 1.2 〜 1.5m の高さで測るのでしたね。

C　測ると18度だ。夏より低いね。

　気温を記録させたら，教師は温度計を集める。

T　では，動物探しに行きましょう。夏に見つけた場所を中心に，虫や鳥の様子を調べましょう。

　安全に留意して観察させる。観察したことをカードに記入させ，終わったら教室に戻る。

〈カマキリの産卵〉

（オオカマキリ）
秋には卵を産む。

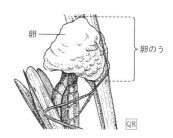

卵

卵のう

QR

・観察カード QR
・温度計　　・温度計の掲示物
・事前に撮影した写真などの画像
・アジアの地図（渡り鳥説明用）

準備物

撮影できるものは撮影し，見つけたもの
を交流をするときに画像と一緒に紹介
させるのもよいでしょう。

ICT

QR

・画像

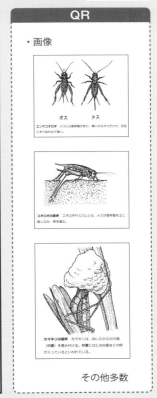

その他多数

4 秋と夏とのちがい

・秋の虫　　バッタ，コオロギ，キリギリス
　　　　　　（鳴く虫も）たまごをうむ

・カマキリ（大きなおなか）⇒　たまごをうむ
　　　　　　　　　　　　　　　　（冬をこす）

いなくなったものは
　　セミ・（カエル？）
　　ツバメ（子と親）→ 南の方へわたる（冬をこす）

〔まとめ〕
すずしくなると，こん虫などの動物には，
すがたや活動のようすが，あまり見られなくなるもの
がいる。ツバメなどの鳥には，南の方へ飛んでいく
ものがいる。

---

3 観察の結果を発表する（教室で）

T　どんな動物が見つかりましたか。また，どんな
　様子でしたか。発表しましょう。

C　アゲハが花の蜜を吸っているのを見ました。

C　カマキリのお腹がふくらんでいました。もうすぐ
　卵を産むのかなと思いました。

C　枯れ草の下でコオロギを見つけました。

C　セミはもういなかったけど，バッタがたくさんい
　ました。

C　ツバメは巣が空になってもういなかった。

　　児童の観察カードを何枚か紹介する。ツバメがいなくなっ
　たことについては，アジア地図や教科書なども使って南の方
　へ渡っていったことを説明する。

T　ツバメがどこへ行ったのか，この地図を見て確か
　めましょう。秋から冬はどこでくらすのでしょうか。

4 夏と比べて，違うところをまとめる

T　夏と比べて，秋の動物の様子で違うのはどんな
　ところですか。

C　夏にはそれほどいなかったトノサマバッタやカマ
　キリ，コオロギがたくさん見つかった。

C　カマキリはお腹がふくらんでいて，卵を産むんだ
　なと思った。卵で冬を越すのかな。

C　夏に見かけたツバメは，姿が見られなかった。
　巣も空になっていました。もう，南の方に渡っていっ
　たのだと思いました。

　　事前に撮影した動物の画像を提示する。

T　気温はどうでしたか。

C　夏よりも低くなっていました。涼しかった。

T　秋になると，気温が低くなって，見られる動物の
　種類や活動の様子にも違いがあることがわかりまし
　たね。冬になったらどうなるか，また冬にも観察
　してみましょう。

本時の目標 ｜ 秋にはキクやタデ, イネのなかまが花を咲かせていることや, 植物が実や種を散らばせる工夫をしていることに気づく。

板書例

㊍ 秋の野草を調べよう

1 秋に見られる草花

ほかに

2
- 黄色い花（セイタカアワダチソウ）
- 白い（うすむらさき）花（ヨメナ）

⎫ キクのなかま ⎯ ⎡ ノコンギク
⎭ ⎣ アキノノゲシ

- ネコジャラシ（エノコログサ）
- ススキ

⎫ イネのなかま ⎯ ⎡ メヒシバ・オヒシバ
⎭ ⎣ チカラシバ・イネ

- アカマンマ（イヌタデ）
- ボントクタデ

⎫ タデのなかま
⎭

POINT 植物の実は種をあちこちに広げるために様々な形をしています。どのようにして広がっていくのか考えさせるのも

1 秋に見られる野草を発表する（教室で）

T 秋になって, 校庭や野原で咲いている花を見たり, その様子で気がついたりしたことはありますか。
C 白い花を見ました。何の花なのかな。
C 黄色い花が咲いているのを見た。
C 葉や茎が茶色で枯れてきているものが多い。

　教師がいくつか教室に持ち込み,「こんな花を見たことありますか」と提示してもよい。

T （オナモミの実を提示して）これは何かな。
C ひっつき虫です。でも虫ではありません。
T ひっつき虫というのは, 植物の体でいうとどの部分のことでしょう。
C 実です。
T 実の中には種が入っています。今の季節には種をつけている植物もたくさんあります。

　オナモミの実を切って中を見せてもよい。

2 野草を観察する（野外で）

　観察場所は校庭に限らず, 地域の実情に合わせて決める。学校付近の公園や空き地など, 教師が事前に下見をしておくとよい。春や夏に観察した場所と同じ場所が望ましい。

T どんな花が咲いているかな。ひっつき虫のように実や種をつけているものがあるかな。色や形などをよく見て, 観察カードにかきましょう。名前のわからない植物は, あとで教室に帰って調べます。調べたい物は採集しましょう。

　秋の野草で目につくのは, イネ科, キク科, タデ科の植物である。身近に見られるものに, キク科の植物では, ヨメナ, ノコンギク, アキノノゲシ, セイタカアワダチソウなどがある。

〈秋の野草〉QR

ヨメナ　　ノコンギク　　アキノノゲシ　　セイタカ
　　　　　　　　　　　　　　　　　　　　アワダチソウ

QR

・画像

その他多数

3 秋に見られる実（種<ruby>たね</ruby>）

ひっつき虫＝植物の実（種）

オオオナモミ

 ＝ 種

アメリカセンダングサ
ヌスビトハギ
イノコヅチ

※画像を掲示する。

4 人や動物（犬，イノシシ，シカ）のからだについてあちこちに運ばれる

また 芽<ruby>め</ruby>を出して，子孫<ruby>し そん</ruby>をのこす

よいでしょう。

3 図鑑で調べたり，虫眼鏡などで詳しく観察したりする（教室で）

T　見つけた植物で名前がわからなかったものは，図鑑を使って調べましょう。調べてわかったことは観察カードにかいておきましょう。

T　ひっつき虫がひっつくしくみはどうなっているのでしょう。虫眼鏡で観察してみましょう。

　　虫眼鏡の代わりに双眼実体顕微鏡を使ったり，教師がマイクロスコープを使って大きく映したりするとよい。

〈ひっつき虫〉 動物の体にくっついてなかまをふやすもの。
QR　　　 この他，イノコヅチなどがある。

オオオナモミ　　アメリカ　　　ヌスビトハギ
　　　　　　　センダングサ

※子孫を残すための，他の植物のいろいろな方法
・風で（タンポポ，ノゲシ，カエデなど）
・ころがって（カシ，クヌギなどのどんぐり）
・鳥に食べてもらってフンにまじってちらばる
　（ナンテンやピラカンサなど）

4 観察したことや気づいたことを交流する

T　どんな植物が見つかりましたか。調べたり観察したりして気づいたことを発表しましょう。

C　花びらが白色で真ん中が黄色い花を見つけました。図鑑で調べたらヨメナでした。花びらが薄紫色のもありました。

C　ひっつき虫を虫眼鏡で見たら，先がギザギザだったり曲がったりしていた。これで人にひっつきやすくなっていることがわかった。

T　秋に花を咲かせている野草がいろいろあること，秋には多くの植物が実（種）をつけていることがわかりました。ひっつき虫は，人や動物の体にくっついて種をいろいろな場所に広げるのです。植物が子孫を増やすための知恵です。

　　この他に，風で種を運ぶ，ころがる，鳥に種を食べてもらってフンに混じってちらばるなど，植物が子孫を残す知恵には，いろいろな方法があることを伝えるとよい。（※左記参照）

とじこめた空気や水

全授業時数　6時間＋深めよう・広げよう2時間

◎ 学習にあたって ◎

◉ 何を学ぶのか

　空気は，まわりの至るところにある身近な物です。しかし，子どもたちは，必ずしも空気を物（物質）とは思っていないところがあります。子どもにとっての「物」とは，やはり目で見え，手でさわれる…といった感覚を通してとらえられる物でしょう。その点，無色透明で手ごたえもない空気は，実感を通して物と認識するには難しさがあります。

　ここでは，気体の姿をしている空気も，やはり一定の空間を占める物であることを，まずとらえさせます。そして，気体の特性である「空気の弾性」について学習します。閉じ込めた空気に力を加えると，空気は押し縮めることができ，同時にもとの体積に戻ろうとして押し返す力が生じます。これが空気の弾性で，空気鉄砲の玉が飛ぶ理由の一つでもあります。一方，液体の水には，このような弾性はありません。空気と違って，押し縮めることはできません。液体である水と，気体である空気との大きな違いです。この違いを対比の目でとらえさせます。

◉ どのように学ぶのか

　気体である空気の性質をとらえるには，まず空気を閉じ込める必要があります。閉じ込めると，物としての空気の性質が見えてきます。手ごたえ，弾性，また水中に出すと「あわ」として目にすることもできます。ここでは，ポリ袋やポリ注射器，また空気鉄砲の筒などに空気を閉じ込め，押してみて手ごたえなどを確かめます。特に注射器は，空気を密閉できる有用な実験道具で，空気の弾性をとらえるときに役立ちます。

　また，空気鉄砲の玉が飛ぶわけなど，学んだことを使って説明することも大切な学習活動です。これは，日常の現象を，科学の知識を使って考えるという，科学的な思考や態度につながるからです。

◉ 留意点・他

　『物質とは，何か』と問われると，「一定の空間を占め（体積を持ち），重さ（質量）を持つ」ということになります。その点，空気の重さを調べることは，「目に見えない空気も，物質のひとつだ」という認識につながる学びとなります。それで，ここでも「発展」として「空気の重さ」を取り上げています。しかし，4年生では「空気に重さがあるなんて，信じられない」という声もあり，難しさもあります。子どもの様子に応じた扱いとなります。また，安全面にも配慮します。ガラスの注射器も教師実験では使用しますが，割れやすいので，子どもにはポリの注射器を使わせるなど配慮が必要です。

◎ 評　価 ◎

知識および技能	・手でさわれず目にも見えない空気も，一定の場所を占め体積をもつ物（物質）であることがわかる。 ・閉じ込めた空気に力を加えると押し縮められ，力を加えるのを止めると，もとの体積に戻ろうとする性質（弾性）があることがわかる。 ・閉じ込めた水に力を加えても体積は変わらず，空気のように押し縮めることはできないことがわかる。 ・閉じ込めた空気や水の性質を利用した物を，くらしの中から見つけたり，作ったりすることができる。
思考力，判断力，表現力等	・体感を通してとらえた空気を言葉で表現し，物としての空気のイメージを友だちと交流している。 ・押し縮められた空気の状態を自分はどう考えたのか，描いたイメージを図や文で表現している。
主体的に学習に取り組む態度	・日常見られる現象やタイヤなどの道具，また利用されているわけなどと，学んできた空気や水の性質とをつないで考えることができている。

次	時	題	目標	主な学習活動
空気とは	1	空気をとじこめて，おしてみよう	袋に閉じ込めた空気の手ごたえから空気の存在や弾性・体積があることに気づく。	・空気を集めてポリ袋などに閉じ込める。 ・閉じ込めた空気を押してみて存在を体感する。 ・空気が物として存在することを確かめる。
空気とは	2	空気には体積があるのか調べよう	身のまわりのあらゆるところに空気があり，目に見えないが，場所を占めていることがわかる。	・空気を水の中の泡として確かめる。 ・底を切り取ったペットボトルの中に水は入ってくるかどうかを調べる。（空気の専有性） ・空気は場所を占め，体積があることをまとめる。
空気とは	深めよう	空気には重さがあるのか調べよう	空気にも重さがあることに気づく。	・空気にも重さがあるのか考え話し合う。 ・ボンベに空気を入れて量って確かめる。 ・空気の重さはどのぐらいあるのかを確かめる。 ・空気1Lの重さを調べる方法を考え確かめる。
閉じ込めた空気の性質	3	とじこめた空気をおして，体積やおし返す力を調べよう	閉じ込められた空気に力を加えると体積は縮んで小さくなり，手ごたえは大きくなるが，力を緩めると元の体積に戻ることがわかる。（空気の弾性）	・閉じ込めた空気を押してみるとどうなるか話し合う。 ・空気にはバネのような性質（押し縮めによる体積変化）があることを実験で確かめる。 ・圧縮された空気を想像して絵にかく。 ・圧縮された発泡スチロールも縮む様子を見る。
閉じ込めた空気の性質	4	空気でっぽうで玉が飛び出す理由を考えよう	空気鉄砲で前玉が飛び出るのは，押し縮められた空気がもとの体積に戻ろうとする性質によるものであることがわかる。	・空気鉄砲を作り，玉を遠くへ飛ばしてみる。 ・玉が飛ぶときの様子を観察する。 ・前の玉を押しているのは何かを話し合う。 ・前の玉が飛び出す理由を考え説明し合う。
閉じ込められた水の性質	5	とじこめた水がおされると，水の体積はどうなるのか調べよう	閉じ込められた水は，力を加えても押し縮められないことがわかる。	・水も押し縮めることができるかを考える。 ・水は押し縮めることはできないことを確かめる。 ・空気と水の性質の違いをまとめる。
空気や水の性質を利用した道具	6	空気や水の性質を利用したおもちゃのしくみをたしかめ，おもちゃを作ってみよう	・閉じ込めた空気や水の性質を利用したものを作ることができる。 ・空気で水が飛ぶわけなどを考えることができる。	・噴水の作り方を聞き，作る。 ・口で吹いて飛ばす水鉄砲の作り方を知り，作ってみる。
空気や水の性質を利用した道具	広げよう	とじこめた空気や水の性質を利用したものを見つけ，使われている理由を考えよう	閉じ込めた空気や水の性質を利用した物を見つけ，その物のしくみや利用されている理由に気づくことができる。	・閉じ込めた空気の性質を利用した物を見つけ，そのしくみを考える。 ・閉じ込めた水の性質を利用した物を見つけ，そのしくみを考える。 ・用語の整理とまとめをする。

空気をとじこめて，おしてみよう

| 本時の目標 | 袋に閉じ込めた空気の手ごたえから空気の存在や弾性・体積があることに気づく。 |

板書例

〔問題〕　**とじこめた空気をおすと，どうなるのだろうか**

1 空気 … 目に見えないけれど，ある

◎どこにある？

・まわりに
・あらゆるところに
・ボール
　タイヤ ｝ の中にも
　プチプチ
　土

2 空気をふくろにとじこめてみよう

空気 ── とじる
手ごたえ「パンパン」

<u>とじこめた空気</u>

・乗ると ……… 乗ることができる

・つくと ……… はねる

・おすと ……… つぶれない

・水に入れると … しずまない

POINT 閉じ込めた空気を使った遊びをたくさん行い，手ごたえを感じさせることで，空気をものとして捉えられるようにし

1 空気を集めて閉じ込める

　空気を集め，袋に閉じ込めた空気をおす活動を通して，空気の存在感や体積感・弾力性を体感させたい。また，学習への興味と見通しを持たせたい。
　空気の学習は，まず「閉じ込める」ことから始まる。

T　空気は，どんなところにあるでしょうか。
C　わたしたちの身の周りにあると思います。
C　ドッジボールなどボールの中にもあります。
C　地球上のどこにでもあると思う。
　<u>ふつう，真空のところはない。</u>

T　<u>ポリ袋で廊下の空気を集めて，教室に持って来るにはどうすればいいでしょうか。</u>
C　袋の口を開けて，持って走れば集められる。

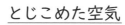

C　口で袋を膨らましても空気を集められる。
T　できるだけたくさんの空気を集めましょう。集めた空気が抜けないように，<u>袋の口を二重に閉じます。</u>
　空気の集め方と袋の閉じ方を実演する。

2 閉じ込めた空気を押して手ごたえを感じる

　空気の入った袋を使って，下のような活動を行う。閉じ込めた空気が袋から抜けないように工夫し合いながら，十分に活動させる。

T　<u>空気が入った袋を触った感じはどうですか。</u>
C　<u>袋がパンパンになって押すとかたい感じ。</u>
T　<u>袋を押したときの様子や手ごたえを調べてみましょう。どうすればわかりますか。</u>
C　ポンポンたたいてみる。
C　２人で押し合ってみる。
C　壁や床に押し付けてみる。
T　色々なやり方で調べてみましょう。水に沈めたときの様子も観察しましょう。

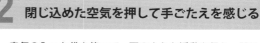
頭を乗せる
つく
押す

C　つくと，ポンポンはねてボールみたい。
C　乗るとクッションみたいで気持ちがいい。
C　袋を水の中に沈めるとなか

小さな袋を水に沈めてみる

なか沈まなかった。小さくならなかったです。

---

3 ［まとめ］　　とじこめた空気

・乗るとふわふわ
　でも，つぶれない

・おすと { はねかえる
　　　　　 おしもどされる

空気も，
もののなかま

・よくはずむ（ポンポン）

・水の中では，
　おさえても　ういてくる

QR

・画像

その他

ましょう。

時間があれば，業務用の大きくて丈夫なポリエチレンの袋に空気を入れて，トランポリンのように乗って空気を感じる活動をやってみる。

T　大きな袋を用意しました。これに空気を入れてその上に乗ってみましょう。

大きくて丈夫な袋の作り方＝小さな袋をたくさん用意し，空気を入れる。空気の入った小さな袋を大きな袋に入れる。事前に児童が乗っても安全かどうかを確認しておく。

C　わあ，すごい。
　ポンポン跳ねるよ。
C　トランポリンみたい。
C　すごくふわふわしていてはね返されるよ。

空気マット遊びでは，体全体で「空気の弾性」を感じ取ることができる。体育用マットの上で遊ばせると，万が一，袋が破れても安全である。

空気でマット遊び

口をしっかり閉める

空気を詰めた
ポリ袋をたくさん入れる。　QR

※業務用ポリエチレンの袋を破れないように二重にする。

3　空気を物としてとらえたことをまとめる

T　わかったことをまとめ，発表しましょう。

空気の存在やその体積，弾性などと関係のある気づき等を板書する。

C　空気を袋に閉じ込めると，袋がパンパンになって空気があることがわかる。
C　押しても途中までしかつぶれない。もうこれ以上へこまない，というところがある。
C　強く押すとはね返される感じがする。
C　大きな袋に乗ると，トランポリンみたいにはずむ。
C　水の中に押して沈めると，浮いてきて，空気を感じる。
T　空気を閉じ込めてみることによって，目に見えない空気が「ある」ということに気づきました。次の学習から，空気はどんなものなのか，さらに詳しく学習していきます。

空気には体積があるのか調べよう

身のまわりのあらゆるところに空気があり, 目に見えないが, 場所を占めていることがわかる。

板書例

〔問題〕 空気には体積(たいせき)があるのだろうか

1 ふくろの中にとじこめた空気を目で見るには？

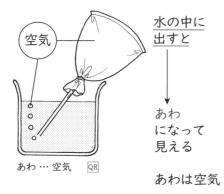

空気

水の中に出すと

→ あわになって見える

あわ … 空気 QR

あわは空気

2 実験I

底(そこ)を切り取ったペットボトルを水そうにしずめるとペットボトルに水は入るのだろうか

せん

？

水面は？ QR

予想I

ア. 水が入る
イ. 水は入らない
ウ. そのほか

結果I

イ. 水は入ってこない

※実験後, 図に水面をかき入れる。

1 空気は水の中では泡として見えることを確かめる

目に見えない空気は, 空間を占める（占有性）ことや, 水の中では泡となって見えることで確かめられることに気づかせる。

T 前の時間, 空気は目に見えませんが, 袋に閉じ込めれば「ある」ことがわかりました。では, 空気を目に見えるようにする方法はありませんか。（発言が出なければ）ヒントです。スポンジを水の中に入れて, 手で絞ると何が出てきますか。

布やスポンジの他, 土やチョークを入れても泡が出る。

C 泡が出てきます。

T 袋の先にストローをつけて袋を押してみましょう。（下図のような装置で実験）何が出てきましたか。

C スポンジと同じように泡が出てきました。

T この泡は何ですか。

C 袋の中のものだから空気だと思います。

T そうです。空気ですね。空気は水の中だと泡になって見えます。泡も空気なのですね。

2 ペットボトルの中に水が入ってくるか

T 底を切り取って栓をしたペットボトルをまっすぐ水槽に沈めます。ペットボトルの中に水は入ってくるでしょうか。

線がしてある

空気

水

底が切り取られている QR

C 底がないから, 入ってくると思います。

C コップをさかさまにしてやったことがあるけど, 水は入りませんでした。

T やってみましょう。底を切り取ったペットボトルをまっすぐ水槽に沈めます。

C 水が全然入ってこない。どうしてかな。

T 全然入ってきませんね。ペットボトルの中に水が入るのを邪魔するものがあるのでしょうか。

C 見えないけれど空気があって, 水を押しているから空気が入らないんだと思います。

T ペットボトルの中に空気があって場所を取っているから, 水は入れなかったのですね。このことを「空気にも体積がある」といいます。

準備物	・小さい透明な袋　・ストロー ・水槽　・水　・紙　・セロハンテープ ・スポンジ　・土の入った植木鉢　・バケツ ・下を切ったペットボトルまたはプラスチックのコップ

QR

・動画
「コップに入れたティッシュは濡れるか」など

・画像

その他

【実験2】

ペットボトルのふたを取ると
水はどうなるだろうか

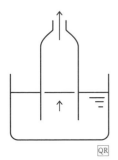

【結果2】

↑空気が
　出ていって

↑水が
　入ってくる

空気は場所を
とっている
↓
「体積がある」
という

3 〔まとめ〕

空気があると，水は入ってこられない
空気が出ていくと，水は入ってくる
空気には，体積がある

調べる（空気は空間を占める）

T　では，どうすれば，ペットボトルの中に水を入れることができるでしょうか。

C　ボトルの中の空気を抜けばよいと思います。

C　ペットボトルの栓を取るとよいと思う。

T　では，栓を取ってみましょう。

C　あ，水が入ってきた。

C　空気が出ていった分，水が入ってきました。

①栓を取る

空気

②水が入ってくる

【プラスチックのコップでもやってみよう】

（実験）下の図のように，コップの中に紙を入れ，逆さにして水の中に入れました。中の紙はぬれるでしょうか。

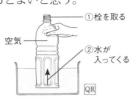

プラスチックで透明な使い捨てコップ

紙をセロハンテープで底につける

（結果）
水は入らない。コップの底に穴をあけると水が入ってくる。

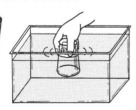

3　空気には体積がある

T　わかったことをまとめましょう。

C　空気は，スポンジ，ペットボトルの中などにもあります。

C　空気は，目に見えないけれど，水の中の泡でも確かめることができました。

C　空気も場所を取ります。これを体積といいます。空のペットボトルの中には，ペットボトル分の体積の空気があります。

【土の中にも空気があることを確かめよう】（時間があれば）

（実験）
土の入った植木鉢を
水の中に入れると，
どうなるでしょうか。

水の入った
バケツ

植木鉢

（結果）
土の表面から泡が出てくるので，
土の中にも空気があることがわかる。

空気には重さがあるのか調べよう

板書例

〔問題〕　空気には重さがあるのだろうか

問題 1

ボンベに空気をつめこむと，ボンベの重さはどうなるだろうか

2　　空気をつめこむ　→　　（　　　）g ※

（　　　）g ※

ア．軽くなる　　（　　　）人 … 空気は軽い
イ．変わらない（　　　）人 … 空気に重さはない
ウ．重くなる　　（　　　）人 … 空気にも重さはある
　　　　　　　　　　　　　　手ごたえ

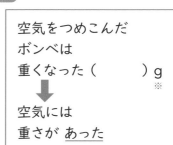

3

空気をつめこんだ
ボンベは
重くなった（　　　）g
　　　　　　　　　　　※

↓

空気には
重さが あった

※（　　　）欄の重さの数値は，
　実験の測定値を記入する。

POINT　ボンベではなく，サッカーボールのように圧力に耐えられるようなボールを使用し，たくさん空気を入れた状態と

1　空気にも重さがあるか話し合う

　あらゆる物質の特性として，空気にも重さがあるかどうかを話し合い，実験で確かめる。（1Lあたり1.29g）

T　目に見えない空気にも重さがあるのでしょうか。理由を考えながら予想してみましょう。

C　わたしたちの周りにいっぱい空気はあるけれどまったく重さは感じないから，重さはないと思います。空気が重かったら大変です。

C　空気遊びで袋に空気をあつめたけれど，とても軽かったので，ないと思います。

C　自転車のタイヤに空気を入れるとき，どんどん押し込めるので，タイヤは押し込んだ空気の分だけ，少し重くなっているかもしれません。

　ここまでの話し合いは簡潔にする。

2　ボンベに空気を詰めこむと、ボンベの重さがどうなるか話し合う

T　ここに，『ボンベ』といって空気を詰め込むことができる鉄の入れ物があります。このボンベに，空気入れで空気を入れる（詰め込む）ことができます。

T　空気を入れる前にボンベの重さを量ります。ボンベは○gです。（電子天秤で量る）

はじめに重さを量る。

T　では問題です。このボンベに空気入れで空気を詰め込んだ後に重さを量ると，重さはどうなるでしょうか。（書かせるとよい）

T　『軽くなる』『変わらない』『重くなる』から予想して，そう考えた理由もあわせて発表しましょう。

C　軽くなると思います。空気は軽いからです。

C　変わらないと思う。空気には重さはないから。

C　重くなると思う。袋に閉じ込めた空気は押したら手ごたえがあったから，重さもあると思う。（少ない）

<table>
<tr><td rowspan="2">準備物</td><td>・気体挿入可能ボンベ (市販教具等)</td></tr>
</table>

準備物	・気体挿入可能ボンベ (市販教具等)
	・空気入れ　・電子天秤　・空気入れの針
	・水槽　　　・水　　　　・メスシリンダー
	・ゴム管　　・ピンチコック

QR

・動画
　「空気にも重さはあるか」

・画像

その他

4 〔問題2〕

空気1Lの重さは何gだろうか

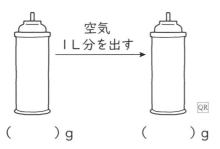

（　　　）g　　（　　　）g

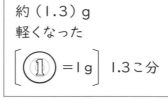

約（1.3）g
軽くなった

① ＝1g　1.3こ分

〔まとめ〕
・空気にも重さがある
・空気1Lの重さは約1.3g

空気を抜いた状態の重さの違いを比べてもよいでしょう。

---

3 ボンベに空気を詰めこむと、ボンベの重さがどうなるか調べる

T　では、ボンベに空気を入れましょう。

　　児童に交代で入れさせてもよい。児童の力で空気入れを押しても動かなくなったら、やめてボンベの重さを量る。

C　はじめは力を入れなくても空気は入ったけれど、だんだん力を入れないと入らなくなった。

T　空気をいっぱい入れたら、そのボンベの重さを量りましょう。

C　□gです。重さは増えていました。

C　ボンベに空気を入れると、ボンベは空気を入れる前より『重くなる』。

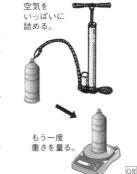

空気をいっぱいに詰める。

もう一度重さを量る。

T　ボンベのノズルを押して空気を出し、ボンベの重さを量ってみましょう。

C　○gです。空気を入れる前の重さです。

C　空気にも『重さがある』ということだ。

---

4 空気1Lの重さを調べる

T　水1Lの重さは1kgです。では、空気1Lの重さは何gぐらいでしょう。調べましょう。

　　教師実験で手際よく行う。説明のみでもよい。

T　空気を詰め込んだボンベの重さを量ります。

T　ボンベから1L分の空気を抜きます。

T　もう一度重さを量ります。

T　重さは減っています。この減った分の重さが、抜いた1L分の空気の重さになります。

C　1.3gぐらい軽くなっている。

C　空気1Lの重さは、1.3gだ。

T　空気1Lの重さは、約1.3gです。1円玉が1gだから、それより少し重いぐらいです。

T　わかったことや思ったことを書きましょう。

　　空気の重さを感じない理由は教師の説明で補う。

空気を詰め込み重さを量る。

空気を1L分抜き出す。

もう1度重さを量り何g減ったか調べる。

とじこめた空気をおして，体積やおし返す力を調べよう

本時の目標：閉じ込められた空気に力を加えると体積は縮んで小さくなり，手ごたえは大きくなるが，力を緩めると元の体積に戻ることがわかる。（空気の弾性）

板書例

〔問題〕 とじこめた空気をおすと，空気の体積や
おし返す力はどうなるだろうか

問題Ⅰ 注しゃ器に空気をとじこめてピストンをおすと，
ピストンはどうなるだろうか

1
　㋐ 下まで
　　おせる
　㋑ まん中ぐらい
　　まで おせる
　㋒ ほとんど
　　おせない

※予想したわけも
板書するとよい。
（ここでは省略）

2

・ピストンをおすと
　㋑ −まん中ぐらいまで
　　おせた　ちぢむ
　　〔手ごたえは
　　大きくなる

・ピストンをはなすと
　㋒ −もとにもどる
　　（おしかえした）

3 〔空気は，ちぢめることができる〕
※閉じ込めた空気の
イメージを提示する。

POINT 発泡スチロールのように，空気の体積が押し縮められる様子を視覚化できるものを使いましょう。

---

1 注射器に閉じ込めた空気を押すと，ピストンはどうなるかを考え，確かめる

　注射器は，気密性が高く，空気の弾性を調べるのに適している。安全性を考えプラスチック製の物を使う。注射器に空気を吸い込み，水中に泡として出して見せ，空気が入っていることを確かめる。

T　この注射器に空気を閉じ込め，ピストンを押してみるとどうなるでしょうか。

　　㋐ 下まで押せる，㋑ 真ん中ぐらいまで押せる，㋒ ほとんど押せない，の選択肢を与えて，考えとわけを話し合わせる。児童の考えるわけとして，㋐ 空気は少ないから押すと縮まる，㋑ 少ないが，空気はあるから真ん中ぐらい，㋒ 空気は物と同じで体積があるから押せない，などが予想される。

T　ではピストンを押して確かめましょう。

　　注射器の先はゴム板などに押し当て，空気が確実に閉じ込められるようにする。

C　ピストンを押すとだんだん固くなって，真ん中あたりでとまった。空気は縮んだのかな。

2 押す手をはなすと，ピストンはどうなるかを考え，確かめる

T　ピストンを押していくと，中の空気はどうなりましたか。

C　押し縮められていきました。

T　空気の体積は，どうなったといえますか。

C　空気の体積が縮んで小さくなったといえます。

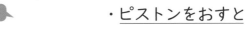

はじめ　　おすと

ゴム板

T　この実験から，空気は押し縮められること，空気の体積も縮んで小さくなることがわかります。

T　ピストンを押すのをやめて手をはなすと，ピストンはどうなりましたか。

C　ピストンが上がって元の位置に戻りました。バネみたいです。

T　そうですね。空気にはバネのような性質があることがわかります。

　　バネを見せて空気の弾性と同じだと確認する。ガラスの注射器を使って教師実験をすると，元に戻る様子がわかりやすい。

ICT　QRの画像や動画を見て、自分たちの
実験の結果をふり返りましょう。

---

4 〔問題2〕

発ぽうスチロールを注しゃ器の中にとじこめて ピストンをおすと, どうなるだろうか

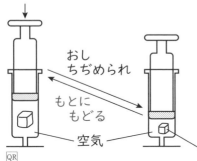

おし
ちぢめられ

もとに
もどる

空気

・ピストンをおすと
空気はちぢんで
体積は小さくなった

・ピストンをはなすと
もとにもどる

発ぽうスチロールも
小さくなる

〔まとめ〕・とじこめた空気をおすと, 空気の体積は
小さくなり, 手ごたえは大きくなる
・おすのをやめると, もとにもどる
→ 空気は, ばねのよう

QR

・動画
「とじこめた空気を
おし縮める」

・画像

その他多数

---

3 目に見えない空気の様子を想像して 図に表す

T　ピストンを押す前と押した後の注射器の中の空気
の様子を表したいと思います。空気は目に見えま
せんが, もし見えたとして, 自分の考えを図や絵に
してかいてみましょう。

　2つの注射器の図をプリントしたものを配布し, そこに
イメージ図をかかせてもよい。

C　伸びているバネと縮んでいるバネで表しました。

C　空気を粒で表して, 隙間が多いのと隙間が少ない
のをかきました。

C　大きく伸びた○と小さく縮んだ○でかいた。

C　濃い色と薄い色で表しました。

注射器に閉じ込めた空気のようす　ⓐ ピストンで推す前
　　　　　　　　　　　　　　　　ⓑ ピストンで推したとき

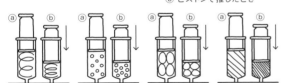

4 空気の中で 発砲スチロールも縮む様子を確認する

T　小さな発泡スチロールを注射器の中に入れ, ピス
トンを押したりゆるめたりして, 発泡スチロールが
どのように変化するかを予想し, 実験してみましょう。

　発泡スチロールの中にも空
気があることを, 水中に入れ
て泡で確かめる。

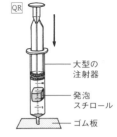

大型の
注射器

発泡
スチロール

ゴム板

C　押されるだけで, 形は
変わらないと思う。

C　少しへこむと思います。

　注射器と小片の発泡スチ
ロールを配布する。

C　ピストンを押すと, 発泡スチロール全体が縮んで,
押す手をはなすと元の形に戻った。

T　ピストンで空気を押すと, 発泡スチロールが縮む
のはなぜでしょうか。

C　注射器の中の空気といっしょに発泡スチロールの
中の空気も縮められるからだと思う。

T　わかったことを書きましょう。(板書参照)

空気でっぽうで玉が
飛び出す理由を考えよう

空気鉄砲で前玉が飛び出すのは，押し縮められた空気がもとの体積に戻ろうとする性質によるものであることがわかる。

板書例

〔問題〕 空気でっぽうで玉が飛び出すのは
　　　　　　　　　　どうしてだろうか

1 空気でっぽうのしくみ

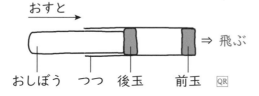

おすと →

おしぼう　つつ　後玉　　前玉　⇒ 飛ぶ
　　　　　　　　　　　　　　　　　QR

2 飛ばしたときのようす

・後玉は前玉に当たっていない
・ぼうをおすとき，手ごたえがある
・玉が飛ぶとき，ポンという音がする
・ゆっくりおしても飛ぶ

3 （問題）

前玉を飛ばしたものは，空気だろうか

（実験）

あわ＝空気　　　　　　おすと

水

QR

（結果）

つつの中から空気が 出た

POINT　泡の出ていく様子を観察させ，ピストンを押すと空気が出ていく実感を持たせましょう。

---

1 空気鉄砲で玉を飛ばして，その様子を観察する

T　これは空気鉄砲です。飛ばしてみます。
C　わー，すごく遠くまで飛んだ。
C　玉が飛ぶとき，ポンという音がした。
T　みんなも作って飛ばしてみましょう。

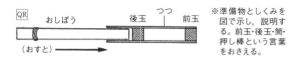

QR　おしぼう　　　　後玉　つつ　前玉

（おすと） →

※準備物としくみを図で示し，説明する。前玉・後玉・筒・押し棒という言葉をおさえる。

C　玉が飛び出す瞬間にポンと大きな音がした。
C　強く押したら遠くに飛ぶ。
C　ゆっくり押しても結構飛ぶよ。
C　後ろの玉が前の玉に当たる前に，前の玉が飛びました。

遊び終えた後，飛び出す様子を観察させる。

T　押し棒をゆっくり押したり，勢いよく押したりすると，玉の飛び方はどのように違うでしょう。手ごたえと筒の中の空気の様子に気をつけて，試してみましょう。そして，気づいたことを書きましょう。

2 押し棒を押して玉が飛ぶときの様子をくわしく観察する

はじめに教師実験で観察ポイントを示す。筒に印を付けて，空気が縮む様子を観察させる。

T　押し棒を押したとき，つつの中の空気はどんな様子でしたか。
C　押し棒をゆっくり押したときは，少しずつ空気が押し縮められて，ポンと前玉が飛び出した。
C　押し棒を勢いよく押したときは，前玉も勢いよく遠くへ飛びました。そして，玉が飛び出すときもポンと大きな音がしました。
C　後玉を押す手ごたえが大きいです。
C　押している手をはなすと押し棒が元に戻りました。注射器の実験と同じで，筒の中で押し縮められている空気は，押すのをやめると元に戻ろうとして押し棒を押し返すのだと思います。押し棒は，注射器のピストンと同じみたいです。

前玉

QR　後玉

押し棒を押す速さを加減することで，筒の中の空気の縮まり方が違う。
そのことにより，飛び出す玉の勢いや音が違ってくることに気づかせたい。

4 空気でっぽうで前玉が飛んだ理由

おすと　→　とじこめられた空気

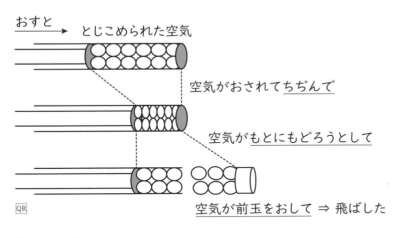

空気がおされてちぢんで

空気がもとにもどろうとして

空気が前玉をおして ⇒ 飛ばした

〔まとめ〕
おしちぢめられた空気がもとにもどろうとして
前玉をおし出したので，前玉が飛び出した

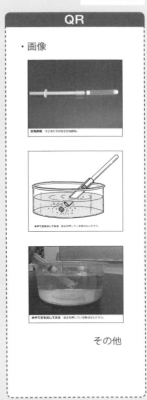

QR

・画像

その他

---

3 前玉を押しているのは何かを考える

T　勢いよく押し棒を押すと，前玉は勢いよく飛び
出しました。前玉を押したものは何でしょう。

C　後玉かな。空気かもしれないな。

T　実験をして確かめましょう。（教師実験）水槽の中
で押し棒を強く押してみます。何が出てくるのか，
よく見ましょう。

C　筒の先から泡が出てきたよ。空気かな。

T　筒の前玉が外れて泡が出てきましたね。この泡は
何でしょう。どこにあったのでしょうか。

C　前玉と後玉の間にあった空気です。

T　この実験から，筒の中の前玉と後玉の間に入って
いたのは空気だと
いうことが確かめ
られましたね。そ
して，前玉を押し
ていたのも空気
だったということ
がわかりました。

この泡は何かな？
どこにあったのかな？

押し棒

水

縮められた空気が前玉を押し出す　QR

**4 空気の性質をもとにして
前玉が飛び出す理由を考える**

前玉が飛び出す理由を考えさせる。空気の性質をもとにし
て説明ができることがねらい。それぞれ考えさせ，ノートに
書かせてもよい。

T　なぜ前玉が飛び出すのか，その理由を考えて書い
てみましょう。

C　前玉と後玉の間にある空気は閉じ込められていま
す。押し棒を勢いよく押すと，筒の中の空気は一気
に押し縮められ，前玉はギリギリまで我慢をしてい
るが，それ以上の大きな空気の力で押されると我慢
できなくなって飛び出します。

T　押し棒で後玉を押すと，前玉との間の空気が押し
縮められます。そして，空気が元に戻ろうとすると，
前で止まっていた前玉が『こらえきれなくなって』
飛び出したということです。

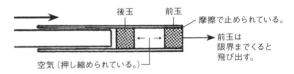

後玉　　前玉

摩擦で止められている。

前玉は
限界までくると
飛び出す。

空気（押し縮められている。）

とじこめた水がおされると, 水の体積はどうなるのか調べよう

板書例

〔問題〕　とじこめた水は, おされると, 体積（たいせき）が変（か）わるのだろうか

問題 1

水をとじこめた注（ちゅう）しゃ器（き）のピストンをおすと, どうなるのだろうか

1

ア. 空気のように半分ほどおせる

イ. 空気のようにおすことはできない

〔ピストンの位置（いち）は変わらない〕

※予想した理由など児童の発言をまとめて板書する。

2

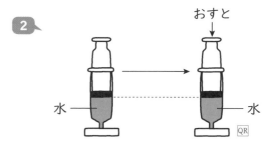

おすと

水 ─── 　　　 ─── 水

水はおしちぢめることはできない
（手ごたえも大きい）

↓

水の体積は変わらない
（空気とちがう）

POINT 空気と水のように物質が変わると性質が変わることに着目させましょう。

---

1 注射器に閉じ込めた水を押すと, ピストンはどうなるか考え, 確かめる

T　注射器の中に, 空気の代わりに水を入れて閉じ込めます。水も空気と同じように押し縮めることができるでしょうか。予想しましょう。

　　実験装置を見せる。筒の上部いっぱいまで水を入れると押し棒で押しにくくなるので, 半分ぐらいまでがよい。

T　ピストンを押してみると,（ア）ピストンは空気のように半分ほど押せる。または（イ）空気のようには押せず, ピストンは動かない。どちらだと思いますか。

C　空気のように, 押し縮めることができると思う。空気が水に変わっただけだから。

C　水はふわふわしていないけど, 押したら少しは縮むと思う。

C　空のペットボトルは押すとへこむけど, 水が満タンに入っているときはへこまないので, 縮められないと思う。

2 実験で水は押し縮めることはできないことを確かめる

T　閉じ込められた水の体積と手ごたえに注意して, 実験で確かめてみましょう。

　　注射器の先は折れやすいので気をつけて押す。

C　ピストンは全然動かない。押し始めたときから手ごたえが大きいよ。

C　空気のバネのような弾力はありません。

C　水は, 押し縮めることはできないな。だから押しても体積は変わらないと思うよ。

C　空気は粒と粒の間に隙間があるので, 押すとその間が詰まって縮めることができたけれど, 水はその隙間がないと思うので押し縮めることができないと思う。（児童からは出にくい考え）

水は空気と違って, 全く押し縮めることはできない。

─── 水

| 準備物 | ・QR 収録画像
・プラスチック製の注射器
・注射器の先を閉じるもの（消しゴムなど）
・水 | I C T | 意見を集約できるアプリ（ミライシード など）を使用し，予想を出し合うのも よいでしょう。 |

QR

・画像

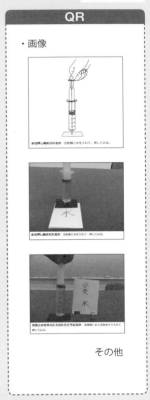

その他

3 **問題2**

水と空気を半分ずつ入れておすと，
どうなるのだろうか

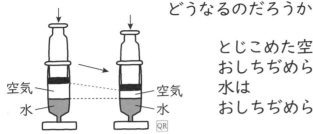

空気

水

空気

水

とじこめた空気は
おしちぢめられるが
水は
おしちぢめられない

4 〔まとめ〕力を加えたときの空気と水

	空気	水
力を加えると	おしちぢめられる	おしちぢめられない
体積	小さくなる	変わらない
手ごたえ	だんだん大きくなる	大きい
力をぬくと	もとにもどる	変わらない

3 注射器に水と空気を半分ずつ入れて押す とどうなるかを考え，実験で確かめる

注射器の中に水と空気を半分ずつ入れ押し縮めることで，
それぞれの性質の違いを比較することができる。

T　注射器の中に，水と空気を半分ずつ入れてピスト
ンを押すと，ピストンと
水面の位置はどうなるで
しょうか。（教師実験）

C　空気は縮むからピストン
は下がるけど，水は縮ま
ないから水面は下がらない
と思う。

T　実験してみましょう。

C　空気のところだけ縮んで
水のところは変わらない。
やっぱり空気は押し縮めら
れるけど，水は押し縮めら
れないんだね。

C　水と空気の違いがよく
わかるね。

空気

水面

水

空気は縮まるが，
水は縮まらない。

4 空気と水の性質を比べて， 違いをまとめる

T　閉じ込めた空気と水の性質の違いを，（加えた力
の大きさと，体積，手ごたえを中心に）まとめま
しょう。

C　閉じ込めた空気を押すと，押し縮めることができ
る。体積は小さくなる。元に戻ろうとする力がある
ので，強く押せば押すほど手ごたえは大きくなる。

C　水は，押し縮めることができない。だから，押し
ても体積は変わらない。押し始めたときから手ごた
えは大きくかたい感じがする。空気のような弾力は
ない。

C　押すのをやめると，空気は元の体積に戻るけど，
水はそのままだ。

T　空気と水の違いをまとめると，次のようになりま
す。（板書参照）

本時の目標
・閉じ込めた空気や水の性質を利用したものを作ることができる。
・空気で水が飛ぶわけなどを考えることができる。

板書例

め 空気や水のせいしつを利用したおもちゃのしくみをたしかめ，おもちゃを作ってみよう

1 実験1

ストローの ⑦ から空気をふきこむと，⑦ ではどんなことがおこるだろうか

空気

① では，
あ）水が出てくる
い）あわが出てくる
う）空気が出てくる

⑦ からは　水が出てきた
　↑
おされた水は ⑦ へ
　↑
空気が水面をおして
　↑
⑦ から空気を入れると

2 実験2

⑦ をすうと，どんなことがおこるだろうか

すうと

※あわはあとでかき入れる。

（空気が外から入って）長いストローの先から，水の中に　あわが出てきた

POINT どうしてペットボトルから水が出てくるのか説明させ，児童の理解度を確認しましょう。

1 おもちゃのしくみから，ストローを吹くと起こることを考える

T ここに，2本のストローを取り付けたペットボトルがあります。水が半分入っています。1本のストローは短く，水には浸かっていません。もう1本は長くて水に浸かっています。

T 問題です。短い方のストロー ⑦ を口で吹くと，長いストローの先 ⑦ では，どんなことが起こるでしょうか。そう考えたわけも書いてみましょう。
（板書の図参照）

C 口で入れたのは空気だから，やっぱり ⑦ からも空気が出てくると思います。

C ⑦ からは，泡が出てくると思います。空気と水が混じって出てくると思います。

T では，実験して確かめましょう。
　児童の代表か教師が ⑦ を吹いてみる。水が出てくる。

C 水が出てきた。空気が水を押したんだ。

2 ストローを吸うと起こることを考える。水を飛ばすおもちゃを作る（工作1）

T 今度はストロー ⑦ を吸ってみると，⑦ のストローではどのようなことが起こると思いますか。

C 吸うと，ペットボトルの空気が減って，空気が減ると，空気が外から入ってきます。

C ⑦ 長いストローの先から泡が出ると思います。

T やってみましょう。

C やっぱり，ストローの下から泡が出てきた。

T では，水を飛ばすおもちゃを作りましょう。

T できたら，水を入れて吹いてみましょう。

吹く活動を通じて，空気と水の動きを考えることができる。

【作り方】

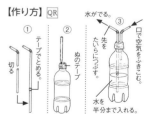

① ストローを2本用意して，1本は切り，もう1本はつぎたす。
② 口の部分にぬのテープをまいて，えんぴつの先で，穴を2つあける。
③ ②であけた穴に①で作ったストローをさす。

※可能なら，ペットボトルのふたにドリルでストローが入る大きさの穴を2つあけておき，ストローを差し込むと作りやすい。

QR

・画像

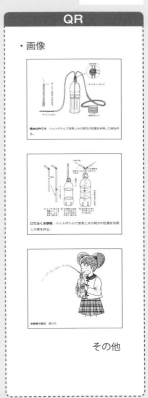

その他

3 空気で水を飛ばすふん水作り

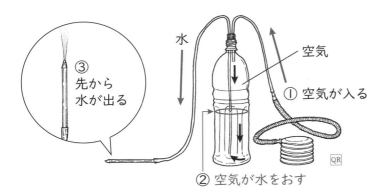

③ 先から水が出る

水

空気

① 空気が入る

② 空気が水をおす

4 〔まとめ〕　とじこめた空気は

↓

とじこめた水をおす

---

3 空気で水を飛ばす噴水を作る（工作2）

　児童が作るのは，工作1と工作2のうちの1つでよい。準備も考え，決めておく。

T　空気で水を押し出すことができましたね。同じように空気を使って，もっと水を飛ばすことができるものも作れます。空気ポンプを使った噴水です。

【作り方】 QR

ボールペンの先から水が出る。

ぬのをまく。

ポリエチレンのくだ

ボールペンのじく

空気のポンプ

① ペットボトルに水を半分ほど入れる。（水は後で入れてもよい）
② 口に2本のポリエチレンの管を取り付ける。1本は空気ポンプにつながる管につなぎ，先が水に浸からないようにする。もう1本は水が噴き出す管につなぎ，先が水に浸かるようにする。
③ 2本の管に布テープを巻いてペットボトルの口に差し込み，固定する。
④ 水が出る管の先にボールペンの軸を付ける。
⑤ 空気を送り，先から水を噴出させる。

4 作ったものを使って水を飛ばし，水が飛ぶわけを説明する＜まとめ＞

T　作ったおもちゃを使って水を飛ばしてみましょう。そして，閉じ込められた空気で水がどのようにして飛ぶのか，説明もしてみましょう。

T　作って，飛ばしてみた感想や気がついたこと，水が飛ぶわけも考えて発表しましょう。

C　空気をたくさん送ると，本当の噴水みたいに高く飛びました。空気が水を押したからです。

C　ペットボトルの口から空気が漏れないようにするのが難しかったです。空気が漏れると水も飛びませんでした。空気が漏れないようにすることが大切だと思いました。

C　この噴水も，口で吹く水鉄砲も，空気が水を押していることがよくわかりました。

とじこめた空気や水の性質を利用したものを見つけ, 使われている理由を考えよう

板書例

〔問題〕　とじこめた空気や水のせいしつを
　　　　　利用したものとはどんなものがあるだろうか

1 とじこめた空気のせいしつを使ったもの

・ボール
・タイヤ
・プチプチ
・エアクッション
　エアマット

2
空気は
おしちぢめる
ことができる
↓
もとにもどろうと
する
↓
はずむ（弾性）
バネのように
クッションに

ボールに入っている
（おしちぢめられた）空気

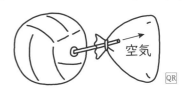

空気

ボールの中で
おしちぢめられた
空気を
｝
ポリぶくろに
うつすと
（出てくる）
↓
ふくらむ

POINT　他にも空気や水の性質を利用した道具がないか探してみましょう。

1　閉じ込めた空気の性質を利用した物を見つけ, 利用されているわけを考える

　ここでは, 閉じ込めた空気や水の性質を利用した物を見つけ, そのしくみや使われている理由を考え, 話し合う。物や道具を持ち込んで触れたり操作した体感を通し, 空気を実感させたい。

T　閉じ込めた空気や水の性質を利用した物を身の回りから見つけてみましょう。空気を閉じ込めて利用している物にはどんなものがありますか。

C　ドッヂボールやサッカーボール。中に空気が閉じ込められていて, よくはね返るよ。

C　自転車や車のタイヤにも空気が入ってるよ。

C　荷物を包むプチプチも, 空気があると思う。

T　空気を閉じ込めて使っている物がいろいろあるようですね。

T　その1つであるタイヤに空気を入れて使うと, でこぼこ道もバネのようにクッションよく走れます。押し縮められた空気には, 元に戻ろうと力がはたらくので, 乗り心地がよいのですね。(児童に説明させてもよい)

2　閉じ込められた空気には, バネのような『弾性』があることを話し合う

T　押し縮められた空気が元に戻ろうとするバネのような性質を『弾性』といいます。『弾』とは『弾む』という意味です。この『弾性』を利用したものには, 他に何がありますか。

C　ボールです。ビーチボールもよく弾みます。

C　エアクッション, エアマットも使っています。

C　プチプチで包むと, 何か当たっても大丈夫。

T　ここに空気がたくさん入ったボールと, あまり入っていないボールがあります。弾み方を比べてみましょう。(床に落として弾み方を比べる)

C　空気がたくさん入っているボールがよく弾む。

C　中の空気が元に戻ろうとして押し返すからよく弾むんだ。

　教師実験で, ボールに詰め込んだ空気を, 空気入れでポリ袋に放出する。空気の体積の圧縮の大きさを確かめることができる。

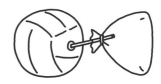

3 水のせいしつを
　　使ったもの

とじこめた水

とうふ QR

とうふはつぶれない

↑

水はちぢまない
動かない

4 空気と水のせいしつを
　　使ったもの

空気で水を出す
＝
ポット
きりふき
シャンプー

QR ※

〔まとめ〕

とじこめた空気（水）
おしちぢめられる（られない）
元にもどる
体積（たいせき）

この言葉を使って
『空気（水）のせいしつ』を
文にまとめよう

※図を貼る

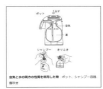
3 閉じ込めた水の性質の利用したものと，
　水が利用されている理由を考える

T　次に，空気ではなくて，閉じ込めた水の性質を利
　用したのも考えてみましょう。何か知っていますか。

C　うーん，思いつきません。

T　豆腐は，このような水の入っているパックに入れ
　て売られています。<u>豆腐のパックに水が入れてある
　わけを考えてみましょう。</u>

C　そういえば，豆腐はいつも水に入れて売っている
　ね。どうしてかな。

T　豆腐は，とても柔らかいものです。豆腐を重ねる
　とつぶれてしまいます。またゆすられたりしても動
　いて壊れてしまい
　ます。でも水を入
　れてパックにする
　と，<u>水は押し縮め
　られないので重ね
　ても動いても豆腐
　は守られ，つぶれ
　ないのです。</u>（説明）

QR

4 閉じ込めた空気と水の性質を利用した
　エアポットのしくみを考える

T　空気と水の両方を使っている道具があります。
　みなさんのお家にもあるかな？　それは，エアポッ
　トやシャンプーの入れ物，霧吹きなどです。

T　では，上の部分やボタンを押すと湯が出てくる
　エアポットのしくみを考えてみましょう。

T　ポットの湯を出したいとき，
　<u>ボタンを押すと中のお湯は何に
　押されて出てくるのですか。</u>

C　前に作った噴水と同じよう
　に，<u>空気が水を押す</u>と思います。

C　ボタンを押すと中の空気が押
　し縮められて，その空気がお湯
　を押しているのだと思います。

T　シャンプーや霧吹きのボトル
　も同じしくみになっています。

　閉じ込めた空気（水），押し縮めら
　れる（られない），元に戻る（戻ろう
　とする），体積などの言葉を使って，
　<u>この学習のまとめを書かせる。</u>

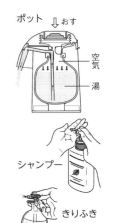

ポット　↓おす
空気
湯

シャンプー

きりふき

QR

ものの温度と体積

◎ 学習にあたって ◎

● 何を学ぶのか

　物質に共通する性質（基礎概念）を明らかにする学習の1つです。固体の金属，液体の水，気体の空気を取り上げ，物は温度によって体積が変化する（膨張，収縮）ことをとらえさせます。この変化では，何か物が付け加わって体積が増えたわけではないので，体積が変化しても重さは変わりません。また，体積変化の度合いは空気が一番大きく，水，金属の順に小さくなります。このように，物によって膨張，収縮率が異なることにも気づかせます。

　そして，これらのことを学んだ目で，鉄道などのレールに隙間を設けてある理由など，生活の中の事実にも目を向けさせます。これは，科学と生活をつなぐ上でも4年生にふさわしい学びとなります。

● どのように学ぶのか

　ある程度学習が進むと，根拠のある予想も立てられるようになり，対話的な学習も成り立ちます。展開も，問題（課題）→ 予想 → 対話（話し合い）→ 実験検証・結果 → 考察といった理科学習らしい流れで進めることができます。本単元は，そのような理科の「学び方を学ぶ」のにも適しています。なお，実験とは事実を見るだけでなく，予想での考えが正しかったのかどうかを検証するものです。ですから，「金属球は輪を通らなかった」「水面が上がった」などという表面的なとらえに終わらせないためにも，予想の段階では，自分の考えを書かせたうえで話し合うとよいでしょう。

● 留意点・他

　難しいのは，膨張率が小さい金属よりも目に見えない触れられない空気の体積変化です。ここでは空気も「もの（物質）」だ，という目で空気の体積変化を見ていきますが「空気ももの」ということは，児童にとって必ずしもはっきりしていないのです。そのためにも「空気」の単元で，空気も場所を占める（体積を持つ）物質だということをわからせておくことが必要です。また，実験観察の際には「体積」とともに重要な要素である「温度」を常に意識させて行います。児童にも，「体積」「温度」という言葉を使って発言するよう助言します。

◎ 評　価 ◎

知識および技能	・固体の金属，液体の水，気体の空気の体積は，温度が上がると増えて大きくなり（膨張），温度が下がると減って小さくなる（収縮）ことがわかる。（温度による体積の変化） ・温度による体積の変化は，空気が最も大きく，水，金属の順に小さくなることがわかる。（膨張率の違い）
思考力，判断力，表現力等	・学習したことや経験などをもとに根拠のある予想をたて，主体的に実験に取り組むことができる。
主体的に学習に取り組む態度	・理由とともに自分の考えを述べ，話し合うことができる。 ・鉄道などのレールの隙間のように，生活の中にも温度によってものの体積が変化している事実が見られることに気づくなど，生活と学びをつなぐことができている。

◇ 第4・5時の金属球の実験は，子どもたちが自分の手で十分実験できるように，2時間扱いにしています。効率よく進めるなら，1時間で行うこともできます。

次	時	題	目標	主な学習活動
空気の温度と体積	1・2	せっけん水のまくを使って空気の温度とようすの変化について調べよう	試験管の中の空気は，温度が変わると変化することに気づく。	・口に石鹸水をつけた試験管を湯や氷水に入れ，石鹸幕が膨らんだりへこんだりする様子を観察し，その理由を考える。
水の温度と体積	3	ガラス管を使って水の温度と体積について調べよう	水の温度が上がると体積は増え（膨張），温度が下がると体積は減る（収縮）ことがわかる。	・水を入れてガラス管を取り付けたフラスコを湯や氷水につけて，ガラス管の中の水面がどうなるかを予想し，実験を観察して確かめる。
金属の温度と体積	4・5	金ぞくのたまの温度を上げたり下げたりすると，たまはどうなるか調べよう	金属の球を熱して温度を上げるとその体積は増え（膨張して），温度が下がると体積は減る（収縮する）ことがわかる。	・輪をすれすれに通る金属球を熱して，輪を通らなくなった様子を観察し，その理由を考える。また，温度を下げると輪を通るかを調べる。 ※第4・5時は1時間扱いでもよいでしょう。
	広げよう	金ぞくのぼうの温度が変わると，ぼうの長さはどうなるか調べよう	金属の棒も熱せられて温度が上がると体積が増えて長くなり，温度が下がると体積が減り，短くなることがわかる。	・金属棒を熱して温度を上げると，長さはどうなるかを予想し，実験で確かめる。また，熱することをやめると縮む様子を観察する。
物による体積変化のちがい	6	空気・水・金ぞくの体積のふえ方のちがいを調べよう	・温度による体積変化の大きさの度合いは，空気，水，金属の順に小さくなることがわかる。 ・生活の中にも温度による体積変化の事実があることに気づく。	・学習をふり返り，空気，水，金属の体積変化の程度の違いを考える。 ・生活の中の温度と体積変化の事実を調べる。

せっけん水のまくを使って空気の温度とようすの変化について調べよう

試験管の中の空気は，温度が変わると変化することに気づく。

板書例

〔問題〕 空気の温度が変わると，空気のようすはどのように変わるのだろうか

1 問題1

試験管の口にせっけん水のまくをつけて，湯に入れると，せっけん水のまくはどうなるのだろうか

2

せっけん水のまく

空気

湯に入れると温度が上がる

湯

温度が上がると，まくはふくらんだ

試験管の中の空気が

ア．上に動いた 　（　　）人

イ．ふくらんだ 　（　　）人

ウ．おされて出た 　（　　）人

---

1 石鹸水の膜をつけた試験管を湯に入れるとどうなるか観察する

T　ここに試験管があります。この試験管の中には何が入っていますか。それとも空ですか。

C　空気が入っています。(空気の存在を確認)

T　この試験管の口に石鹸水をつけます。そして60℃の湯の中につけます。(温度を測る) さて，どんなことが起こるでしょうか。

C　難しいな，わかりません。やってみないと。

T　では，ビーカーに湯を入れて石鹸水を試験管の口につけ，湯（60℃）に入れてみましょう。

C　石鹸水の膜が大きく膨らんだ。なぜかな。

T　どのグループも石鹸水の膜は膨らみました。そのわけを考えてみましょう。

※選択肢は板書参照
　未習ならアが多く，イは案外少ない傾向がある。

石けん膜が膨らんでくる。

50〜60℃の湯

300mLのビーカー

2 石鹸水の膜が膨らんだ理由を話し合う

T　3つの考えが出されました。(選択肢は板書参照) 自分の考えに近いものに手を挙げてください。（ア）の空気が上に動いたと思う人。((イ), (ウ)の人数も調べる)

T　（ア），（イ），（ウ）の考えへの賛成意見，反対意見はありませんか。

C　ぼくは（ア）の考えです。空気は温まると，上へ行くと聞いたことがあるからです。

　　意見の根拠は，ほぼ生活経験になる。児童は，これまで空気や物が膨張する事実を見たことがないので，イの意見の理由を考えにくい。空気から始める難しさの1つといえる。

T　反対に冷たい氷水に試験管を入れると，石鹸水の膜はどうなるでしょうか。

　　氷水では膨らまない。空気が縮んでしぼむ。今度は空気が下がってしぼむ。などの意見が出るだろう。

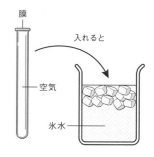

膜

入れると

空気

氷水

3 〔問題2〕

試験管の口にせっけん水のまくをつけて，氷水に入れると，どのように変わるのだろうか

氷水に入れると
温度が下がる

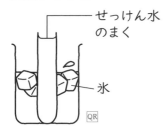

せっけん水
のまく

氷

温度が下がると， まくはへこんだ

試験管の中の空気は

ア．上がったり
　　下がったりした　（　　）人

イ．ふくらんだり
　　ちぢんだりした　（　　）人

4 〔まとめ〕

温度が上がると，まくはふくらむ
温度が下がると，まくはへこむ
　⇒温度によって，空気のようすは変化する

---

3 試験管を氷水に入れてみると石鹸水の膜はどうなるかを考え，整理する

T　実験してみます。石鹸水の膜をつけて，今度は氷水の入ったビーカーに入れてみましょう。

T　今度は，石鹸水の膜は，試験管の中へ入りましたね。そのわけをどう考えますか。

C　冷たい空気は下に行ったと思います。

C　空気が冷やされて縮んだからだと思います。

　　結論は出しにくいので教師がまとめる

T　2つの考えが出ました。どちらも空気の様子が変わったという考えです。1つは（ア）の「空気が上がったり下がったりした」という考え。もう1つは，（イ）の「空気は膨らんだり縮んだりした」という考えです。

T　空気の変化のようすのもとになったのは何ですか。

C　湯や氷水の温度の違いです。

T　では，また湯に入れてみましょう。

　　温度を認識させて，湯と氷水に出し入れし往復させる。

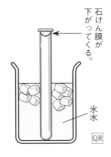

石けん膜が下がってくる。

氷水

---

4 この時間に確かになったことを確認し，次に続く問題を知る

T　温度によって空気のようすは変化するようです。（ア）と（イ）のどちらの考えが本当なのか，次の時間にはフラスコを使って確かめましょう。

T　したこと，考えたことをノートに書きましょう。

〈本時の実験で確かになったこと〉
試験管を湯に入れて温度が上がると石鹸膜は膨らみ，氷水に入れるとへこんで中に入るという現象を観察しました。そして，その原因は温度の変化であり，それによって空気の様子も変わったというところまでは，みんなで確認できています。

板書例

〔問題〕 水の温度が変わると水の体積はどうなるのだろうか

> 問題 I
>
> 15℃の水が入ったフラスコを60℃の湯につけるとガラス管の水面はどうなるのだろうか

1
ア．変わらない
　　（　　）人

イ．上がる
　　（　　）人

ウ．下がる
　　（　　）人

エ．その他
　　（　　）人

※ここに児童がア〜エと予想した理由を短い言葉で書き留めていくとよい。

2 ガラス管

15℃　　　約60℃の湯

水面は上がった

※試験管を使ってもよいが，フラスコの方が水面の変化が大きくわかりやすい。

POINT フラスコのように口の狭い容器を使うことで，変化の様子を見やすくすることができます。

1 水の入ったフラスコを湯につけると，水面がどうなるか予想する

フラスコを見せ，実演しながら問題を出す

T 平底フラスコがあります。ここに水をいっぱい入れます。(温度を測って)水の温度を測ると１５℃です。そして，ガラス管を取り付けたゴム栓をします。(水面はガラス管の中を少し上がる) 今の水面のところに輪ゴムで目印をしておきます。

T このフラスコを６０℃のお湯が入った水槽に入れると，水面は次の（ア），（イ），（ウ），（エ）のうちどうなるでしょうか。予想して考えを書いてください。(選択肢板書参照)

　書けたところで，(ア) 〜 (エ) の人数を調べ，意見発表に移る。

C （イ）だと思います。それは水の温度が上がると体積が増えたから，今度も体積が増えて水面は上がると思うからです。((イ)が多い)

内径4mmくらいのガラス管
長さ60〜70cm

ガラス管に紙を取り付けると，水面が見やすくなる。

はめる

水面

300mLくらいの平底フラスコ

水面

ア．変わらない
イ．上がる
ウ．下がる
エ．その他

2 水の入ったフラスコを湯につけると，水面がどうなるか，実験して確かめる

T 実験して確かめます。前に集まりましょう。
今回は教師実験。

C 水面は少し下がったあと，上がっていく。

C ガラス管から水があふれそう。

湯につけたときフラスコが膨張するので一瞬水面が下がることにも着目させる。その後ゆっくり水面は上がっていく。

T 予想通り，水面は上がりました。ということは，フラスコの水の体積はどうなったのですか。

温度計
約60℃
水面が上がる

C 増えました。(大きくなった・膨張したなど)

T 水面はとても高く上がりました。これはどうしてでしょうか。

C ガラス管が細いからです。

T はじめ少し水面が下がったのはなぜですか。

C はじめにフラスコが温まって膨らんだから。
教師説明で補う。

QR

・動画
　「水の温度と体積②」

・画像

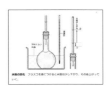

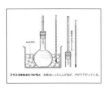

その他

[問題2]

15℃の水が入ったフラスコを約0℃の氷水に つけるとガラス管の水面はどうなるのだろうか

3

QR

水 15℃　　水 氷水（約0℃）

水面は
下がった

4 〔まとめ〕
　水は温度が上がると体積が大きくなる
　水は温度が下がると体積は小さくなる

---

3 水の入ったフラスコを，氷水につけて 温度を下げるとどうなるかを確かめる

T　今度はこのフラスコを氷水に入れてみます。温度 は約0℃です。水面はどうなりますか。

　ほとんどの児童は「下がる」と予想する

C　下がると思います。それは水の温度が上がると体 積は増えたけれど，反対に温度が下がると体積は減 ると思うからです。

T　実験して確かめま しょう。

　フラスコを水槽の氷水 につける。

C　はじめに少し水面は 上がって，そのあと水 面は下がっていった。

　氷水につけると，水面は一瞬上がりそのあと下がり始める。

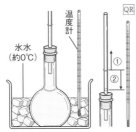

氷水（約0℃）　温度計

①
②

T　結果は「水面は下がる」でした。水の体積はどう なりましたか。

C　減りました。縮んで元の体積に戻った。

T　2つの実験でわかったことを書きましょう。

4 フラスコの実験を繰り返し， 温度計のつくりと比べる

T　もう一度，フラスコを湯につけてみましょう。 水面はどうなりましたか。

C　また上がる。きっと上がります。

　再び湯につけると，水面は急激に上がる

T　では，また氷水に入れてみます。

　このように，湯と氷水とを 往復させると水面も上下する。

T　このように水面が上が り下がりする様子は，何 かと似ていませんか。

C　温度計かな。

T　そうです。（温度計か寒暖 計を見せて）この液だめのところが，フラスコにあた ります。温度計の中には細い管があり，温度が上が ると液だめの赤い液の体積が増えて，ガラス棒の中 の細い管を上るのです。

QR

50℃の液面
灯油が
温まると
液面が
上昇し，
冷えると
下がる。
灯油
0℃の液面
寒暖計

【参考】
赤インクなどで水に色をつけると，より温度計らしくなる。別に， アルコールでも実験できる。なお温度計の液は灯油。

金ぞくのたまの温度を上げたり下げたりすると，たまはどうなるか調べよう

金属の球を熱して温度を上げるとその体積は増え（膨張して），温度が下がると体積は減る（収縮する）ことがわかる。

板書例

〔問題〕 金ぞくの温度が変（か）わると，
金ぞくの体積（たいせき）はどうなるのだろうか

問題１

金ぞくのたまの温度を上げるとどうなるのだろうか

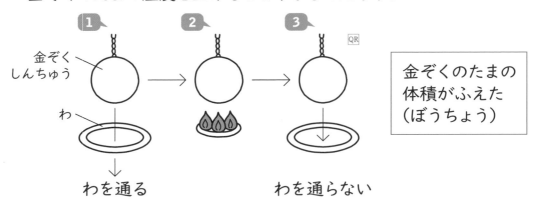

金ぞく
しんちゅう

わ

❶　❷　❸　QR

わを通る　　　わを通らない

金ぞくのたまの
体積がふえた
（ぼうちょう）

※きけんな場面もあるため，児童が実験する前に必ず教師が予備実験を行いくさりがきれないかどうかなど確認する。
　やけどに注意。できるだけコンロを使用。

---

1 金属の球と輪の観察をしてそれらの説明を聞く

金属球の膨張実験器具のつくりを説明する。

T　ここに，真鍮という金属でできた球があります。もう１つ，金属の輪があります。金属の球をこの輪に通してみます。

C　通るのかな。

C　すれすれだけど，輪を通った。

T　みなさんもやってみましょう。

輪を通る

QR

器具を配布し，児童にも通させてしくみをわからせる。

T　この金属の球をコンロの火で熱してみます。球の温度はどうなりますか。

C　温度は上がります。

T　球の温度が上がると，金属の球に，他にも何かの変化が起こるか調べてみましょう。

この段階では金属球が膨張することは児童には予想できない。金属球の実験をして観察させる。

2 金属の球を熱すると，球は輪を通るかどうかを観察する

コンロ・空き缶の用意，机の片付けなど，実験の準備をさせる。

T　まず，先生がやってみます。

安全面の配慮が必要な実験なので，まず教師実験でやり方や注意点を説明する。教師が球を熱し始め，熱したところで

T　先ほど，この球は輪をすれすれに通りました。熱して温度が上がった今，この球は輪を通るでしょうか。やってみます。

輪を通らなくなった

QR

C　さっき通ったから，通るよ。

C　さっきは通ったのに，今は通らなくなった。

C　不思議だな。球が大きくなったのかな。

T　通らなくなりましたね。みなさんがやってもそうなるのか，気をつけてやってみましょう。

【安全面での諸注意】

・球を熱し始めたら，１人が最後まで行い，持つ人は交代しない。途中で手渡さないようにする。（落とさないようにするため。）

・実験後の球は高温になっているので，金網の上に置く。

・熱い球に触れてしまったときは，すぐに冷水で冷やす。

4 〔問題2〕

金ぞくのたまの温度を下げるとどうなるのだろうか

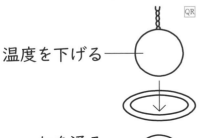

温度を下げる ———

金ぞくのたまの
体積がへった
（しゅうしゅく）

わを通る ———

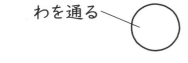

〔まとめ〕
金ぞくのたまは，
温度が上がると体積はふえる（ぼうちょう）
温度が下がると体積はへる（しゅうしゅく）

QR

・動画
「金属球の温度と体積
（球膨張）」

・画像

その他

---

3 球が輪を通らなくなったことから
わかることを話し合う

　　実験すると，どのグループの球も輪を通らなくなったことがわかる。熱した球は金網の上に置かせる。

T　球は，はじめは輪を
　通ったのに，今は通ら
　なくなりました。この
　ことから，どんなこと
　がいえますか。

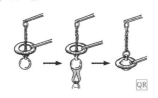

C　球が見えないぐらい少し，膨らんだと思う。
C　この硬い金属の球が膨らむのだろうか。
T　球を熱して球の温度が上がると，球の大きさはどうなったと考えられますか。
C　ほんの少しだけ膨らんだ。
T　大きさ，かさのことを『体積』といいます。球の温度が上がると『体積』が増えたのです。膨らんで大きくなることを『膨張』といいます。この硬い金属の球は『膨張』したのです。
C　硬い金属が膨らむなんて，不思議。

　　再度熱し，実験で確かめるとなおよいだろう。

4 球の温度を下げると，輪を通るように
なるかを話し合い，実験で確かめる

T　今度は，球を水につけて冷やしてみます。輪を通るようになるか，予想してみましょう。
C　温度を上げたときには大きくなったから，温度を下げると小さくなって，輪を通ると思う。
C　温度を下げると縮むと思います。
T　やってみましょう。輪
　を通りますか。

　　児童実験。水を入れた空き
　缶に球をつけて冷やすと，再
　び輪を通る様子が観察でき
　る。教師実験でも確認する。

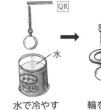

水で冷やす　　輪を通る

T　球の体積は，どうなり
　ましたか。
C　輪を通ったから，小さくなったと思う。
C　目で見てもわからないぐらい体積が減った。
T　こんなに硬い金属の球でも，温度が上がったり下がったりすると，ほんのわずかですが体積が増えたり減ったりするのですね。

　　『収縮』という言葉も教え，まとめる。

金ぞくのぼうの温度が変わると，ぼうの長さはどうなるか調べよう

| 本時の目標 | 金属の棒も熱せられて温度が上がると体積が増えて長くなり，温度が下がると体積が減り，短くなることがわかる。 |

板書例

〔問題〕 金ぞくのぼうの温度が変わると，
　　　　ぼうの長さはどうなるのだろうか

1 （予想）ぼうの長さは
2

　　　ア. 長くなる　（　　）人
　　　イ. 短くなる　（　　）人
　　　ウ. かわらない（　　）人

※ここに児童がア〜ウと予想した理由を短い言葉で書き留めていくとよい。

（実験）

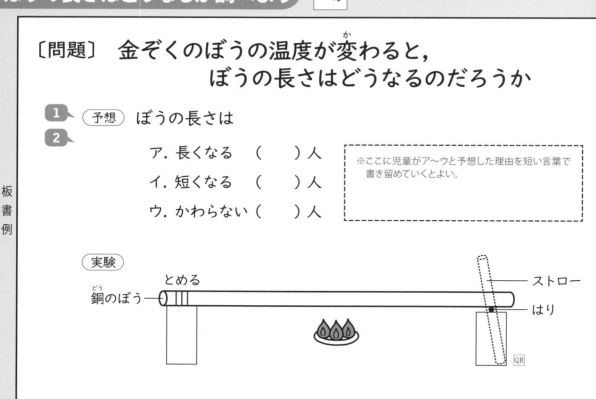

（POINT）金属の棒が伸びるとストローがどちらの向きに回転するのか事前に確認しておくことで，児童は見通しをもって実験

1　金属の棒の温度を上げると長さはどうなるか調べる

５０cmぐらいの銅（または真鍮）の棒を見せる

T　これは，銅という金属でできている棒です。この金属の棒を熱して温度を上げるとこの棒の長さはどうなるか，予想しましょう。

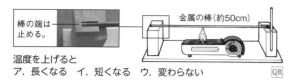

温度を上げると
ア. 長くなる　イ. 短くなる　ウ. 変わらない

T　ノートに予想と自分の考えを書きましょう。
　　挙手させてアイウの人数を板書してもよい。

T　考えを発表しましょう。

C　（ア）だと思う。なぜなら金属の球も熱すると大きくなったので。棒は伸びて長くなると思う。

C　（ウ）だと思います。それは，金属の棒が伸びたら大変だからです。見たことがありません。

　　4年生では，「なぜなら」や「それは」などの言葉を使った発言を評価し広げる。論理的な思考力や表現力の育成につながる。

2　長さの変化を調べる実験装置のしくみの説明を聞く

児童の発言には，温度や体積という言葉が使われにくい。

T　温度や体積という言葉を使って言い直すと，どういえますか。（ア）の意見から言ってみましょう。

C　（ア）温度が上がると棒の体積が増えて長くなる。

C　（ウ）温度が変わっても棒の体積は変わらない。

T　棒が伸びると考えた（ア）の意見の人は，棒はどれぐらい伸びると思いますか。

C　（ア）は前の球の実験のときのように，目に見えないくらい少しだけ伸びると思います。

T　前に輪を使ったように，棒がほんのわずかに伸びただけでも伸びたことがわかるような『しかけ』をします。説明します。下図

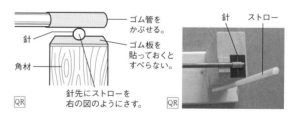

針先にストローを
右の図のようにさす。

QR

・動画
「金属棒の温度と体積
（1）」

・画像

その他多数

3 （結果）ぼうの温度が上がってぼうはのびた

⬇

はりがころがった

⬇

ストローが（右に）回った

〔まとめ〕
金ぞくのぼうは
温度が上がると長くなる（のびる）
温度が下がると短くなる（ちぢむ）

4 （例）レールのすきまは ⎰ 冬は大きい（ちぢむ）
　　　　　　　　　　　　⎱ 夏は小さい（のびる）

冬

夏

を観察することができます。

---

3 金属の棒を熱する実験をして，予想の結果を確かめる

T もし，金属棒が伸びると，針やストローはどうなりますか。

C 針は転がって，針を刺したストローも回る。

T 実験して確かめましょう。この実験は先生がやります。前に集まりましょう。

C あ，ストローが右に回った。

T ストローは右に回りました。針が転がってストローが回ったのですね。

T 針が転がったことから，棒の長さについてはどんなことがいえますか。

ストロー　針
① →
熱する　②
③

① 棒がのびる
② 針がころがる
③ ストローが回る　QR

C 棒は長くなりました。伸びたといえます。

T （ア）の長くなる，といえます。今度は火を止めて棒を冷ますとストローはどうなりますか。

C 反対に回って，棒は縮んで短くなる。

T このように棒も温度が上がるとわずかに伸び，温度が下がると縮んで短くなるのです。

4 レールの隙間など，暮らしの中の現象について考える

T 今見たことやわかったことを書きましょう。
　早く書けた児童から発表させる。

T このように温度によって硬い金属が伸び縮みすることは，暮らしの中にもあることです。

　児童から「線路」などの発言があれば取り上げ画像を見せたり，調べさせたりするとよい。

T 電車のレールの隙間はわざと作ってあるのです。これは今日の実験に関係します。レールに隙間がある理由を調べましょう。

C 夏にはレールの隙間が小さくなるんだ。

C 隙間がなかったら，伸びたレールは曲がってしまうのかな。

　長い配管などにも膨張や収縮を吸収するしくみがある。

【くらしの中に見られる温度による体積の変化，膨張と収縮】

線膨張実験器
伸びると棒が
傾くしかけ

レールの隙間

橋のつなぎ目
の隙間

（冬）

（夏）

※車に注意して
安全なところか
ら見てください。

空気・水・金ぞくの体積の ふえ方のちがいを調べよう

- ・温度による体積変化の大きさの度合いは，空気，水，金属の順に小さくなることがわかる。
- ・生活の中にも温度による体積変化の事実があることに気づく。

板書例

〔問題〕 温度が変わったとき，空気・水・金ぞくの 体積のふえ方は，どのようにちがうのだろうか

問題１

水を入れた三角フラスコと，空気を入れた三角フラスコを 湯につけると，どんなちがいがあるのだろうか

1 15℃ → 60℃

2cm ↑
水

水の体積がふえた

2 15℃ → 60℃

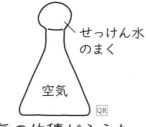

せっけん水 のまく
空気

空気の体積がふえた

- ・どちらも 体積がふえた

- ・体積のふえ方は 水より空気のほうが 大きい

---

1 空気の入ったフラスコを湯につけると どうなるか話し合い，演示実験を見る

T　前に水の体積の変化を調べました。フラスコに水を入れ，６０℃まで温度を上げていくと，水面は２cmくらい上がりましたね。

　　増えた分の水量を入れたもう一つのフラスコを示す。

T　水面が上がったのは，水の体積がどうなったからですか。

C　温度が上がって水の体積が増えたからです。

T　では，同じ大きさの三角フラスコを使って，今度は空気の温度を上げましょう。空気は目に見えないので，フラスコの口に石鹸水の膜を作っておきましょう。

T　フラスコに６０℃の湯をかけると，石鹸水の膜は膨らむでしょうか。膨らむとすれば，水のときと比べてどれくらい増えると思いますか。

C　シャボン玉のように膨らむ。空気は水より多く増えると思います。

ヤカンで湯をかけると…
石けん膜は大きく膨らむ。この後，氷水につけると石けん膜は下がる。
60℃の湯
空気

2 温度による，水と空気の 体積の変わり方の違いを考え，話し合う

　　フラスコを６０℃の湯につける。石鹸水の膜は膨らむ。

C　膨らんだ。試験管のときと同じだ。

T　温度は水のときと同じ６０℃ですが，水のときと比べて空気の体積の増え方はどうですか。違いはありましたか。

C　水よりも空気の方の増え方が大きいです。

T　まとめてみましょう。水と空気では，同じところがあります。それはどんなところですか。

C　温度が上がると体積が増えるところです。

T　では，違うところは。

C　水より空気の方が増え方が大きいところ。

T　そう，同じように温度が変わっても，空気の方が体積の変わり方は大きいのです。

T　このフラスコを氷水につけるとどうなりますか。

C　シャボン玉はしぼみます。

　　氷水で実験するとしぼむ。

ヤカンで湯をかけると…
60℃の湯
空気

3 〔まとめ〕 体積の変化は

大 ┌ 空気
↕ │ 水
小 └ 金ぞく（わずか）

4 問題2 くらしの中で…

とれなくなったコップをはずすには？

下の
コップを
あたためる

下のコップが
大きくなる
↓
コップがはずれる

QR

・画像

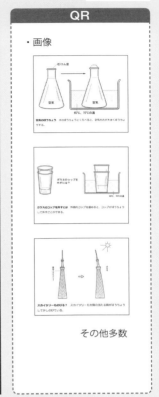

その他多数

---

3 金属球の体積変化とも比べる

金属球の膨張実験（第4・5時）も見せ，ふり返り，比較する。

T　金属球の体積も，温度を上げると大きくなり，下げると小さくなりました。体積の変わり方は，水や空気と比べるとどうでしたか。
C　目には見えなかった。とても小さかった。
T　それでは，これまで実験してきた金属，水，空気の温度による体積の変わり方を比べてみましょう。温度が上がると，体積がいちばん大きく増えたといえるのはどれですか。
C　空気です。
T　空気の次に変化が大きかったのは何ですか。
C　水です。
T　変化の大きい順に言ってください。
C　空気・水・金属です。

4 生活の中に見られる温度による体積の変化を考える

T　重ねたコップが外れません。こんなとき，これまで勉強してきたことを使って外すことはできませんか。
C　外側のコップを温めたら，少し大きくなって外れると思います。

ガラスは膨張すると思っていない児童もいる。教師が説明し，できれば実演し，外して見せる

T　金属のビンのふたが開かないときも，ふたを温めると金ぞくのふたが膨張して，開けやすくなります。またレールの隙間も，温度が高くなる夏にはレールが伸びるので，隙間を空けてありました。他にもこのような例がないか探してみましょう。

教科書を読み合う。自由研究として調べさせてもよい。

【生活の中に見られる　温度による体積変化】★温暖化が進むと海水も膨張し，海面が上昇するといわれている。

〈空気〉
10円玉
温める
空気

空きびんの口に濡らした10円玉を置いて，びんを手や布巾で温めると，空気が膨張して10円玉がパタパタ動く。

〈液体〉
冬0℃　春20℃　夏34℃
液面は上がっている。
1.8Lびんに入った液体も季節によって液面が上下する。1.8Lは20℃のときの液量としている。

〈固体〉
［夏］
レールが
のびて
ほとんど
隙間がない。

［冬］
1cmくらい
隙間が
できる。

橋や高速道路
のつぎ目

東京スカイツリー
の
び
る

スカイツリーも太陽光の当たる側は温まり少し伸びて，わずかにゆがむ。

もののあたたまり方

全授業時数　8時間＋深めよう2時間

◎ 学習にあたって ◎

◉ 何を学ぶのか

　物のあたたまり方には，いろいろあります。湯の入ったコップに，金属製のスプーンをしばらく入れておくと，やがてスプーンの先まで熱くなります。これは，温度の高い湯から，温度の低いスプーンの先の方へと，順に熱が伝わっていったからです。この金属など固体のあたたまり方のことを『伝導（熱伝導）』といいます。一方，水や空気など，液体や気体は，その一部が熱せられて温度が上がると膨張して，密度が小さく（軽く）なり，軽くなった部分は上に移動（上昇）して，流れが生じます。この流れを『対流』といい，やがて，その動きによって全体がかき回されるようにしてあたたまります。もともと，水や空気は熱を伝えにくい物質ですが，この対流によって，全体があたたまるのです。ここでは，この『伝導』と『対流』の現象を，「物のあたたまり方」として，まとめて取り上げ，学習します。

◉ どのように学ぶのか

　熱の伝わる様子や対流の動きは目には見えません。そのため，このような現象を，見えるようにするための手立てが必要となります。

　伝導については，ろうのとけ方や示温インクの色の変化を手がかりにします。また，対流では絵の具や煙の動きを通して，水や空気の流れを調べます。

　ただ，ここで気をつけたいことは「熱すると，ろうがとけた」「インクの色が変わった」などと，目に見える現象の観察だけで済ませないことです。ろうのとけ方や示温インクの色の変化は何を意味しているのかを考え，その元にある「物はどうあたたまったのか」を読みとることが大切になります。

◉ 留意点・他

　『熱伝導』の本質は，分子の運動が伝わることです。また，『対流』は密度の差による水や空気の動き，といえます。しかし，このような『熱』や『対流』の本質的な意味を，4年生が追究するのは難しいことです。ですから，ここでは「あたたまり方」の観察を中心とし，その原理については，中学校での学びとします。

　また，4年生では，『熱』『温度』『あたたかさ』などの言葉の混用もみられます。金属の棒があたたまる様子を見て，「温度が（正しくは『熱が』）伝わった」などということもあります。しかし，言葉の区別も小学生には難しいので，この違いを取り上げて，深く追究することは避けます。言葉の混用などがあれば，教科書も参考にして，簡潔に説明をするのがよいでしょう。

◎ 評 価 ◎

知識および技能	・固体の金属は，熱せられて温度が高くなった部分から，温度の低い方へと順に熱が伝わり，やがて全体があたたまることがわかる。 ・液体の水や気体の空気は，あたためられて温度が高くなった部分が上方に移動し（動き），温度の低い部分が下方に移動して（動き），流れ（対流）ができることによって，全体があたたまることがわかる。 ・物が違うと，そのあたたまり方や，熱の伝わり方も異なることがわかる。
思考力，判断力，表現力等	・既習の学習内容や生活経験をもとに，根拠ある予想や仮説を発想し，発言するなど表現をしている。 ・ろうのとけ方や示温インクなどの変化から，あたたまり方についてわかることを読みとり，発言している。
主体的に学習に取り組む態度	・物のあたたまり方として，『伝導』や『対流』について学習したことと，くらしの中の道具や冷暖房器具の利用などをつなげて考えたり，調べようとしたりしている。

次	時	題	目標	主な学習活動
金属のあたたまり方	1・2	金ぞくのぼうを使って金ぞくのあたたまり方を調べよう	金属棒は，棒の傾きに関係なく熱した部分から順番にあたたまり（温度の高い方から低い方へ）全体があたたまることがわかる。	・金属棒の一部を熱し，金属がどのような順であたたまるかを調べる。（はしを熱する・真ん中を熱する・棒を斜めにして熱する）
	3・4	金ぞくの板のあたたまり方を調べよう	金属の板は，熱した部分に近いところから順番に広がるようにして全体があたたまることがわかる。	・金属板の一部を熱したとき，金属がどのような順にあたたまっていくのかを調べる。
水のあたたまり方	5	試験管を使って水のあたたまり方を調べよう	試験管に入れた水を熱すると，熱したところから上の部分しかあたたまらず，下の方はあたたまらないことがわかる。	・試験管に入れた水を上方や下方から熱して，水はどのようなあたたまり方をするか調べる。
	6	ビーカーを使って水のあたたまり方を調べよう	水を熱すると，あたためられた水が上方に動き，やがて全体の水が動くことで，水全体があたたまっていくことがわかる。	・水の入ったビーカーの一部を熱して，熱せられた水の動き方を示温インクを使って調べる。
空気のあたたまり方	7・8	教室の空気は，どこの温度が高いか調べよう	空気を熱すると，温度が高くなった部分は次々と上の方に動き，やがて全体の空気があたたまることがわかる。	・ヒーターなど暖房であたためられた部屋の天井部分や床近くの空気の温度を測り，部屋の空気のあたたまり方を調べる。 ・発熱器であたためられた空気の動き方を線香の煙を使って調べる。
	深めよう1	熱気球のしくみを考えよう（空気のあたたまり方）	あたたかい空気を取り入れた熱気球やポリ袋が上昇することから，あたためられた空気の動きがわかる。	・熱気球が上昇，下降するしくみを聞いたり調べたりする。 ・あたためた空気を詰めたポリ袋がどのような動きをするのか調べる。
	深めよう2	エアコンやヒーターの使い方を考えよう	空気のあたたまり方をもとにして，夏と冬でエアコンの吹き出し口の向きを変える理由を考える。	・空気のあたたまり方の学習を活かして，暖房や冷房の効果的な使い方について話し合う。

【参考】

☆「もののあたたまり方と空気〈解説〉」の資料が右のQRコードに入っています。

金ぞくのぼうを使って金ぞくの あたたまり方を調べよう

金属棒は，棒の傾きに関係なく熱した部分から順番にあたたまり（温度の高い方から低い方へ）全体があたたまることがわかる。

板書例

〔問題〕 金ぞくのぼうは， どのようにあたたまるのだろうか

1
2 問題１

ろうをぬった金ぞくのぼうの
はしを熱すると，ろうは？

問題２

まん中を熱すると？

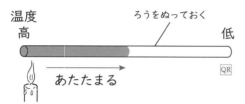

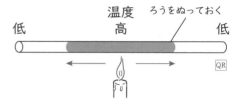

ろうのとけたところ ＝ あたたまったところ

ろうは，ほのおで熱せられた温度の高いところから順にとけていく

POINT 問題②と問題③の結果から，どちらとも同じようにあたたまっていることに気づかせ，金属のあたたまり方について

1 【第1時】金属の棒は どのようにあたたまるのかを考える

T　熱いお湯などの入ったコップに金属のスプーンを入れておくと，スプーンが熱くなったことはありませんか。金属のスプーンは，やがて全体があたたまっていきます。（できれば見せたい）

T　金属でできたものは他にもあります。今度は，この金属の棒を使ってどのようにあたたまっていくのかを調べましょう。

T　この金属の棒にろうを塗っておきます。

塗って見せる。

金属棒

ガスコンロ

※火を消しても金属がさめるまで触らない。

T　ろうは温度が上がると，とけるものです。棒の端をコンロで熱します。そして，ろうのとける様子を観察すると，金属棒のあたたまり方がわかります。

ろうをよく知らない児童もいるので，ろうを使うわけを説明する。また，ろうは燃えるので炎の当たるところには塗らないようにする。

2 ろうを塗った金属の棒を熱して，ろうの とける様子とあたたまり方を観察する

実験のやり方を示した図も示し，実験の準備をさせる。また，やけどなどしないよう，安全に関わる注意や配慮をする。

T　はじめに，金属の棒は水平にして，問題１として，棒の端を熱してあたたまり方を調べます。

T　では，ろうのとけ方やとける様子を想像してみましょう。

C　熱したところから順に，もう一方の端の方へとろうがとけていくと思います。

C　棒の端の方へ，順に伝わっていくと思います。

T　実験で，ろうのとけ方を確かめてみましょう。

C　熱したところから，ろうがとけていく…（観察）

T　では，今度は問題２として，棒の真ん中を熱してみましょう。（予想を話し合い実験する）

C　真ん中から両端へ，ろうが順にとけていった。

C　だから，炎の当たった温度の高いところから順にあたたまっていったことがわかりました。

3 問題３　ななめにしたろうをぬった金ぞくぼうの
　　　　　まん中を熱するとろうは？

あたたまり方
（ろうのとけ方）は

ア．上の方が先にとける

イ．下の方が先にとける

ウ．上も下も同じようにとける

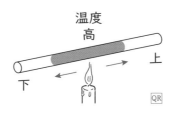

ろうは上へも下へも同じようにとける

4 ［まとめ］
金ぞくのぼうは，熱せられた温度が高いところから
順に遠くのほうへとあたたまる

※選択肢ウの○は結果がわかってから書き込むとよい。

QR

・動画
「金属棒の
温まり方①」など

・画像

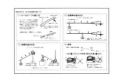

その他

考察させましょう。

**3 【第２時】斜めにした金属の棒の真ん中を
熱したときの，ろうのとけ方を観察する**

T　問題３では，傾けた金属棒の真ん中を熱します。
　金ぞくの棒はどのようなあたたまり方をするのか，
　ろうのとけ方を予想します。

　　選択肢板書参照。挙手で人数を確認してもよい。

T　予想を発表しましょう。

C　（ア）です。あたたかさや熱は上の方に伝わり
　やすいと思うから。コーヒースプーンと同じです。

C　（イ）です。熱にも重さがあって下の方にいくと
　思うので，下の方が熱も伝わりやすいと思う。

C　（ウ）の意見です。前の実験のように，温度の
　高いところから低い方へとあたたまるので，上や下
　は関係なく，上へも下へも同じようにあたたまると
　思います。

T　実験して確かめましょう。

C　上も下もろうのとけ方はほとんど同じです。上も
　下も同じようにあたたまっています。

**4 教師実験でも確かめ，
学習のまとめをする**

T　今度は，この『示温テープ（示温インク）』とい
　うものを使って，斜めにした金属棒のあたたまり方
　を調べてみましょう。

　　教師実験として，示温テープを巻いた金属棒でも同じ実験
　　をして確かめる。併せて示温テープの意味，使い方も教える。

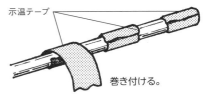

示温テープ

両ふちに
色の変わらない
部分があるので
変色したことが
わかりやすい。

巻き付ける。

T　棒の真ん中を熱して色の変化を見ましょう。

C　ろうの溶け方と同じように，示温テープの色が
　変わっていった。温度が高くなると色が変わるんだ。

T　ろうの溶け方や，示温テープの色の変わり方から，
　金属の棒の温まり方についてわかったことを書きま
　しょう。

　　発表と交流につなぎ，まとめとする。

金ぞくの板のあたたまり方を調べよう

金属の板は，熱した部分に近いところから順番に広がるようにして全体があたたまることがわかる。

板書例

〔問題〕　金ぞくは，どのようにあたたまるのだろうか

1 問題１

ろうをぬった金ぞくの板のはしを熱すると，ろうは？

2

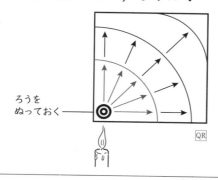

ろうをぬっておく →

QR

| ろうは熱したところから順に遠くへ広がるようにとけていった |

問題２

ろうをぬった金ぞくの板のまん中を熱すると，ろうは？

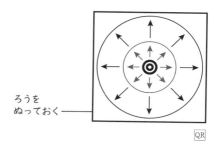

ろうをぬっておく →

QR

| ろうは熱した真ん中から，輪が広がるようにとけていった |

POINT 矢印やイラストを使って金属があたたまる様子を記録させることで，あたたまり方を視覚化させ，あたたまり方の

1 金属の板の１か所を熱したときのあたたまり方を予想する

T　金属の棒を熱したとき，火に近いところから順番にあたたまり，ろうがとけましたね。では，金属の板の一部分を熱すると，どのようにあたたまるのでしょうか。（板と熱し方を見せて説明）

C　熱したところから順番に遠くまであたたまると思います。

C　棒は真っ直ぐにろうがとけたけど，板は広いので，広がるようにとけると思います。

T　金属の板を熱して，あたたまる様子を観察します。板の全体にろうそくをこすりつけておきましょう。

T　炎を当てるところを変えて，問題１で端，問題２で真ん中を熱して，ろうのとける様子を観察しましょう。

　教科書に対応して，ろうの代わりに示温インクを使うこともできる。

2 金属の板の真ん中を熱したときのあたたまり方を予想し，実験で確かめる

　黒板に実験のイラストを示し，実験器具の準備を指示する。また，やけどなど安全に配慮した事前指導を行う。

T　まず，問題１のように板の端を熱すると，どのようにろうがとけるか予想しましょう。

C　熱した端のところから順番にとけていくと思う。

C　端から広がるようにとけていくと思います。

T　では，角を熱してとけ方を確かめましょう。

　実験の結果をノートに書かせて発表する。

T　問題２で金属の板の真ん中を熱すると，どのようにろうがとけていくのか，予想しましょう。

C　熱したところからどんどん広がると思います。

　予想を話し合い，実験で確かめる。

【注意】

長い時間熱すると，ろうの煙がたくさん出て，ろうが燃えることがある。とけていく様子がわかったら熱するのをやめさせる。
・金属の板は厚さは１mm程度
・大きさは１辺が１５cm程度が扱いやすい。

3 ［問題3］

ろうをぬった切りこみのある金ぞくの板の
はしを熱すると，ろうは？

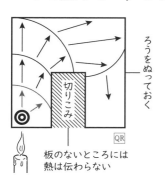

ろうをぬっておく

板のないところには
熱は伝わらない

4

ろうは，熱したところから
金ぞくの板を伝わり
順にとけていった

ろうのとけ方
=
あたたまり方

〔まとめ〕
金ぞくの板は，熱したところ（温度の高いところ）
から順にあたたまり，全体があたたまる。

QR

・動画
　「金属板の
　あたたまり方」など

・画像

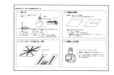

その他

イメージをつかませましょう。

---

3 切り込みのある金属の板の
あたたまり方を観察する（教師実験）

T　金属の板のあたたまり方を調べた2つの実験
　から，わかったことを発表しましょう。

C　金属の棒の実験と同じように，ろうは熱したとこ
　ろから順に，広がるようにとけていきました。だか
　ら，温度の高くなったところから順に遠くの方へ
　とあたたまっていきます。

C　真ん中を熱すると，輪が広がるようにろうがとけ
　ていきました。真ん中から広がるように，あたたまっ
　ていったと思います。

T　今度はこのような切り込みのある金属の板の角を
　熱してみましょう。（金属板を見せる）ろうのとけ方
　を予想しましょう。

C　金属の板に沿って，曲がるようにとけていくと
　思います。

T　先生が実験します。前に集まって，ろうのとけ方
　をよく見てください。（示温インクを使ってもよい）

4 金属板のあたたまり方について，
わかったことを話し合い，まとめる

T　実験結果とわかったことを発表しましょう。

C　ろうは，金属の板を熱したところから順に溶けて
　いきました。熱は金属のところを順に伝わっていっ
　て端まであたたまりました。

C　切り込みのところにはあたたかさは伝わらず，
　金属のあるところだけあたたまりました。

T　3つの実験をしましたが，それぞれの図にあたた
　まり方を → で表してみましょう。

　　ノートにかかせ，黒板にもかかせる。※図は板書参照。

T　熱したところから順に，全体へとあたたまるので
　すね。このように金属があたたまっていく様子を、
　お家で見たことはありませんか。

C　フライパンの持つところが熱くなったのも熱した
　ところから順にあたたまったと思います。

※最近は火を使うことも少なく『熱伝導』の例は少ない。

試験管を使って 水のあたたまり方を調べよう

　試験管に入れた水を熱すると，熱したところから上の部分しかあたたまらず，下の方はあたたまらないことがわかる。

板書例

〔問題〕 水は，どのようにして 全体があたたまるのだろうか

1 問題１
試験管の下の方を熱すると 中の水は？

2

示温インク

熱せられてあたたまり 温度が高くなった水が 上のほうへ動く

3 問題２
試験管のまん中を熱すると 中の水は？

4
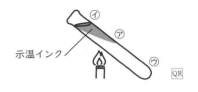
示温インク
㋐ ㋑ ㋒

熱せられた ㋐ があたたまり， ㋑ のほうへ動く

POINT 矢印やイラストを使って水があたたまる様子を記録させることで，あたたまり方を視覚化させ，あたたまり方のイメージ

1 金属棒と比べて，試験管に入れた水はどのようにあたたまるのか考える

T 金属棒を斜めにして，真ん中を熱すると，どのようなあたたまり方をしましたか。（ふり返り）

C 上も下も，同じようにあたたまっていきました。

T 上とか下とかは関係なく，熱して温度の高くなったところから順にあたたまりましたね。

T では，この試験管にいっぱい水を入れて炎を当てるとどのようなあたたまり方をするのでしょうか。まず試験管の下を熱したときを考えます。

T あたたまったところがわかるように，示温インクを水に入れておきます。温度が高くなると色が変わるインクです。

T 示温インクは，水の温度が上がると青色からピンク色に変わります。どこからどのようにあたたまるのか予想しましょう。

C 金属と同じように，下から順番に上の方へとあたたまっていくと思います。

2 試験管の底を熱したときの水のあたたまり方を観察しよう

T では，実験して確かめましょう。あたたまったところは示温インクの色の変化でわかりますね。

※示温インクが変色すればすぐに加熱をやめる。
実験方法を示すためにも，教師実験で要領をつかませる。

T 結果を発表してください。どのように色が変わりましたか。※図は板書参照

C はじめ，熱した下のところがピンクになったと思ったら，そこが上の方に動いて，炎の当たっていない上の部分からピンクになりました。

T 金属の棒は熱したところから順にあたたまりました。金属を熱したときと比べて，どこが違いましたか。

C 試験管の水は，下を熱したのに上の方があたたまりました。どうしてなのか不思議です。

C あたたまった水は，上の方へ動いたのかもしれません。

熱し続けて全体があたたまる様子を観察する。

QR

・動画
「水の温まり方①」など

・画像

その他

4 〔まとめ〕

試験管の水を

・下から熱すると全体があたたまる

・まん中を熱すると上の方だけがあたたまる

金ぞくのぼうのあたたまり方

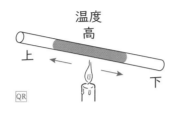

温度
高

上 ← → 下

QR

をつかませましょう。

---

3 試験管の真ん中を熱したとき，水はどのようにあたたまるか考える

T 水のあたたまり方は，金属の棒が順に遠くへあたたまっていくのとは違うようですね。

T では，今度はこのように水を入れた試験管の真ん中に炎を当てて熱してみましょう。

T 示温インクの色は，どの部分の色が変わるでしょうか。予想してみましょう。

C 金属のように，上へも下へも同じように順にあたたまっていくと思います。

C 下を熱したときは上の方が先にあたたまったので，真ん中を熱したら熱したところから上の方が先にあたたまると思います。

T まずあたたまるのは，熱したところ ⑦ ですね。そのあとあたたまるのは上の ⑦ か下の ⑦ か，それとも ⑦ と ⑦ が同じようにあたたまるのか，考えましょう。※⑦⑦⑦は板書の図参照

C ⑦ のところが，あたたまると思います。

4 実験して，水のあたたまり方を確かめる

T では，実験で確かめましょう。

教師実験でもよい。児童に実験させる場合は，安全面での配慮事項を伝える。加熱しすぎないようにする。

C 炎の上の方がピンクに変わって温度が上がってきたけど，下の方は色が変わらない。下は温度が上がっていないみたいだ。

T 結果はどうなりましたか。

C 熱したところから，上の方は温度が上がり，下の方は温度が上がりませんでした。

T 金属の棒のあたたまり方と違って，水は上の方の ⑦ ⑦ だけがあたたまったようです。どうしてこうなったと考えますか。

C あたためられた水が上の方へ動いたから？

T 次の時間に水の動きも調べてみましょう。

下の方があたたまりにくいのは金属に比べて水が熱を伝えにくい物質であり，あたたまった水は下方へ動かないからである。この説明は次時でおこなう。

ビーカーを使って 水のあたたまり方を調べよう

本時の目標	水を熱すると，あたためられた水が上方に動き，やがて全体の水が動くことで，水全体があたたまっていくことがわかる。

板書例

〔問題〕 水は，どのようにあたたまるのだろうか

> 問題１
> ビーカーのはしを熱すると，中の水は，
> どのような動きをするのだろうか

1 じゅんび１

2 予想１

矢印のように
広がるように動く

> ※ここに児童が予想した矢印や考えをかかせるとよい。

絵の具

実験１

結果１

矢印のように底にある絵の具が
上にあがり，横に広がり，
全体へ広がる
絵の具の動き ＝ 水の動き

POINT 矢印やイラストを使って水があたたまる様子を記録させることで，あたたまり方を視覚化させ，あたたまり方のイメージ

---

1 水を熱したときの，水の動きを調べる

T 試験管の水を熱すると，熱したところから下の方はあたたまらず，上の方だけがあたたまり温度が上がりました。

T そのわけは，あたたまった水が上の方に動いたのではないかという考えも出されました。今度は，この水の入ったビーカーを熱して，水が動くのかどうかを調べてみましょう。

T 水の動きは見えにくいので，底に絵の具を入れて水の動きが見えるようにしておきます。

　教科書なども参考にして，スポイトなどで絵の具を底の方に入れさせる。

T 動くとすれば，どのように動くのかを予想し，ノートに矢印でかいてみましょう。

　動かないという考えもかく。

T 黒板にもかきましょう。

　水の動きが見えるように，味噌やタバスコ，示温インクなども使える。

底の方に
絵の具を入れる

2 ビーカーの水を熱したときの 水の動きを確かめる

T 水はどのように動くのか，また動かないのか，考えを発表しましょう。

C 試験管の実験と同じように，上の方があたたまって，水は上の方へ動くと思う。

C ビーカーは試験管よりも大きいので，横へも動くと思います。

T では，実験で確かめましょう。

T 底に絵の具を少し入れて炎の先がビーカーの端に当たるようにして火をつけましょう。

C 底にある絵の具が上に上がってきて，上へ広がりました。

　※水の動きがわかったら，速やかに火を止めさせる。

T 絵の具の動きは，何を表していますか。

C あたたまった水の動きです。水は上へ動いていました。

T 実験で見た水の動きを矢印でかいておきましょう。

準備物	・ビーカー（300〜500mL） ・加熱器具（実験用コンロ）　・ステンレス金網 ・水の動きを見るための絵具（おがくず・味噌・ 　示温インクなど）　・氷	ICT	示温インクを使う場合は，色が変化する様子を動画で撮影させるのもよいでしょう。

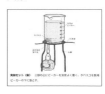

QR

・動画
「水の温まり方③」

・画像

その他

3 〔まとめ〕
熱せられて
温度の高くなった水が
上のほうに動いて，
全体があたたまる

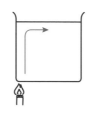

4 〔深めよう〕

問題2

水に氷をうかべると，温度の下がった水は，
どのような動きをするのだろうか

実験2

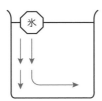

結果2

（あたためたときとは反対に）

下のほうに動く

をつかませましょう。

---

3 熱すると水は動いて全体があたたまる
水のあたたまり方をまとめる

示温インクを使った教師実験で水の動きを再観察してもよい。

T　金属の棒のあたたまり方と違って水は動いてあたたまっていくようです。水の動きを矢印で表してみましょう。（話し合い，水の動きをまとめる）

T　まず，水の入った試験管の真ん中を熱したときの水の動きを矢印でかいて表しましょう。

C　水は，真ん中から上の方へ動いて上半分があたたまります。

T　次に，ビーカーの水の底を熱したときの水の動きもかいてみましょう。※図は板書参照

C　熱したところから水は上の方に動き，上から横に広がりました。

T　『温度の高くなった水は上の方に動く』といえそうです。このわけを説明します。（説明でも補う）

【説明】
水は温度が上がると体積が増えます。すると，まわりの水よりも軽くなります。そして，温度が高くなり軽くなった水は，次々と上方に動いて，全体があたたまるのです。

4 【深めよう】水に氷を入れて，
温度の下がった水の動きを確かめる

T　（まとめ）液体の水は，金属と違って，動いてかき回されるようにして全体があたたまっていきました。この学習でわかったこと，思ったことをかきましょう。（発表し合う）

T　今度は，このあたたまった水に氷を入れると冷たくなった水は動くでしょうか。動くとすればどのように動くでしょうか。

C　あたためられた水は上の方へ動いたから，温度が下がると下の方へ動くと思います。

T　では，氷をうかべてみましょう。

T　水の様子を見て気づいたことはないですか。

C　氷のところから，下に動く水の流れが見えます。水を熱したときと反対です。

T　温度の下がった水はまわりの水より重くなります。だから温めたときとは反対に，下の方に動くのですね。

教室の空気は，どこの温度が高いか調べよう

空気を熱すると，温度が高くなった部分は次々と上の方に動き，やがて全体の空気があたたまることがわかる。

板書例

〔問題〕 空気は，どのようにして 全体があたたまるのだろうか

1 〔実験Ⅰ〕
教室の温度をはかる

2

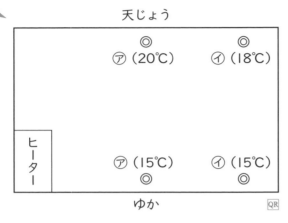

天じょう

㋐（20℃）　㋑（18℃）

ヒーター

㋐（15℃）　㋑（15℃）

ゆか　QR

〔結果Ⅰ〕
天じょう近くの空気
＝
温度が高い ← 上

ゆか近くの空気
＝
温度が低い ← 下

※◎は温度を測る位置　（　）内の温度は測定後に記入する。

POINT 実験する教室に合わせたイラスト（暖房器具を含む）を用意し，測定した結果を書き込ませ，部屋の空気のあたたまり方

1 教室の空気で，温度の高いところが教室のどこなのかを予想する

※ここでは，暖房をつけている部屋では，どの部分の空気の温度が高くなっているのかを調べる。そして，あたたまった空気は上の方にあることを確かめ，あたたまった空気の動きを考えさせる。
　そのため，この空気の温度調べは，冬に暖房のある部屋で行う。また，各部屋の暖房器具に合わせた授業展開にする。
（ここではヒータを使う教室を想定している）

T 冬になるとこの教室のように暖房で教室の空気をあたためます。この教室では空気の温度はどこが高いでしょうか。調べてみましょう。

C ヒーターは床に置いてあるから下の方かな。

C 手を上にあげるとあたたかいから，上かな。

C 上も下も，どこも同じ温度だと思うよ。

T では，図（板書参照）のようなところで，天井と床の空気の温度を測りましょう。天井の温度を測るとき，温度計は長い棒に取り付けます。

2 部屋の温度を測って，上の方と下の方とでは違いがあるか確かめる

T ４つの場所の，空気の温度を測りましょう。測ったら，教室の図にそれぞれの温度を書き込みましょう。

教室の空気をかき混ぜないように静かに座る。
教室の図に測定した温度を書き込み発表し，みんなでまとめる。※板書参照

T 教室の空気の温度調べの結果からわかったことをノートに書いて発表しましょう。

C やっぱり天井近くの空気の温度が高かった。上に手をのばすとあたたかく感じたのは，上の方に温度の高い空気があったからです。

C ヒーターから遠くても，天井近くは温度が高かった。

C ヒーターに近いところでも，床の近くの空気の温度は低かったです。足が寒く感じるのはそのせいかも。

QR

・画像

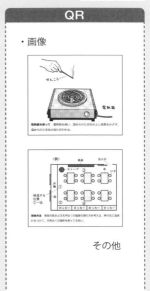

その他

問題

上の方の空気の温度が高いのはなぜだろうか

3 実験２

電熱器にせんこうの
けむりを近づけると
けむりはどうなるだろうか

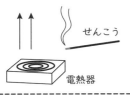
せんこう

電熱器

※この図に児童が予想した矢印をかかせる。

4 結果２

せんこうのけむりは
上の方にあがる

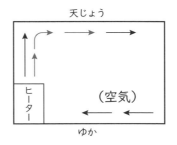
天じょう

ヒーター

（空気）

ゆか

〔まとめ〕
あたたまった空気は上の方に動く
空気は，動きながら全体があたたまっていく

を考察させましょう。

**3 教室の上の方の空気の温度が高いわけを
考え，あたためた空気の動きを調べる**

T　あたたかい空気があるのはこのあたりかな。（板書
に書き込む）温度を調べると教室の上の方に，温度の
高い空気があることがわかりましたね。

T　では，どうして上の方の空気の温度は高くなって
いるのでしょうか。

C　水と同じように，あたたまった空気は軽くなって，
上の方に動くのかもしれません。

T　では，あたたかくなった空気は上の方に動くのか
どうか，この電熱器と
線香の煙を使って実験
してみましょう。空気
の動きは線香の煙を
見るとわかりますね。

せんこう

電熱器

QR

T　電熱器の上に横から
線香を近づけて，煙の動きを観察しましょう。

　実験としては，他にビーカーに煙を閉じ込め，その底をカイ
ロであたためるなどのやり方もある。ただ，どれも，空気の動
きは児童には見にくいだろう。上にのぼる煙の動きに着目させる。

**4 温度の高くなった空気は，
上の方へ動いていることを話し合う**

T　電熱器の上に線香を持って行ったとき，煙はどの
ような動きをしましたか。

C　電熱器の上に線香がくると，煙は上の方に吸い
込まれるようにすーっと上がっていったよ。

T　煙の動きは，何を表しているのでしょうか。

C　空気の動きです。

C　あたたまった空気は，上に動いていたということ
です。

T　では，電熱器をヒーターと考えて，教室全体の
空気の動きを矢印で表してみましょう。

T　このように，あたたまった空気が上の方に動く
動きは何かと似ていますね。

C　水のあたたまり方と似ています。

T　教室の空気も，このように上に動きながらあたた
まっていくのです。

　上にたまった暖気は扇風機で下ろすとよいことも話し合う。

熱気球のしくみを考えよう
（空気のあたたまり方）

あたたかい空気を取り入れた熱気球やポリ袋が上昇することから，あたためられた空気の動きがわかる。

板書例

〔問題〕 **熱気球はどのようにして**
上がったり下がったりするのだろうか

1 熱気球のしくみを考えよう

2 〈熱気球が上がるとき〉 [QR]

3 〈熱気球が下がるとき〉 [QR]

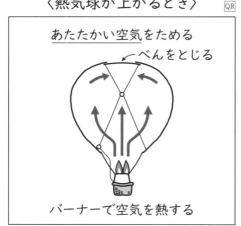

〈熱気球が上がるとき〉
あたたかい空気をためる
べんをとじる
バーナーで空気を熱する

〈熱気球が下がるとき〉
あたたかい空気を出す
べんを開く
ロープを引く
冷たい空気が入る
バーナーの火は消す

(POINT) 他にも暖房器具や調理器具などを例に出し，身の回りにあるもののあたたまり方を考えさせることで，生活との関連

1 熱気球はどのようにして 空高く上がるのか話し合う

※空気のあたたまり方の応用として，あたためた空気を集め，空に上がる熱気球について学習することを伝える。

T　前時は，あたためられた空気は上に動く性質があることを学習しました。この性質を利用した空に高く上がる熱気球のしくみについて学習をします。

T　写真で熱気球の形がわかりますね。どのように空気をあたためていますか。(**教科書などを参照**)

C　炎で空気をあたためているみたいです。

C　乗っている人がガスバーナーをつけている。

T　そうですね。炎で熱したあたたかい空気を気球にためて膨らましています。すると気球は上の方に上っていくのです。

T　では，ドライヤーを使ってあたためた空気を薄いポリ袋に入れ，上るかどうか観察しましょう。

2 ドライヤーであたためた空気をポリ袋に 集めて，上にのぼるかどうか観察する

家庭用のごみ袋では厚みがあり重いので，手近な軽いポリ袋か，気球用ポリ袋を使用するとよい。

T　この薄いポリ袋に，ドライヤーを使ってあたたかい空気を入れていきます。よく見ておいてください。

温風の吹き出し口が直接袋に当たることのないように留意すること。

C　膨らんで，浮いてきました。

T　大きく膨らんできました。手を離します。

C　浮かび上がって，静かに上がっていく。

C　天井まで届いて，落ちて来た。

T　ポリ袋につめたあたためた空気は，上の方に静かに上がっていきました。教室でも暖房などであたたまった空気は上の方に動いて，まず天井近くがあたたまるのです。

水のあたたまり方と共通していることがわかる。

QR

・画像

熱気球 熱気球が，なぜ浮かび上がる空気がためられるのか，その仕組みを考える。

熱気球とバーナー 熱気球内部にバーナーで熱気を送り，上に浮かせる。降りるときは，冷気を抜いて下に降ろす。

その他

---

4 〔まとめ〕熱気球が空へ上がるわけ

・空気はあたたまると軽くなる

・空気をあたため
　温度の高い空気をためる

　　<u>上へのぼる ↑</u>

・あたたまった空気を出す
　（あたためるのをやめる）

　　<u>下へおりる ↓</u>

に気づかせましょう。

3 上った熱気球の下げ方を考える

T　気球はあたためた空気をためて上にのぼっていく
ことがわかりました。ポリ袋の実験ではあたためた
空気が入った袋は上がっていき，その後落ちて来ま
した。

T　では，どうすれば熱気球を下げられますか。

C　ポリ袋の空気は，だんだん冷えて落ちてきたと
思う。だから，あたためるのをやめるか，あたたか
い空気を出したら気球も下がると思う。

T　空気の温度を下げると，気球を下げることができ
そうです。では，冷やされた空気は下の方へ動くの
でしょうか。<u>氷の入った袋で空気を冷やして，その
周りに線香の煙を近づけると煙はどのように動くか</u>
を観察しましょう。

T　実験すると，線香の
煙は氷の近くで下の方
に流れることがわかり
ました。冷やされた空
気は下に動くのですね。

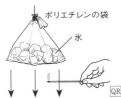

ポリエチレンの袋

氷

QR

4 観察から空気のあたたまり方を説明する

　あたためた空気の実験と，氷で空気を冷やしたときの実験
から，熱気球のしくみを考えさせる。

T　熱気球を上に動かすために何をしますか。

C　ガスバーナーで空気を熱してあたためます。あた
ためた空気を大きな袋に集めます。

C　冷えないように，あたため続けます。

T　そうですね。下がるときはどうしますか。

C　あたためるのをやめて，あたためた空気を外に
出します。

C　ちょうどよい高さになったら，ガスバーナーの火
を小さくすると思います。

T　熱気球には，あたためるしくみとあたためた空気
を外に出すしくみが備わっています。そのしくみを
使って熱気球の高さを調節しているのです。熱気球
のしくみを学習することで，あたためられた空気は
上に動くことが確かめられました。

エアコンやヒーターの使い方を考えよう

板書例

ⓜ エアコンやヒーターの使い方を考えよう

（問題）
夏と冬でエアコンやヒーターのふき出し口がちがうのはなぜだろう

1 夏　部屋を冷やすとき

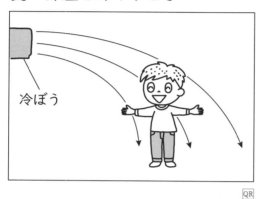

冷ぼう

冷たい空気は（下）へ動く
↓
全体を冷やすには風を
　　　　上から下へ送り出す

QR

POINT　エネルギーを有効活用するために，暖房や冷房とサーキュレーターをどのように使えばよいか考えさせるのもよいで

1 夏，冷房で部屋全体を冷やす方法を考える

T　私たちの生活の中で，もののあたたまり方をいかした道具があります。今日はエアコンやヒーターの夏と冬の使い方について考えます。

T　暑い夏に，エアコンを使って部屋全体を冷やすためには，冷たい空気をどの向きに吹き出すとよいでしょうか。空気のあたたまり方を考えて説明しましょう。

C　部屋の高いところから，上向きに冷たい空気を出すと，天井の方から冷たい空気が下がってきます。そして，部屋全体が冷えます。

C　もし下向きだと，上の方にあたたかい空気が残って，下の方だけが冷えてしまいます。

T　そうですね。空気のあたたまり方を利用して，暑い部屋を冷やす工夫に気づきましたね。

2 冬，エアコンやヒーターで部屋全体をあたためる方法を考える

T　次は，冬のエアコンやヒーターの使い方について考えます。冬は，部屋が冷えています。冷えた部屋の空気のあたため方を考えましょう。

T　冬の冷えた部屋の空気をあたためるには，あたたかい空気をどの向きに吹き出すとよいでしょうか。考えてみましょう。

C　冬にエアコンを使って部屋をあたためると，吹き出し口は下を向いていました。

C　あたたかい空気を下向きに出しています。

T　これを空気のあたたまり方で説明しましょう。

C　もし，上向きにあたたかい空気を出すと天井近くにあたたかい空気がたまって下の方へは下りてこないと思います。

C　あたたかい空気はすぐに上に移動するので，下向きに吹き出さないと，部屋全体があたたまらないと思います。

準備物
・エアコンの写真 QR
・エアコンの吹き出し口の写真 QR

ICT　エアコンの吹き出し口のフラップが動くことを知らない児童が多いときは，写真で確認させるのもよいでしょう。

2
3 冬　部屋をあたためるとき

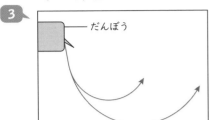

だんぼう

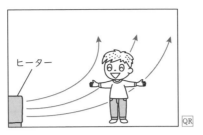

ヒーター

QR

あたたかい空気は（上）へ動く
↓
あたためるには風を　　　下から上へ送り出す

4 ［まとめ］・冷たい空気は下に動く
　　　　　　→夏はふき出し口を上にする
　　　　　・あたたかい空気は上に動く
　　　　　　→冬はふき出し口を下にする

QR
・画像

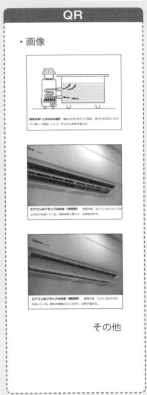

その他

しょう。

3 冬には，どんな暖房の使い方をするとよいのかを考える

T　冬は寒い日が続きます。エアコンやヒーターとともに，どんな暖房器具を使うとよいですか。

C　教室の温度を測ったときに，床に近いところが寒かったので，下の方をあたためるようにするとよいと思います。

C　あたためた空気を部屋の下の方に送り出す暖房器具がよいです。

C　こたつで足をあたためたらよいと思います。

C　床暖房とか，電気であたためるホットカーペットを敷くとよいです。

T　あたためた空気は上に動くので，あたたかい空気を下向きに出したり，下からあたためたりすると部屋全体があたたまりそうです。暖房のやり方に，空気の性質がいかされていますね。

T　このような空気の動き方を知り，生活の中にいかせるとよいですね。

4 重ね着をすると暖かいわけを空気の性質から考える

T　私たちは，寒いとき，何枚かの服を重ねて着ます。これも空気の性質を活用しているのです。また，寝るときにも布団や毛布を重ねますね。空気にはどんな性質があるのでしょうか。

T　冬の夜寝るとき，布団と毛布を重ねます。その間には，空気がためられます。空気は熱を伝えにくいという性質があり，体温を外に逃がさないのであたたかく過ごせるのです。

T　反対に，夏はどうでしょうか。

C　Tシャツなど，風通しがよい服装をします。

C　体の熱が出ていくような服装をします。

T　夏と冬のエアコンの使い方を，空気のあたたまり方から考えることができました。このように学習したことを毎日の生活に当てはめることは大切なことです。わかったことをノートにまとめましょう。

冬の星・星の動き

◎ 学習にあたって ◎

◉ 何を学ぶのか

「夏の星」に続いて，冬に見える星や星座を取り上げます。冬の星の観察を通して，季節が変わると見える星座や星も違っていることに，まず気づかせます。そして，夏の星と同様に，冬の星でも星には明るさや色の違いがあることを確かめ，一般化します。さらに，本単元では「時間がたつと星の並びは変わらないが，見える位置が変わる」という「星の動き」にも気づかせます。これは日周運動にも関わる内容です。

もちろん，小学校で何より大切にしたいことは「星や星座を覚え，見たい星や星座が自分の目で見えた」という実体験です。この実感こそが人格（人間性）の形成につながるからです。

◉ どのように学ぶのか

冬は（太平洋側では）晴天の日が多く，空気も澄んでいます。またオリオン座や双子座のように，1等星を含む見やすい星座が多く見られ，星の観察には最適な季節です。そこで，教科書のように，まずオリオン座の観察から始め，それをもとに「星の動き」の観察へ，さらにまわりの星，星座の観察へと広げていきます。夜空を見て「あれが○○座だ」とわかるためには，頭の中にはっきりと星座の形が作れていなければ見えません。そのため映像や写真を見せ，また小石を並べるなど目と手を使って形や見える方角をイメージさせて，各自の観察につなげます。なお，第1時の「オリオン座の観察」は冬休み前に行い，冬休み中の観察につなぐための動機づけとします。そして，日記にも書くよう呼びかけます。

◉ 留意点・他

星の動きを記録するのは，4年生では（6年生でも）難しいでしょう。そこで，大まかに「上の方へ」か「下の方へ」か「同じ位置」なのかに絞って観察させたあと，映像や写真を使って，まず「（オリオン座の）星は，東から上り，南の空を通って西に沈む」ことを確かめ合い，説明しましょう。「動きはこうだよ」という説明と知識をもとに子どもに観察させると，実際の星の動きが見え，「なるほどな」と納得するものです。

◎ 評　価 ◎

知識および技能	・冬には，オリオン座や冬の大三角，カシオペア座など，夏とは異なる星座や星が見えることがわかる。 ・オリオン座など，時間がたつと星の並び方は変わらないが，見える位置は変わることがわかる。 ・冬に見える星も，明るさや色の違いがあることがわかる。
思考力，判断力，表現力等	・観察をもとにして，オリオン座などの星の動きを文や図で記録することができている。 ・「夏の星」で学んだことをもとに，「冬の星」でも星の明るさや色について考えようとしている。
主体的に学習に取り組む態度	・学んだことをもとに星を観察し，星の見え方や動きを文章や絵図などに表現することができている。 ・星や星座に関心をもち，すすんで観察しようとしている。

◎ 指導計画　2時間＋広げよう3時間 ◎

◇「星の動き」は，夏の星（夏の大三角など）を使って観察することもできますが，その時期の4年生にはかなり難しいでしょう。そのため，ここでは少しでも遅い時期（12月〜1月）に，形のわかりやすいオリオン座を使って，「星の動き」を学ばせるように計画しています。

◇「夏の星」と同様に，星の観察は各家庭で行うことになります。ですから，その観察結果をみんなで確かめ合う場を，次時のはじめにとるように計画しています。

◇ 第1時の授業は，冬休みの前に行い，冬休み中の観察を呼びかけます。

次	時	題	目標	主な学習活動
冬の星座・星	1	オリオンざを見つけよう（冬休みに向けて）	12月の夜7時頃には東・南東の方角にオリオン座が見えることを知り，その見つけ方がわかる。	・星座早見や星座カードなどで，冬にはオリオン座が見えることを調べ，形を覚えたり見つけ方を動作化したりする。
	2	オリオンざと冬の大三角を調べよう（1月を想定）	・オリオン座をもとにして，「冬の大三角」の見つけ方がわかる。・冬に見える星にも，明るさや色の違いがあることがわかる。	・オリオン座を見た体験やオリオン座の写真などをもとに，星の明るさや色の違いを調べる。・画像から，オリオン座をもとにして，冬の大三角の位置と形を調べる。
星の動き	広げよう1	オリオンざの動きを調べよう	オリオン座は時間がたつと，星の並び方（星座の形）は変わらないが，見える位置は変わって見えることから，星は時間とともに動いていることがわかる。	・オリオン座を，時間をあけて見た体験をもとに，オリオン座は動いたことを話し合う。・2枚の画像を見て，オリオン座は時間とともに位置を変えていることを確かめる。
	広げよう2	北の空のカシオペアざを見つけよう	冬の北の空にはカシオペア座（五星）や北極星が見えることがわかり，カシオペア座は時間とともに動いていることがわかる。	・カシオペア座の形を覚え，北極星の見つけ方を聞く。北の空の星も動いているかどうかを考え，画像などを見て確かめる。
	広げよう3	オリオンざの近くに見える星や星ざを見つけよう	牡牛座やすばるなど，オリオン座の近くに見える代表的な冬の星座や星の見つけ方がわかる。	・「1日1星座」などとして，オリオン座をもとにした冬の星座の見つけ方を聞き，実際の夜空を見て確かめる。・教科書などの天体に関わる記事を読み合う。

※ 星や星座など，天体の学習に関わる教具や天体写真の写し方については，「夏の星」の単元末にある「学習資料」ページをご覧ください。

※ 星や星座など，天体に関わる写真，映像は「ひげくま天体観測所（井本彰）」によるものです。

オリオンざを見つけよう（冬休みに向けて）

12月の夜7時頃には東・南東の方角にオリオン座が見えることを知り，その見つけ方がわかる。

板書例

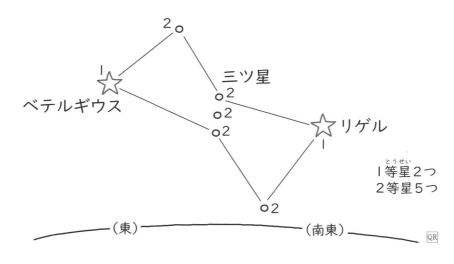

㊍ オリオンざを見つけよう

1️⃣ オリオンざ　東を向いて　12月15日7時（19時）ごろ

2️⃣

2

1 ベテルギウス

三ツ星 2

2

2

☆ リゲル
1

1等星2つ
2等星5つ

2

（東）　　　（南東）　QR

POINT　オリオン座の六角形の部分は比較的観察しやすいので，家庭でも夜に観察するよう促すのもよいでしょう。

1️⃣ 夏に見えた星と，冬に見える星は同じか，星座早見で調べる

T　7月の夜空には，夏の大三角やさそり座が見えました。12月の今も見えるのでしょうか。今夜の星を調べるには，何を使うとよいですか。

C　星座早見です。夏にも使いました。

T　星座早見で月日と時刻を合わせましょう。

　　使い方を復習する。12月15日 午後7時を想定。

T　さそり座は出ていますか。

C　ありません。どこへ行ったのかな。

T　星は1年中同じところに見えるのではなくて，季節が変わると見えなくなったり，見える場所が変わったりするのです。

《冬に見える星》
ライオンの毛皮
こん棒
QR

T　夏に『夏の大三角』が見えた東の方には，どんな星が見えるでしょうか。星座早見の東（または南）を下にして，調べてみましょう。

2️⃣ オリオン座の形を知り，星の明るさを調べる

T　12月の東の空にはどんな星座が出ていますか。

C　ぎょしゃ座です。牡牛座もあります。

C　オリオン座という星座が出ています。

T　そのオリオン座はどんな形なのか，取り出して大きくして見てみると，このような形です。

　　7つの星の図版を貼るか，図を手がきで板書する。

T　オリオン座の形は教科書にも出ています。オリオンというのは強い猟師の名前です。

　　教科書のオリオン座の絵図を見たり，お話を読んだりする。

T　星の数は？　また，1等星はいくつあるかな。

C　（おもな）星は7つです。（教師が線でつなぐ）

C　1等星は2つあります。あとは2等星。

〈オリオン座の7つの星の並び方〉

12月には三ツ星はこのように縦にならんで見える。（掲示用図版）

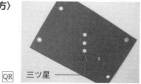

QR　三ツ星

3 〈小石をならべてオリオンざの形を覚えよう〉
どんな形ににているか

> すな時計　チョウ　リボン
> ネクタイ　つづみ

※児童の意見を板書する。

4 〈冬休みに見つけよう〉

夜7時ごろ
東を向いて
少し南

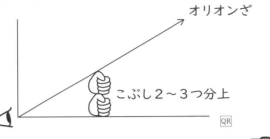

オリオンざ

こぶし2～3つ分上

QR

・画像

オリオン座　オリオンはギリシャ神話に出てくる強いりょうし。

オリオン座の7つの星　1等星2つ、2
等星5つの明るい星でできている。

戦国から見たオリオン座　三ツ星をめじるしに、
オリオン座の7つの星を見つけてみよう。

その他多数

---

3 小石を並べてオリオン座の形を覚える

T　（板書を指しながら）この7つの星のうち，左上（右肩）の星がベテルギウスという1等星，右下（左足）の星はリゲルという1等星です。あとの5つの星は2等星です。オリオン座は明るい星が集まった星座なのです。

T　オリオン座の形は，どんなものに見えますか。

どんな形に見えるかを出し合い，交流する。

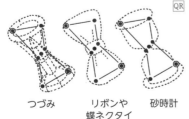

QR

つづみ　　リボンや　　砂時計
　　　　　蝶ネクタイ

T　日本では鼓に似ているとして『鼓星』と呼ばれることもあります。腰の辺りに3つ並んだ『三ツ星』も見つける目印になります。

T　7つの石でオリオン座を作ってみましょう。

机上に小石やボタンを並べさせたあと，ノートに1等星を◎，2等星を○でオリオン座をかかせ，形を覚えさせる。

4 夜空でのオリオン座の見つけ方を知る

T　実際の星空から，オリオン座の7つの星を見つけてみましょう。（教科書などの画像を掲示する）

T　三ツ星はわかるかな。ベテルギウスを指してみましょう。（各自，教科書の写真の星を指させる）

T　教科書の写真からオリオン座の7つの星を，トレーシングペーパーに写しましょう。

T　では，今日，夜空を見てオリオン座が見つけられるように，見つけ方を練習しましょう。

T　星座早見の「東」を下にして持って，東を向いて立ちましょう。オリオン座は少し南（南東）の方に見えます。高さは，地面（地平）の少し上です。こぶし2つか3つ分くらい上に「三ツ星」が縦に並んで見えます。（板書参照）

T　オリオン座は明るくよく見える星座です。今夜見てみましょう。冬休みにも観察しましょう。

板書例

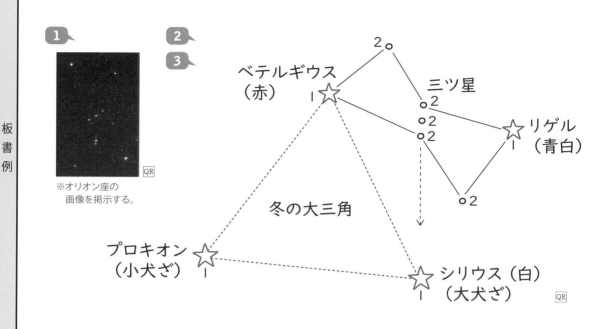

め オリオンざと冬の大三角を調べよう

ベテルギウス（赤）
三ツ星
リゲル（青白）
冬の大三角
プロキオン（小犬ざ）
シリウス（白）（大犬ざ）

※オリオン座の画像を掲示する。

1 オリオン座を見たことを話し合う

T 冬休みの前にオリオン座の形と見つけ方を勉強しましたが，うまく見えましたか。

T 見たときの作文を読んでください。

体験の交流をする。日時や見えた場所，方角，高さがわかる表現をさせる。画像をもとに話し合うと臨場感が出る。

C 夜8時頃，東の空を見ると「三ツ星」が縦に並んでいて，すぐに「あれだ」とわかりました。家から見ると，東の○○山の上に見えました。9時頃にも見えていました。

C お正月の2日の夜に見ました。空を見上げると，ベテルギウスがオレンジ色に見えました。

T 冬の星空を見て，見つけたことや気づいたことはなかったでしょうか。

C オリオン座の周りにもたくさんの星が見えました。明るい星もありました。

明るさや色についての発言は，次につなぐ。

2 オリオン座の星の明るさや色について話し合う

T オリオン座の2つの1等星と，5つの2等星の明るさの違いは，わかりましたか。

C 1等星のベテルギウスとリゲルはよくわかりました。この2つはとても明るかったです。

T この2つの1等星の色は，同じだったでしょうか，それとも違っていましたか。

C 左上の星（ベテルギウス）が赤っぽかったかな。
（違いに気づいていない児童も多い）

T オリオン座の右肩（向かって左上）の星の色は，みなさんの目にはどんな色に見えますか。

C 赤っぽい色です。オレンジ色かな。

T 右下のリゲルの色はどうですか。

C 少し青っぽい感じ。白色かな。（色は「青白」）

T 他の星と比べると青白い色といえそうです。

T 明るさと色の違いを，今夜，見て確かめましょう。また見えた様子も書いておきましょう。

| 準備物 | ・オリオン座, 冬の大三角などの画像 QR
・星座早見（星座カード）
・方位磁針
・トレーシングペーパー | I
C
T | 夜空の写真を送り, オリオン座や冬の
大三角形を線で結ばせ, 正解と比べ
させるのもよいでしょう。 |

2 （問題1）

星の明るさや色にはちがいがあるだろうか

- ・明るい星 ＝ ベテルギウス, リゲル
- ・赤っぽい ＝ ベテルギウス
- ・青白 ＝ リゲル
- ・白 ＝ シリウス

4 （問題2）

時間がたつと, オリオンざは動いているだろうか

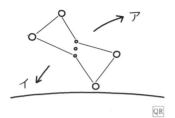

同じ場所から見る

- ア. 上へ （　　）人
- イ. 下へ （　　）人
- ウ. 動かない （　　）人

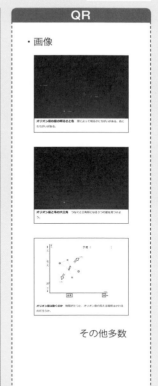

QR

・画像

その他多数

---

3 オリオン座の近くに見える星・冬の大三角の形を調べる

T　オリオン座の周りにも明るい星がいっぱい見えることに気づいたでしょう。オリオン座の近くには明るい1等星がいくつかあるのです。教科書の写真（または星座早見）を見ましょう。

T　オリオン座の三ツ星を下の方にたどると, とても明るい星が見つかります。シリウスという1等星（－1.6等）です。ベテルギウス, シリウスと, そして, 小犬座にあるプロキオンという1等星, この3つの星を線でつなぐとどんな形になりますか。
（板書する）

C　大きな三角形です。

　　教科書の3つの星を線でつなぎ, 形を確かめ合う。

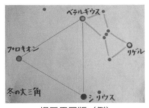

掲示用図版（例）

T　冬に見える大きな三角なので『冬の大三角』と呼んでいます。今夜, オリオン座といっしょに見つけてみましょう。

4 時間がたつと, 星は動くのかどうかを考える

T　では, 星は時間がたつと動くのでしょうか。それとも, ずっと同じ場所に見えるのでしょうか。オリオン座を観察して確かめましょう。

　　（ア）上の方へ動く,（イ）下の方へ動く,（ウ）同じところに止まったまま, のどれになるかという問題を提示し, オリオン座の動きを予想させ, 発表し合う。

T　では, 今夜7時に見たあと, もう一度8時か9時に観察し, オリオン座の動きは（ア）か（イ）か（ウ）か, を確かめましょう。

T　今夜は, 3つのことを観察しましょう。① ベテルギウスやリゲルの色と明るさを確かめます。②『冬の大三角』の3つの星を見つけること, ③ オリオン座の星は動くかどうか, 時間をあけて観察することの3つです。

　　星の動きを調べるには, 地上の目印も決めて, 時間をあけて同じ場所から2回見るように伝える。

板書例

め　オリオンざの動きを調べよう

1

※オリオン座, 冬の大三角の画像を掲示する。 [QR]

2 (問題)

オリオンざは動いていただろうか

（ いた, ~~いない~~ ）

ア. 上へ
イ. 下へ
ウ. 動かない

3

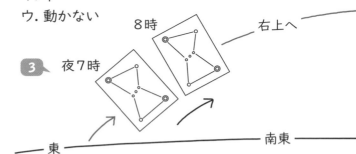

8時　　　　　右上へ

夜7時

東　　　　南東

※星図を用意しておき黒板に貼付すると, 動きがとらえられやすい。

(POINT) 画像や動画を見せるとき, どの方位を向いているのか確認しておきましょう。また, 同じ場所で観察することで,

---

1　星の明るさと色や, 冬の大三角について見てきたことを確かめ合う

T　前の時間, 3つの宿題を出しておきました。自分の目で確かめられたでしょうか。1つ目は, 星の明るさと色でした。まず, オリオン座の星には明るさの違いはありましたか。

C　ベテルギウスとリゲルの1等星は他の星と比べてとても明るかったです。

C　三ツ星は, 少し暗かったです。

T　星の色に違いはありましたか。ベテルギウスの色は他の星と比べてどうでしたか。

C　写真で見たように, オレンジ色でした。

T　2つ目は, 冬の大三角を見ることでした。どこにどのように見えましたか。

C　南東の空, オリオン座の左側に大きく, はっきり見えました。

C　とても大きい三角形でした。右の星（シリウス）はすごく明るく光っていました。

2　オリオン座は動いていたか, 観察したことを話し合う

T　3つ目の宿題は, オリオン座が動いているかどうかを確かめることでした。1時間か2時間, 時間をあけて2回目に見たとき, オリオン座は動いていたでしょうか。

T　動いていなかったという人は？ (挙手。殆どいない)

T　では, 動いていたという人は？ (挙手) 多いですね。その動いた向きはどちらでしたか。

C　（ア）上の方に動いていました。オリオン座は, 初めは屋根の上にありましたが, 1時間後には三ツ星がずっと上の方に見えたからです。

C　2回目は, 1回目より右上に見えました。

T　1時間後, オリオン座の形は違っていたかな。

C　形は同じで, 変わっていませんでした。

T　時間がたっても, オリオン座の形は変わらないけれども, 上の方に動いていたということですね。

（ここまでの話し合いは, 簡潔にすませる）

4 〔まとめ〕

・オリオンざのならび方は変わらないが，位置は変わる

・オリオンざの動きは
  - 東からのぼり　　（夕方）
  - 南の空を通って（ま夜中）
  - 西にしずむ

  太陽や月と同じ

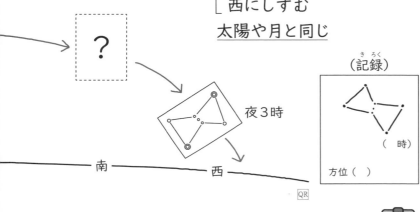

夜3時

（記録）

（　時）

方位（　）

QR

星の動く様子が観察しやすいことも話してあげましょう。

3 画像をもとに，星座の動きを確かめる

T　冬の大三角の形や動きはどうでしたか。

C　冬の大三角も，オリオン座と一緒に上の方に上っていました。形は，三角形のままでした。

T　写真で確かめてみましょう。1時間（2時間）あけて撮った2枚の写真を比べてみましょう。

C　星の場所が変わっています。

C　星座の形は変わっていません。同じです。

　ここで，1回目の写真の景色とオリオン座，大三角をトレーシングペーパーに写し取らせ，1時間後の写真に景色を重ねて検証させる。トレースを略して，星を線でつないでその2枚の写真を比べるだけでもよい。

T　時間がたっても星の並び方は変わらないけれど，見える位置は動いていますね。

QR

QR

同じ場所から撮った1時間後のオリオン座。シリウスも見えてきた。

4 オリオン座や星の動きを，動画で見る

T　このままオリオン座が動いていくと，どこへ行くのでしょうか。

C　もっと上（右上）の方へ動いていくと思う。

T　真夜中の3時ごろに，どのあたりに見えるのか写真を見てみましょう。（画像を提示）

T　西の方にオリオン座が見えています。どうやら東から上って西の方へ動いたようです。

T　夜中の12時頃にはどこにあったのでしょう。また，オリオン座は，夜の間にどちらの方に，どのように動いていったのでしょうか。

　児童にオリオン座の動きを黒板で予想させた後，実際の動きを動画で視聴。観察できない時間の動きは動画を活用。

T　東 → 南 → 西への動きは何かと同じですね。

C　太陽や月です。

T　お家でも夜7時と8時にオリオン座を見て，その動きがわかるように絵で記録しましょう。

北の空のカシオペアざを見つけよう

板書例

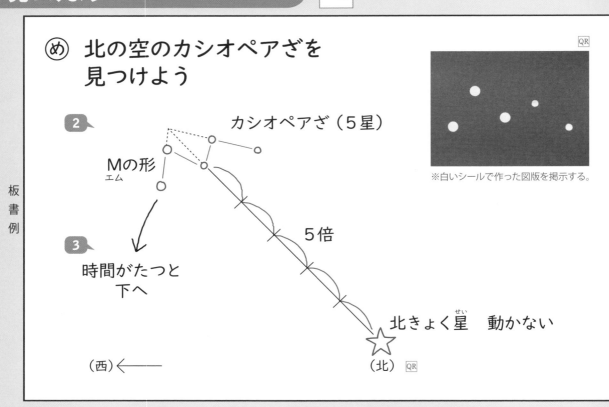

め　北の空のカシオペアざを見つけよう

2　カシオペアざ（5星）

Mの形
エム

5倍

3　時間がたつと下へ

北きょく星　動かない

（西）←　　　　　　（北）QR

※白いシールで作った図版を掲示する。

1　オリオン座，冬の大三角の動きを確かめ合う

T　前の時間にオリオン座の動きを動画で見ましたが，自分の目でも見て記録できたでしょうか。班で見せ合いましょう。

　　下線 時間とともに動いていたことを確かめ合う。

T　前で発表してもらいましょう。

C　夜7時には南東のビルの上に見えました。8時に見ると，このように上の方に上がっていて，動いていたことがわかりました。

T　記録を見るとオリオン座が動いたことがよくわかります。冬の大三角も動いていましたか。

C　オリオン座といっしょに動いていました。

T　すると，オリオン座だけではなく，東の空全体の星が東から上の方に動いていたのですね。

月　　日　　時　と　時
（なまえ）

90°上
50°中
0°下
←東　　　南→

オリオン座の動きの記録用紙（例）

2　冬，北の空を向くとカシオペア座と北極星が見えることを聞く

T　夏には北を向くと，北斗七星と北極星が見えました。冬の北の空には，こんな星が見えます。（図を貼るか板書）カシオペア座という星座の5つの星です。つなぐと，ローマ字のM（または逆さまのW）の形に似ています。冬は，この5つの星からも北極星を見つけられます。（板書で見つけ方を説明）カシオペア座を傘と見ると，持ち手のところに北極星があることになります。

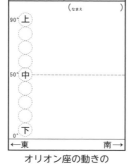

　　絵にかかせたり，小石を並べさせたりするとよい。

T　星座早見でも調べてみましょう。

　　日付と午後7時を合わせ，「北」を下にして持たせる。

C　カシオペア座は真北より少し西側にあるね。

T　では，見つける練習です。北を向いて立ちましょう。左手を斜め上にあげると，そこに5つの星が見えます。（やってみせる）

準備物	・画像（北の空のカシオペア座，北極星）QR ・動画（北の空の星の動き）QR ・星を貼り付けた傘

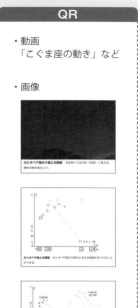
3 カシオペアざは
時間がたつと
左回り（西の方）に動く

北きょく星は
動かない（回る中心）

2 カシオペアざと
北きょく星の
見つけ方

北を
向いて
左手を
あげた
ところに
見える

QR

4 （課題）

今夜
・カシオペアざの観察
　1時間後，
　下（西）に動いているか

・北きょく星を見つけよう

---

3 時間がたつと，カシオペア座の位置は変わるのかを調べる

T　今夜，北を向いてカシオペア座と北極星を見つけてみましょう。見えるとよいですね。

T　カシオペア座は，時間がたつと，動いて見える位置が変わるのでしょうか。

C　オリオン座も他の星も動いていたので，時間がたつと動いていると思います。

T　星座早見で，夜7時から8時に動かして合わせてみましょう。9時ではどうでしょう。時間がたつと，カシオペア座は動いていますか。

C　動いています。星はみんないっしょに動いています。左回りに動いています。

C　9時になると，横になってしまいました。

T　北極星はどうですか。動いていますか。

C　時間がたっても，いつも北にあります。

T　このように動いているのですね。

カシオペア座の図版を黒板上で動かして，動きを示す。

4 星の動きを確かめる

T　カシオペア座の動きを，時間を縮めた動画で確かめましょう。北極星も見てください。

カシオペア座は他の星とともに，左回り（時計と反対回り）の動き，北極星は止まって見えることに気づかせる。

T　オリオン座と同じように，北のカシオペア座も動いて（回って）いるのですね。

T　こんなふうに，傘を使って星の動きを表してみます。傘が空です。空が回るので，カシオペア座も他の星も一緒に回るのですね。動かないのは傘の中心。それが北極星なのです。

QR

傘の内側にシールを貼って回すと北の空の星空の動きが再現できる。1回転が約1日にあたる。

T　今夜，カシオペア座と北極星を見つけてみましょう。そして，1，2時間後にもう一度見て動きを確かめましょう。（翌日に簡単に確かめ合う）

オリオンざの近くに見える星や星ざを見つけよう

板書例

め オリオンざの近くに見える星や星ざ(せい)を見つけよう

1 お牛ざ と すばる星
2 （Vの字）（ごちゃごちゃ星）

3 ぎょしゃざ（大きな五角形）
しょうぎのこま形

三ツ星を右上へ

ごちゃごちゃ
すばる

アルデバラン

お牛ざの一部
横V(ブイ) （牛の顔）

三ツ星

QR

カペラ

QR

POINT　オリオン座を見つけさせ，オリオン座を基準に位置関係を説明することで，星座を見つけやすくしてあげましょう。

1 オリオン座の周りに見える星や星座を探してみる

T 他に，どんな星座や星が見えるのでしょうか。冬に見える星の見つけ方を勉強しましょう。

T 「すばる」という星の名前を聞いたことはありますか。また，実物を見たことはありますか。「すばる」も，冬に見える星の1つなのです。見つけ方がわかると，きっと見えますよ。

※「すばる」は星座名ではなく，牡牛座の一部。

T これから，1回に1つずつ星や星座の見つけ方を教えます。見つけ方がわかったら，その晩にお家でその星を探してみましょう。自分の目で見つけられたらうれしいですね。

T （図やワークシートを示して）これが冬に南東から南を向くと見える星座や星です。オリオン座のそばにどんな星座がありますか。

C 双子座があります。牡牛座もあります。

名前を確かめる。星座早見を使うのもよい。

2 観察に向けて（1）牡牛座とすばるの見つけ方を知り，画像の星を見る

T 今日は，牡牛座とすばるの見つけ方を学習します。どちらも，冬によく見える星です。

「牡牛座」と「すばる」の見つけ方の説明

　まず，オリオン座を見つけて「三ツ星」を右上にたどります。（図上でたどってみせる）すると，赤っぽい明るい星が見えます。近くの星とつないでみると，横になった「V」の字，ひらがなの「く」を裏返した形に見えます。これが牡牛座（の一部）で，横Vは牡牛の顔なのです。赤っぽい星はアルデバランという1等星で目玉にあたります。

　さらに牡牛座の横Vを右上にのばしていくと，6つくらいの星がごちゃごちゃと固まって見えます。これが「すばる」です。

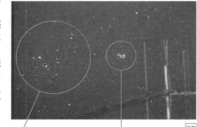
牡牛座のV字　すばる星（プレアデス星団）
QR

T 今夜，牡牛座とすばるを見つけてみましょう。

画像を映し，見つけさせる。

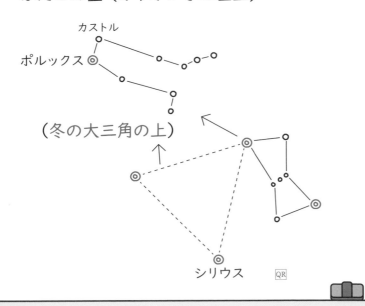

4 ふたござ
ふたごの星（オリオンざの左上）

カストル
ポルックス

（冬の大三角の上）

シリウス QR

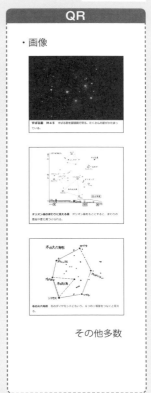

すばる星 M45 すばる星を望遠鏡で見る。たくさんの星が片まっている。

オリオンのまわりに見える星　オリオン座をもとにすると、まわりの星座が探し出せられる。

冬の大六角形

冬の大六角 冬のダイヤモンドともいう。6つの1等星をつなぐと見える。

その他多数

---

3 観察に向けて（2）ぎょしゃ座とカペラの見つけ方を知り，画像の星を見る

T 今日は，オリオン座から頭の方（上の方）に見える，ぎょしゃ座を探して形を覚えましょう。

「ぎょしゃ座」と「カペラ」の見つけ方の説明

オリオン座の頭（上）の方へ目を移していくと，金色（黄色）の明るい星が見えます。（図をたどって）これが「カペラ」という1等星です。そして，その近くの5つの星をつなぐと（つないでみせる）大きな五角形になります。これが「ぎょしゃ座」です。ほぼオリオン座の頭の真上に見える星座です。この五角形は，将棋のこまの形にも似ています。 QR

カペラ

T 図のぎょしゃ座を線でつないで色も塗りましょう。

ワークシート（右図）の色塗り後，画像でも探させる。

T 今夜，ぎょしゃ座を探してみましょう。

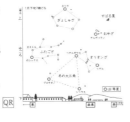

QR

4 観察に向けて（3）双子座と双子の星の見つけ方を知り，画像の星を見る

T 今日は，オリオン座の左側に見える星座です。（ワークシートから）何という星座があるかな。

C 双子座です。6月生まれのぼくの星座です。

「双子座」と「ポルックス」の見つけ方の説明

オリオン座の1等星，ベテルギウスとリゲルをつないだ線を，左上にのばしていくと，なかよく上下に並んだ2つの星が見えます。これが双子座の双子の頭の星です。下の明るい方の星は黄色い「ポルックス」という1等星，上の星は「カストル」という2等星です。わかりやすい星で，冬の大三角の上あたりに見えますよ。

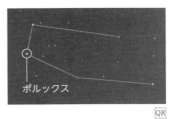

ポルックス

QR

ワークシートの双子座を線でつながせ，色塗りをさせる。星空の画像を映して，双子座を見つけさせる。

T 今夜，双子座を見つけてみましょう。

※この他，教科書をもとに，星座にまつわる神話や，宇宙に関わる話題を読み合ったり話し合ったりするのもよい。

季節と生き物「冬の生き物・生き物の１年間」

全授業時数　５時間＋広げよう１時間

◎ 学習にあたって ◎

◉ 何を学ぶのか

　冬の季節の身近な動物や植物の観察を通して，それらの活動や姿は秋とは違っていることに気づかせます。気温の下がる冬は，カエルなどの変温動物にとっては活動ができなくなる時期であり，そのような動物は地面の下で動くことなく冬を越します。このように，冬には，身近に見られる昆虫や小動物など，見られる個体数も種類も減り，昆虫では成虫のほか，卵やさなぎの姿で冬を越す姿も見られます。植物では，ヘチマなどの一年草は，ヒマワリなどと同じく，冬には種を残して本体は枯れます。サクラなどの落葉樹は葉を落とし，冬芽をつけて春を待つ姿が見られます。

　このような冬の生き物の姿をとらえるとともに，１年を通して観察してきたことをふり返ります。そして，まとめる活動を通して，それぞれの季節の動物や植物の様子には，気温とも関わって，成長する時期や実や種を作る時期など，その時期の特徴があることに気づかせます。同時に，動物や植物の１年には，卵（種子）⇒ 誕生期（発芽）⇒ 成長期 ⇒ 産卵期（種を作る），といった生命活動のサイクルがあることも話し合います。

◉ どのように学ぶのか

　これまでのように，できるだけ秋と同じ場所で同じ対象物を観察し，それらの変化をとらえるようにします。「定点撮影」の画像のように，違いも見えてくるでしょう。カードに，絵と文で記録することも同じです。ただ冬は，これまでの季節と違い，生き物の活動や成長が見えにくい季節です。何を，どこを見るのか，助言や指示も必要です。

　１年の活動のまとめは，これまでの観察カードを改めて見直します。そして，そこから見えてくる動物や植物の１年のサイクルについても話し合い，次の世代へと生命が引き継がれていることに気づかせます。こういうところから，自然のしくみや営みへの驚き（すごいな！）や共感（なるほど！）も生まれてくるでしょう。

◉ 留意点・他

　野外観察では安全面の配慮が必要です。また，１年のまとめでは，これまでの観察カードを整理することも大切です。１冊の本の形に，屏風ふうになど，１年のがんばりを目に見える形にすることも，意味のあることです。

◎ 評　価 ◎

知識および技能	・冬は気温が低くなり，休眠する小動物や，卵やさなぎの姿で冬越しする昆虫もいることがわかる。 ・冬は，ヘチマなどは，種子を残して本体は枯れ，サクラなどは葉を落とし，冬芽をつけることがわかる。 ・身近な動物や植物の種類や姿，また，それらの活動や成長の様子には，暖かい季節，寒い季節などによってちがいがあることがわかる。 ・動物や植物の１年には，季節によって，卵（種子）⇒ 誕生（発芽）⇒ 成長 ⇒ 産卵（種子をつくる）という一連のサイクルが見られるものもあり，生命が引き継がれていることに気づく。
思考力，判断力，表現力等	・これまでの観察や，既習の内容から，季節ごとの動物の活動や植物の様子に関するそれぞれの季節の特徴や変化について，文や発言で表現できる。
主体的に学習に取り組む態度	・季節による動物や植物の変化などに気づき，自然の営みや自然のしくみに関心を持っている。 ・身近な動物や植物を観察することを通して，地域の自然や生き物を大切にしようとしている。

◇ 1次の「冬の生き物」と2次の「生き物の1年間」は，続けての学習になりますが，内容としては質的に異なります。そのため，「生き物の1年間」の学習として，改めて第1・2時と表記しています。

次	時	題	目標	主な学習活動
1 冬の生き物	1	冬のサクラのようすを観察しよう	冬のサクラは，落葉したり冬芽を作ったりして冬越しをしていることがわかる。	・秋のサクラの様子（紅葉など）をふり返る。 ・冬，葉を落としたサクラの様子や，冬芽ができている枝の観察をする。 ・冬のサクラの様子について発表し，交流する。
	2・3	冬の動物（こん虫）のようすを観察しよう	冬は気温が下がり，身近に見られる動物の数が減ってくることや，卵やさなぎの形で冬越しをするものがあることを知る。	・秋の動物（バッタやカマキリなど）の様子をふり返る。 ・冬の気温を測り，野外で見られる動物（昆虫など）の様子を観察する。 ・観察してわかったことを，友だちと交流する。
	広げよう	冬の野草を調べよう	冬の野草を観察し，地面に張り付くようにして（ロゼット）冬越しをする野草があることを知る。	・冬にはタンポポなどの『ロゼット型』の野草が見られることを話し合う。 ・野外でロゼット型の野草を探し，観察する。根を掘り起こして，その様子を観察する。 ・観察してわかったことなどを話し合う。
2 生き物の1年間	1・2	生き物の1年間のすがたや活動をふり返ろう	季節による1年間の生き物の変化をまとめ，その変化には気温が関係していることとともに，生き物の生命のつながりに気づく。	・これまでの観察の記録をワークシートにまとめ，1年間の動物や植物の変化をふり返る。 ○ 動物では，昆虫，ツバメ，カエルなど ○ 植物では，サクラ，ヘチマ，他に野草など ・1年間の観察から，生き物の一生や変化についてわかったことを話し合う。

※「冬の野草」の観察として，2月の初めか中ごろに「春一番に咲く草花」を取り上げてもよいでしょう。
　オオイヌノフグリ，ナズナ，ハコベ，タンポポ，ホトケノザ，ほか「春の七草」とよばれるものもあります。
　草丈はどれも低く，まだほかの植物が伸びないうちに伸びて，花を咲かせる草花です。
　いくつかを指定し，野外に出てそれらを見つけ，採集する活動などができます。

冬のサクラのようすを観察しよう

冬のサクラは，落葉したり冬芽を作ったりして冬越しをしていることがわかる。

板書例

〔問題〕 寒くなって，植物（サクラ）のようすは，
どのように変わっているだろうか

1 秋のサクラ

・葉が赤や黄色できれい
（紅葉）

・葉が緑のものもあった

・落ち葉もあった

2 冬のサクラ
3

・葉はみんな落ちていた

・えだだけになっていた

・冬芽があった

※それぞれの季節の画像を掲示する。

POINT 秋と冬の写真で，葉の様子や冬芽の大きさが違うことに気づかせたり，サクラ以外の樹木も冬芽があるのか比較させ，

1 秋のサクラの様子をふり返る

自分がかいた秋の観察カードを見ながら，秋のサクラの様子を思い出させる。

T 秋に観察したサクラはどんな様子でしたか。

C 葉の色が赤や黄色になっていました。

C 葉の色が緑のままのものもありました。

C 下に落ちて落ち葉になっているのもあった。

T （秋の様子の画像を提示して）これは秋に撮ったサクラの写真です。

C 葉がまだあるね。きれいな赤や黄色だな。

T 今日は冬のサクラの様子について，詳しく観察してみましょう。秋のサクラと比べてどんなところが違っているか，調べてみましょう。

観察カードを持って校庭に出るよう指示する。

2 冬のサクラの様子を観察する（校庭で）

これまで観察してきたサクラを観察する。

T まず，全体の木の様子を見て気づくことを観察カードにかきましょう。次に，枝の先の方の様子を注意深く見てみましょう。ふくらんでいるようなものがあることがわかりますか。その様子を絵と文でかきましょう。

時間があれば，サクラ以外の他の樹木も観察させるとよい。（スズカケノキ，コブシ，モクレンなどが校庭には多い）冬の時期，葉を落とす樹木は，冬芽を作り春に向けての準備をしていることに気づかせたい。

〈サクラの
枝先の様子〉
枝の先のほうには，
魚のうろこのような
ものに包まれた冬芽
ができていることに
注目させたい。

| ICT | 観察前にサクラの冬芽のイラストも配り，開花に向けた成長にも注目できるよう工夫するとよいでしょう。 |

QR

・画像

枝の先のようす　春の終わりには，春のうちにどのような形に包まれるかなどがわかっている。

花芽と葉芽　よく見ると，花になる芽と葉になる芽があることがわかる。花芽の方がれっぱい。

冬芽の中　モクレンなどの大きな冬芽を縦に切ると，中の様子を見ることができる。

その他多数

3 ［まとめ］

冬のサクラは …………… 春の{花／葉}のじゅんび

・葉を落としている

4 ・冬芽がえだの先に

春には

　丸々とした芽 ……… 花芽（花に）

　とがっている芽 …… 葉芽（葉に）🍃

　　　　↓

芽の中に葉の赤ちゃん
（しわしわで黄緑色）

共通点や差異点に注目させたりするとよいでしょう。

3 観察して見つけたことを発表し，秋と比べて違っていたことをまとめる（教室で）

T　冬のサクラの様子はどうでしたか。見つけたこと，気づいたことを発表しましょう。

C　葉っぱがみんな落ちていました。

C　冬芽が魚のうろこみたいでした。

　　観察カードをもとに発表。画像を適宜提示する。

T　秋のサクラと比べて違っていたことは？

C　秋には，赤や黄色になった葉がたくさんありましたが，冬には葉が全部落ちていました。

C　冬は枝の先に冬芽があるのがわかりましたが，秋には気づきませんでした。

T　冬のサクラは，葉がすべて落ちてしまっていて，枝の先には魚のうろこのような形の冬芽がたくさんついているのがわかりました。サクラは枯れてしまっているように見えますが，春になったら花や葉になる冬芽を冬の間につけて，春の準備をしているのです。

4 冬芽の中を観察する

T　冬芽の中はどうなっているのでしょう。

　　冬芽をカッターナイフなどで縦に半分に切り，中を観察する。命の大切さの観点から，児童の実態に配慮し，試料は必要最小限にする。

〈冬芽の断面の観察〉

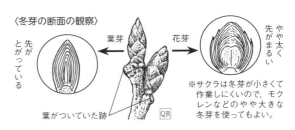

葉芽　先がとがっている　　花芽　やや太く先がまるい

葉がついていた跡

※サクラは冬芽が小さくて作業しにくいので，モクレンなどのやや大きな冬芽を使ってもよい。

T　冬芽の中はどんな様子ですか。

C　黄緑色の小さい葉っぱみたいなものがある。

T　春に向けて開く準備をしているのです。外側のうろこのようなもので，寒さから守られています。ふくらんでいる方の芽は，春になると花になる芽です。とがっている少し細い方の芽は，春になると葉になる芽なのです。

冬の動物（こん虫）の ようすを観察しよう

板書例

〔問題〕　寒くなって，冬の生き物（動物）のようすは，
　　　　　どのように変わっているだろうか

1 秋の草むらの虫

・バッタ

・カマキリ

・コオロギ

カマキリ
〇月〇日

秋　30　20　10　16℃

※（秋の観察カード）

2 冬ごしをする生き物
3　　⇒　寒さからまもる

・〔たまご〕カマキリ

・〔よう虫〕カブトムシ

・〔さなぎ〕チョウ

・〔成虫〕テントウムシ

・ヒキガエル

カマキリのたまご
〇月〇日

冬　30　20　10　7℃

※児童がかいた
　観察カードを掲示する。

---

1 秋の動物（昆虫）の様子をふり返る

T　寒い季節になりました。動物の様子は秋の頃と比べてどのように変わっているでしょう。

　　秋の観察カードで秋の様子をふり返らせる。

T　秋の動物（昆虫）の様子はどうでしたか。

C　草むらにはバッタやコオロギがいました。

C　カマキリはお腹がふくらんでいました。卵を産むようでした。

T　秋のときの気温は何度でしたか。

C　１６度でした。

T　冬は，０度より気温が下がることがあります。０度より低い温度は『零下（氷点下）何度』といいます。（図を提示して）これだと『零下４度』と読み，『－４℃』と書きます。

　　０℃より低い気温の読み方を説明しておく。

T　これから校庭に出て気温を測りましょう。そして，冬の動物たちの様子を観察しましょう。

2 外へ出て気温を測り，冬の動物の様子を観察する（校庭で）

T　（秋と同じ時刻，同じ場所で）まず，気温を測りましょう。正しい測り方は，温度計に直接日光を当てないこと，地面から 1.2 ～ 1.5m の高さでしたね。（気温を記録させ，温度計を回収する）

T　動物の様子を観察しましょう。教科書を参考に，テントウムシのいそうな落ち葉の下など注意して見てみましょう。また，木の枝や枯れ草の茎や建物の壁など，アゲハのさなぎやカマキリの卵などがついていないか探してみましょう。観察したことはカードにかきましょう。

〈ものかげや土の中で冬越しする生き物〉 QR

ナナホシテントウ
（枯れ葉の下で）

トノサマガエル
（土の中で）

シマヘビ
（土の中で）

④ 冬の生き物

秋（16℃）→　冬（7℃）　気温が低くなる

・見られるこん虫は少なくなって

　・チョウのさなぎ ⎫
　・カマキリのたまご ⎬ いろいろな
　・テントウムシの成虫 ⎭ すがたで　⇒　春まで冬をこす

・カエル・ヘビ ⇒（土の中・冬みん）

・ツバメ ⇒（南の国へ）

《0度より低い温度》
（読み方）れい下4度
（書き方）−4℃

QR

QR

・画像

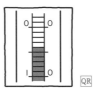

アゲハ（さなぎで）
アゲハの冬越し　アゲハは、蛹の状態で冬越しをする。

カブトムシ
（よう虫で）
カブトムシの冬越し　カブトムシは、幼虫で冬越しをする。

トノサマガエル
（土の中で）
トノサマガエルの冬越し　トノサマガエルは、土の中で冬越しをする。

その他多数

---

3 観察したことを発表する（教室で）

T　冬の動物は見つかりましたか。

C　テントウムシを見つけました。落ち葉をめくってみると何匹もかたまっていました。

C　チョウのさなぎが木の枝にありました。教科書の写真と同じなのでアゲハだと思います。

C　オオカマキリの卵がありました。枯れたススキの茎についていました。

　　児童の観察カードを何枚か紹介する。実際の観察で見ることができなかったことなど，教科書や画像などを活用して補足する。

（アゲハ）　QR

T　気温が下がると，見られる昆虫が少なくなりましたね。

T　気温は何度でしたか。

C　7度でした。（温度計の図を提示）

（オオカマキリ）　QR

4 秋と比べて，違うところをまとめる

T　秋と比べて，どんなところが違いましたか。

C　秋にはバッタなど虫がたくさん見られたけど，今は見られる虫の数や種類が少なかった。

C　秋は活発に動いていたカマキリやアゲハは，卵やさなぎになって動かなくなっていた。

T　気温はどうでしたか。

C　気温は，もっと低くなっていました。

T　冬には秋の頃に比べて気温がさらに低くなり，虫などの動物は姿を見せなくなるものが多いことや，卵やさなぎなどの姿で冬越しをする昆虫がいることがわかりましたね。

　　冬越しの仕方にはこの他に，土の中でじっとしているトノサマガエルやシマヘビ，日なたの窓などにじっとしているイエバエ，台所の物かげなどでじっとしているチャバネゴキブリ，南の暖かい国に渡って冬を越して春になるとまたやってくるツバメなど，いろいろあることを補足説明する。

本時の目標　冬の野草を観察し，地面に張り付くようにして（ロゼット）冬越しをする野草があることを知る。

板書例

㊍　冬の野草を調べよう

①②

冬の植物のすがた

・かれている

・花がさいていない

・地面にはりつく草もある

※画像を掲示する。

ロゼットのすがた

・地面に葉を広げている
　→日光をたくさん受けられる

・せが低い
　→寒い風をさける

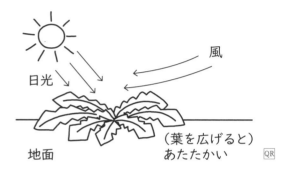

日光　　　　　　　風

地面　　（葉を広げると）
　　　　あたたかい

POINT　観察前に，ロゼットの写真を提示することで，どのような植物を観察するか理解させ，見通しを持って観察させましょう。

---

1 冬の野草の様子を予想する（教室で）

T　秋に観察した野草は，冬はどんなすがたをしているでしょうか。（予想を簡単に交流）

T　（ロゼットの写真を提示して）こんな野草を見たことはあるかな。どんな姿，形ですか。

C　葉が地面に張り付いています。

C　葉がまん中から外側に広がっています。

T　これは野草の冬越しの知恵のひとつで，このような形の草をロゼットといいます。ロゼットとは，バラの花模様をした葉という意味です。葉が地面に張りつくようにして，まん中からまわりに葉が広がっています。

T　なぜこのような姿が冬越しの知恵なのかな。都合のよいことは何だと思いますか。

C　地面に張りついていると日光もいっぱい当たるし，暖かいのかな。

C　背を低くして風に当たらないように，かな。

2 ロゼットになっている野草を探す（野外で）

校庭や学校周辺など観察場所を事前に調べておく。

T　足元にはえている野草は，どんな様子をしているか，形をよく見て観察しましょう。

足元の地面に注目させ，タンポポやナズナ，ハルジオンなどのロゼットになっている野草に注目させる。葉の姿，形をスケッチさせる。

教師はカメラで撮影しておく。植物名については見分けが難しいので教師がその都度教えるようにする。

ロゼット（根生葉）

ロゼットという名前は，葉を広げたその形がバラ（ローズ）に似ていることからつけられた。

ハルジオン

セイヨウタンポポ

オオアレチノギク

※タンポポは葉の形で見分けられるが，その他のものは葉の形から植物名を知るのは難しい。

3 ロゼットの形をしている野草の根

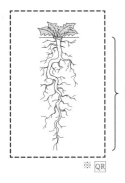

長い
太い

えいようをたくわえている
（春に葉やくきをのばす）

※ QR

4 冬の野草・植物

・冬かれる植物（ヘチマ，ヒマワリ）は
たねをのこしている → 春に芽を出す

・ロゼットの形で冬をこす野草がある ⇒ 春にのびる
（冬をこすちえ）　　（タンポポなど）

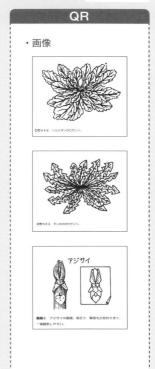

QR

・画像

---

3 根を掘り起こしてみる（野外で）

　掘り返してもよい場所を選び，タンポポなどロゼットになっている野草の根を掘り起こし，観察させる。作業は教師がするか，児童の代表にさせる。

T　ロゼットになっている野草の根はどうなっているでしょう。

C　冬で気温が低いから伸びていないかな。

C　冬でも水や養分を吸い上げるために長い根になっているのかな。

T　では，掘ってみましょう。

C　とても長いよ。それに太くて丈夫そうだ。

T　予想していたのと比べてどうですか。

C　思っていたより，太くて長いです。

　掘り返したあとは土を埋め戻し，原状回復させておく。掘り出した野草は教室に持ち帰り，展示するなど活用する。

4 観察したことや気づいたことを発表し，野草の冬越しの形を知る（教室で）

T　ヘチマやヒマワリは冬に枯れても種を残していました。冬の野草の様子はどうでしたか。観察したことや気づいたことを発表しましょう。

　葉の形やロゼットなど観察したことを交流する。

T　根を掘ってみてどんなことを感じましたか。

C　太くて長い根に驚きました。冬でもしっかり生きているんだなと思いました。

T　ロゼットの葉をつける野草は，このようなすがたで冬を越し，春になると茎を立ち上げて茎に葉や花をつけます。太い根はそのときのための栄養をたっぷり蓄えているのです。葉が地面に張りつくような姿になっている理由は，みんなが予想した通り，冬の寒さをさけるための知恵でしょう。葉を放射状に広げるのも，その方が日光をたくさん受けるのに都合のよい形だと考えられますね。

生き物の1年間の
すがたや活動をふり返ろう

板書例

〔問題〕　1年間で，植物や動物のようすは，
　　　　　　　どのように変わっただろうか

「生き物の1年間」のまとめ QR

		春	夏	秋	冬
1	① 気温	℃ あたたかい	℃ 暑い	℃ すずしい	℃ 寒い
2	② 動物	虫が生まれ動き出す ツバメがすを作る	数が多い，成長する 子ツバメが生まれる	鳴く虫が多い ツバメはいない	生き物が少ない さなぎやたまご
3	③ サクラ	花がさく 花の後に葉が出る	葉が多くなりしげる 葉の色がこい	葉が赤色に変わり 葉が散る	葉がない 冬芽ができている
	④ ヘチマ	芽が出た くきがのびる	葉やくきが成長する 花がさく	葉がかれる 実と種ができる	葉やくきがかれている 種で命をつなぐ
4	⑤ 植物	多くの花がさく 種類が多い	春より花の種類が 少ない	種ができている ものが多い	ロゼット，冬芽，種 などのすがたで冬ごし

POINT　個別の変化を確認させるだけでなく，気温が変化すると植物や動物の様子はどのように変化するのか整理させると

1　季節による気温の変化をふり返る

T　今まで記録してきた生き物の1年間を整理し，まとめます。春，夏，秋，冬に書いた観察カードを見て，一覧表に書き入れましょう。

　　表に記入，整理させる。個別に援助して回る。

T　表に整理してみると，季節ごとに見てきた動物や植物の1年の変化が，『昆虫の1年』や『ヘチマの1年』として見えてきますね。

T　一覧表を見ながら，変化を確かめましょう。

T　まず，1年間の気温は，どう変わりましたか。

　　春・夏・秋・冬の気温を確かめる。

T　気温の変化をふり返ってわかったことは？

C　夏が高く冬が低い。春や秋はその中間でした。夏と冬では気温の差がとても大きいです。

T　このように，日本にははっきりとした四季の違いがあります。この違いが，生き物の種類や活動の様子のもとにもなっているのでしょう。

2　動物の1年の姿や活動の様子についてふり返る

T　動物では，昆虫，カエル，ツバメなどを観察してきました。1年の変化をふり返りましょう。

T　ツバメはどんな1年を過ごしましたか。

C　春に日本にやってきて，巣を作って卵を産みました。夏にはヒナがかえって大きく育ちました。秋にはまた南の方へ飛んでいって，春までそこで冬を越すようです。

　　昆虫やカエルなどの1年の様子の変化についても，春・夏・秋・冬と順に確かめていく。

T　動物の一生にどんな順番がありましたか。

C　昆虫は，春に生まれて夏に大きくなり，秋に卵を生んで死んでしまうみたいです。そして，卵やさなぎの姿で冬を越します。

　　ツバメやカエルについても同様に確かめ合う。

T　春は生まれる季節，夏は成長の季節のようですね。

| 準備物 | ・これまでの観察記録
・製本などに必要な用具, 用品
（糊・製本テープ・表紙用紙など） | ICT | 撮り溜めた写真を見てふり返り, 1年間の気温の変化と生き物の姿や活動との関係を考えさせましょう。 |

QR

・画像

その他多数

④ 1年のうつり変わり

ヘチマ　　　種　→　芽　→　成長（花）→　実（種）

　　　　⇒　春　⇒　夏　⇒　　秋　　⇒　冬（冬ごし）

こん虫　　　たまご → よう虫 →　成虫　→　〔たまご
　　　　　　　　　　　　　　　　　　　　　さなぎ〕

〔まとめ〕

・動物（虫）や植物の一生にはじゅんばんがある

・種やたまごで生き物の命がつづく

よいでしょう。

3 サクラやヘチマの成長や変化をふり返る

T　サクラなど植物の1年もふり返りましょう。

T　サクラは, 1年でどのように変わりましたか。

C　春には花が咲いて, 葉も出て, 夏には葉も増えて枝ものびました。

C　秋には葉が色づいて葉が落ちました。その代わり, 枝に次の花や葉の芽ができていました。

T　1年を通して, 気づいたことは？

C　1年でサクラの姿はずいぶん変わると思った。

C　暑い夏がいちばん育つ季節みたいです。

T　ヘチマについても, 1年の姿をふり返りましょう。育ててきたヘチマにとっては, 春夏秋冬は, どんな季節だといえるかな。まず春とは？

　　ヘチマの1年の様子の変化を確かめ合い, 話し合いを通して, 1年のサイクルに気づかせる。

C　また来年も, とれた種から芽が出て成長して, ということがくり返されていくのだね。

4 季節による野草の変化（発展教材）と「生き物の変化」について話し合い, まとめる

T　野草の様子もふり返りましょう。

C　春から夏は種類が多く, 花が咲いている草花もたくさんありました。

C　夏は, つる植物がぐんぐん伸びていました。

C　秋には種ができました。くっつき虫の種も。

C　冬には枯れている草や, ロゼットの形で冬越ししている草もありました。

T　すると, 暖かい春や暑い夏の季節は, 野草などの植物にとって, どんな季節といえるかな。

C　花を咲かせたり, ぐんぐん伸びたりする季節。

C　秋は, 実や種ができて残す季節で, 冬は, ロゼットの形や種でじっと春を待つ季節です。

T　動物の1年と植物の1年は, このくり返しみたいで, 似ているところもあるようですね。

　　観察カードは綴じるだけでなく, 製本したりつないで屏風形にしたりするなどして表紙と題もつけるとよい。

水の３つのすがたと温度

全授業時数　学習準備１時間＋８時間＋深めよう１時間

◎ 学習にあたって ◎

● 何を学ぶのか

　物には，石（固体）やアルコール（液体），空気（気体）のように，３つの姿があります。一方，同じ物でも，温度が変わると，その姿も変わります。例えば，水は常温では液体ですが，０℃以下では氷という固体に，１００℃を超えると水蒸気という気体の姿に『変身』します。けれども，水という物質が別の物に変わったわけではありません。温度によって姿だけが変わったのです。ここでは，水には液体の姿だけでなく，３つの姿があること，そして，その姿は，温度（融点・沸点）によって変わることを学びます。つまり，水の３つの姿とその変化（三態変化）を学習します。

　物に３つの姿があることは，『物質の基礎概念』であり，物質観の土台の１つといえます。さらに，中学校では，水以外の物質にも広げられ『物の状態変化』として，より一般化された学びに発展します。

● どのように学ぶのか

　ふつう，水は液体の姿をしています。その水を熱して温度を上げたり，冷やして温度を下げたりするとどうなるのか，水の姿の変化を観察します。その際，その変化のもとになっている『温度』に着目させます。一方，実験や観察を通して，「事実と言葉をつなぐ」ということも大切になります。４年生になると，いろいろな『科学の言葉』が登場します。ここでは，「固体」「液体」「気体」「水蒸気」「蒸発」「沸騰」などがそれです。『水蒸気とは』『沸騰とは』など，これらの言葉の意味を，現象や実験とつないでとらえ，その意味を理解させます。また，既習の『自然の中の水のすがた』で学んだ『水は，気体の水蒸気にもなる』ことをふり返り，この学習にも生かすようにします。

● 留意点・他

　一方，このような言葉の意味が，子どもの中でははっきりしていないこともあります。特に水蒸気（気体）と湯気（液体）は，よく混同されます。また，沸騰時のあわ（水蒸気）を『空気』だと思っている児童もいます。ただ，これらの誤りは，実験を見ても解消されないものです。そこは，指導者からの説明や，水蒸気を『気体の水』と言い換えるなどの手立てが必要になります。また，「気体は目には見えない」ということも教えておきたいことです。なお，加熱実験では，保護眼鏡をすることや教科書の『注意』を読むなど，安全上の配慮が必要です。

◎ 評　価 ◎

知識および技能	・液体の水は，温度を上げると１００℃近くで気体の水（水蒸気）に姿が変わること，また，温度を下げていくと，０℃近くで固体の氷に，姿が変わることがわかる。 ・沸騰時，水中から出る大きな泡は，空気ではなく，水が気体に変化した水蒸気であることに気づく。 ・水を加熱し沸騰させると，液体の水の温度は１００℃以上には上がらないことに気づく。 ・沸騰して出てきた水蒸気は，温度が下がると液体の湯気になり，目に見えるようになることに気づく。
思考力，判断力，表現力等	・水の姿の変化を温度とつないで考えたり，用語を正しく使って発言したりすることができている。 ・水を加熱して温度を上げたり，冷やして温度を下げたりしたとき，その水の変化の様子を記録し，その変化を表やグラフに表現することができている。 ・水の３つの姿の変化や物の姿について，日常見られる事物・現象とつないで考えている。
主体的に学習に取り組む態度	・なかまと協力して，実験や観察に取り組めている。

◎ 指導計画　学習準備１時間＋８時間＋深めよう１時間 ◎

※本計画では『水と水蒸気の変化』（第２〜６時）を先に取り上げています。一方，『水と氷の変化』を先に
　取り上げている教科書もあります。その教科書に合わせるなら，第２・３時は本指導計画では第７・８時の
　学習になります。

次	時	題	目標	主な学習活動
物と３つのすがた	学習準備	もののすがたを見て，３つに分けてみよう	物には，固体，液体，気体のすがたをしたものがあることに気づく。	・鉄や水，ガラス，空気など身の回りの物を，その姿によって３つに分けてみる。 ・固体，液体，気体の姿をしたものを見つけ合う。
物と３つのすがた	1	水の３つのすがた（固体・液体・気体）をたしかめよう	常温では液体の水にも，固体の氷や気体の水蒸気という３つの姿があることを知る。	・水は冷えると固体の氷になったり，水たまりの水が蒸発して気体の水蒸気になったりするなど，３つの姿に変身することを話し合う。 ・『自然の中の水のすがた』での水蒸気の学習をふり返る。
水と水蒸気の変化	2・3	熱したときの水の温度や水のようすを調べよう	水を熱していくと１００℃以上温度が上がらないことがわかる。また，沸騰という状態を知る。	・水を熱していき，温度の変化と水の様子を記録する。また，温度の変化をグラフに表す。 ・沸騰時，大きな泡が出ていることや水の量が減っていることなど気づいたことを話し合う。
水と水蒸気の変化	4・5	水を熱したときの湯気と大きなあわの正体を調べよう	水が沸騰したときに出る大きな泡は，水が気体に変化した水蒸気であることに気づく。	・ビーカーの水を熱し，出てくる湯気にスプーンを近づけ，水のつぶであることを確かめる。 ・水中から出てくる大きな泡をポリぶくろに集め，空気ではなく水の気体（水蒸気）だと確かめる。
水と水蒸気の変化	6	「じょう発」と「ふっとう」の，同じところとちがうところを考えよう	水は沸騰すると液体の水から気体の水蒸気に変化するが，１００℃以下でも水の表面から蒸発し，水蒸気に変化していることに気づく。	・『蒸発』と『沸騰』は，どちらも水が水蒸気に変化することだと確かめ合う。 ・気体になる温度の違いなど，蒸発と沸騰の違いについてこれまでの実験を元に話し合う。 【発展として】エタノールの沸騰を取り上げてもよい。
水と氷の変化	7・8	水の温度を下げたときの水から氷への変化のようすを調べよう	液体の水の温度を下げていくと，０℃で固体の氷に変化し，すべての水が氷になるまで０℃が続き，そのあと再び温度が下がって行くことがわかる。	・水の温度を下げていくと水の温度と水の様子はどうなるかを調べる実験をし，記録する。 ・そして，水は０℃で氷になることや，そのとき体積が増えることなど，記録をもとに話し合う。
水と氷の変化	深めよう	水の３つのすがたの変化をふり返ろう	水には，固体の氷や液体の水，気体の水蒸気という３つの姿があり，その姿は１００℃（沸点）と０℃（融点）という温度によって変化することがわかる。	・－１０℃から１００℃の温度変化のグラフに，その温度での水の姿を書き入れ，変化をまとめる。 ・０℃と１００℃はどのような温度なのか，その意味を話し合い，説明を聞く。 ・水以外の銅なども液体にできることを話し合う。 ・固体のろうも，温度が７０℃（融点）を超えると，液体のろうに変化する実験を見る。

もののすがたを見て、3つに分けてみよう

板書例

㊍ もののすがたを見て，3つに分けてみよう

1　鉄　水　ガラス
　　石油　氷　空気
　　石　ソーダ水のあわ
　　ジュース

→ 3つに分ける（もののすがた）

2　① 鉄や石のようなもの ＝

3　固体（こたい）

・かたくて 形が きまっている もの

くぎ　　コップ

しなものの名前	くぎ	コップ
ものの名前	鉄	ガラス

◎ものの名前で考えよう

4
・石　　　・鉄
・ガラス　・氷
・プラスチック

POINT　身の回りのものをグループ分けさせるのもよいし，あらかじめグループに分けた資料を見せて，どのようななかまで

1　見た目の姿や手ごたえをもとに，物を3つのグループに分ける

T　ここにいろんなものを持ってきました。これは釘です。何でできていますか。また，ビー玉は？

C　釘は鉄でできています。

C　ビー玉はガラスでできています。

T　物には釘やビー玉のように品物の名前と，鉄やガラスのように何でできているかという物（物質）の名前があります。

T　これからは，この何でできているのかという物の名前（物質名）で考えていきましょう。

T　では，次の物を3つのグループに分けてみようと思います。どのようななかま分けができるでしょうか。

　　持ち込み提示できるものは実物を見せるとよい。

鉄（釘かブロック）　石

水　石油　空気（シャボン玉）

水　ソーダ水のあわ　ガラス（コップ）　ジュース

2　物を ① 鉄や石のような物 ② 水のような物 ③ 空気のような物の3つに分ける

C　3つに分けるといっても，難しいなあ。

T　3つにうまく分けられないようですね。では，その姿を次のように考えて分けてみましょう。
　　①　鉄や石のような物
　　②　水のような物
　　③　空気のような物

T　まず，① の鉄や石のような姿のなかまに入る物は何でしょうか。

C　ガラス。硬いから。

T　② の水のような姿の物のなかまはどれですか。

C　石油とジュースです。水に似ています。

T　では，③ の空気のような姿の物は？

C　ソーダ水の泡だと思います。

T　では，氷はどのなかまといえますか。

C　氷も，鉄や石のなかまです。かたい塊だから。

C　でも溶けたら水になるね。

---

② 水やジュースの
ようなもの
＝

えき体

・形がなく流れる
・コップなど
いれものに
入れておく
もの

QR

・水　　　・ジュース
・石油　　・油
・アルコール

③ 空気やあわの
ようなもの
＝

気体

・目に見えず，形もない
・ふくろなどに
とじこめて
おくもの
QR

・空気　　　・はく息
・実験用のガス
　じっけんよう
・ソーダ水のあわ

分けているのか考えさせるのもよいでしょう。

3　①の固体，②の液体、③の気体，それぞれどのような物といえるか

T　では，3つのグループはそれぞれ「どのような姿の物」だといえばよいですか。考えてみましょう。

T　まず，①の石や鉄のような物は？

C　かたくて形があって触れる物です。

T　②の水のような物は？

C　入れ物に入れないとこぼれるもの，形がない物です。

T　では，空気のような物とは？

C　目に見えないし触っても感じない物です。

C　袋などに閉じ込めないと触れない物です。

　　3つの姿の物の，それぞれの呼び名を教える。

T　この①の石や鉄のような姿の物を「固体」といいます。また，②の水のような姿の物を「液体」といいます。③の空気やガスのような姿の物を「気体」といいます。

4　油や食塩は，3つの姿のどれに当たるかを考える

T　私たちの周りにある物も，この3つのどれかの姿をしています。①②③のどの姿なのか考えてみましょう。

T　まず，油は，3つのうちのどの姿でしょうか。

C　水と同じで，②の「液体」です。

T　では，紙はどの姿でしょうか。

C　①の固体。薄いけれど形が決まっています。

T　では，食塩はどの姿でしょうか。

C　①の固体だと思う。小さいけど1粒の形は決まっていて変わらないから。

　　理由も添えた発言を促す。

T　では，①固体の姿をしている物，②液体の姿をしている物，③気体の姿をしている物を見つけてみましょう。

　　児童の発言を黒板にまとめる（①固体…消しゴム・鉛筆，②液体…牛乳・お茶，③気体…ソーダ水の泡など）

C　気体の物って，空気の他は見つけにくいね。

水の3つのすがた（固体・液体・気体）をたしかめよう

常温では液体の水にも，固体の氷や気体の水蒸気という3つの姿があることを知る。

板書例

〔問題〕 水のすがたは変わるのだろうか

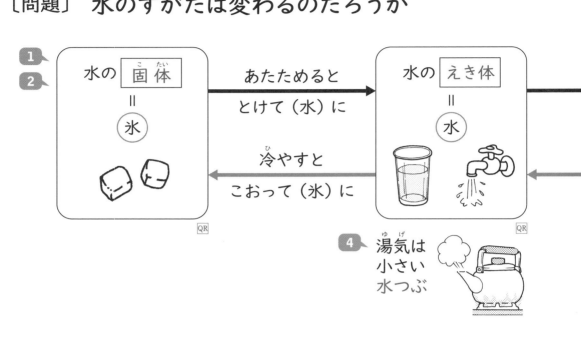

1
2 水の 固体（こたい） ＝ 氷

あたためると
とけて（水）に →

冷やすと（ひ）
こおって（氷）に ←

水の えき体 ＝ 水

4 湯気（ゆげ）は 小さい 水つぶ

POINT 水の状態と生活との関連を見つけさせ，水がいろいろな姿で存在していることを実感させるとよいでしょう。

1 水と氷の姿について話し合う

T 水道の蛇口から出てくる水は，固体，液体，気体のうち，どの姿をしていますか。

C 液体です。流れるし決まった形がないから。

T では，氷は3つのうちどの姿でしたか。

C 固体です。形があって流れたりしないから。

T では，氷を温めて温度を上げると，固体，液体，気体のうちどの姿になりますか。

C 溶けて水になります。液体になるのかな？

T では，液体の水を冷やして温度を下げると？

C 冷凍庫では凍って氷になります。

T 『固体』と『液体』という言葉を使っていうと，どうなりますか。

C 液体の水が，固体の氷になります。

T すると，氷とは『水の固体』のことですね。水と氷は姿が違いますが，水には変わりないのです。

2 水の行方と変化を考える（水蒸気の姿）

T 氷は，石のように固まっていて，入れ物から出してもそのままの形の物です。そのような物を『固体』といいました。氷は『水の固体』といえます。

T では，水の姿は，固体の氷と，液体の水だけでしょうか。水槽の水がいつの間にか減っていたり，雨の後，道の水たまりの水が見えなくなったり，洗濯物が乾いたりします。そのとき水はどうなったのですか。

C 『自然の中の水のすがた』や『雨水のゆくえ』の勉強で，地面の雨水は空気中に出ていくことがわかりました。

T そうです。液体の水は，水蒸気に姿を変えたのでした。だから空気中には，水から姿を変えた気体の水蒸気がいっぱいありますね。

準備物	・氷（入れ物に入れて） ・水

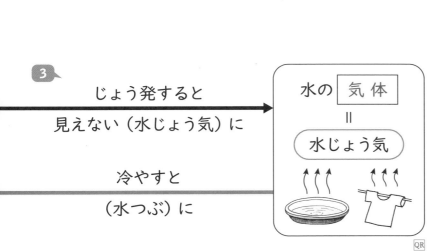

3

じょう発すると
見えない（水じょう気）に

冷やすと
（水つぶ）に

水の　気体　＝　水じょう気

〔まとめ〕

・水には　氷（固体），水（えき体），水じょう気（気体）の3つのすがたがあり，<u>すがたは変わる</u>

・白い湯気は，小さい水つぶ（えき体）＝ 目に見える

3 蒸発と水蒸気についてふり返り，水の気体の姿について話し合う

【蒸発と水蒸気・気体の水】- 先生のお話でふり返ろう -

T　水たまりからも洗濯物からも，水は蒸発しています。蒸発とは水が『水蒸気』になって空気中に出ていくことでした。<u>『水蒸気』とは気体に変身した水のこと</u>なのです。

T　この空気中にある水蒸気は目に見えますか？

C　見えません。空気と同じかな？

T　そうです。<u>気体の『水蒸気』は，空気と同じように目には見えない</u>のです。

T　水蒸気があることを確かめる方法がありましたね。

C　氷を入れたびんを置いておくと，空気中の水蒸気が液体の水に戻って，びんのまわりについて見えるようになりました。

T　水には液体の水のほか，固体の氷と，気体の水蒸気という３つの姿があるのです。

4 やかんから出ている『湯気』が水の液体なのか気体なのかを考える

T　では，湯を沸かしたとき，やかんから出ている白い煙のような物を何といいますか。

C　水蒸気，湯気です。

T　これは目に見えますね，だから<u>気体の水蒸気とはいえません。『湯気』といいます。</u>では，湯気は気体でしょうか。液体でしょうか。

C　モヤモヤしているから，気体かな？

C　目に見えるから気体じゃないよ。液体です。

T　湯気は液体です。<u>湯気は小さな水粒で，水蒸気は目に見えない気体です。</u>湯気と水蒸気は別の物です。

C　<u>目に見えるか見えないかで区別</u>できますね。

【湯気と水蒸気という言葉を，区別して使わせる】

　子どもに限らず，大人でも「湯気」と「水蒸気」という言葉は混用しやすい。冬の朝，川面から立ち上がる白い湯気や，蒸気機関車から出ている湯気を「水蒸気」と言っているのを聞くことがある。どちらも湯気であり，水蒸気ではない。気体である水蒸気は目には見えない。区別するには「目に見えるかどうか」が決め手となる。その点，目に見える霧や雲も，気体とはいえず，液体や固体の小さな水粒だといえる。

熱したときの水の温度や水のようすを調べよう

板書例

ⓜ 熱したときの水の温度や水のようすを調べよう

1 実験

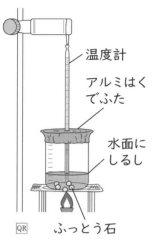

温度計
アルミはくでふた
水面にしるし
ふっとう石
QR

2 水の温度とようす

時間(分)	温度(℃)	水のようす
0	15	
2	34	
4	59	
6	79	
8	96	
10	98	
12	98	
14		

※児童の記録や発表をうけて表に書き込んでいく。

3 温度の変化

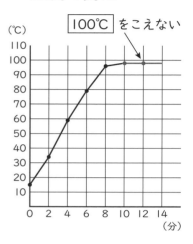

100℃ をこえない

POINT 実験前に教師が温度計なしで水を温め、水の様子について気がついたことを自由に発言させましょう。その気づきを

---

1 液体の水を熱して水の温度を上げるとどうなるか予想し、実験の準備をする

T　みなさんは、お家でやかんなどを使って水を熱したことがありますか。

T　ふつう、水は液体の姿をしています。水を熱して温度を上げていくとどうなるのか、どんなことが見られるのか、詳しく調べてみましょう。

C　ボコボコと泡が出てくると思います。

C　お湯が沸くと湯気もいっぱい出てきます。

T　水の様子がよくわかるように、水はビーカーに入れて熱します。また、水の温度はどうなっていくのか、1分（2分）ごとに温度も測って記録しましょう。

T　実験装置をセットしましょう。水を熱する実験では沸騰石を入れておきます。はじめの水面の高さには印をしておきましょう。

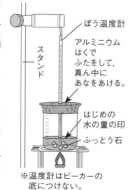

ぼう温度計
スタンド
アルミニウムはくでふたをして、真ん中にあなをあける。
はじめの水の量の印
ふっとう石

※温度計はビーカーの底につけない。

2 どんなことを記録していくのかを確かめ、水を熱していく実験を始める

T　水を熱する実験を始める前に、気をつけることと、実験のやり方を説明します。

【実験のやり方と、観察、記録すること】
① はじめの水温を記録しておく。
② 1分（または2分）ごとに水の温度を記録する。
③ 1分（または2分）ごとの水のようすも記録する（泡や湯気など）。
④ ビーカーの水の量はどうなるのかを観察する。
⑤ 水の温度は上がり続けるのかを観察する。

T　水の温度は、どこまでも上がっていくのでしょうか。それとも上がらなくなるときがくるのでしょうか。

T　では、コンロに火をつけて実験を始めましょう。

児童の記録や発表をうけて板書の表に書き込んでいく。

時間(分)	温度(℃)	水のようす
0	15	火をつける
2	34	水がゆれているように見える
4	59	小さなあわが出てくる。湯気が出てくる
6	79	小さなあわが多くなる
8	96	大きなあわがさかんに出てくる
10	98	水が少しへった
12	98	あわがさかんに出てくる

準備物	・水	・ビーカー	・アルミ箔（ふた）
	・温度計	・スタンド	・加熱器具
	・金網	・沸騰石	・保護眼鏡

※ビーカーの代わりに丸底フラスコでもよい

ICT	表計算ソフトで記録シートを作成し，実験の記録を入力させてもよいでしょう。

4

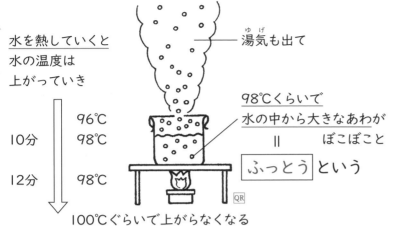

水を熱していくと
水の温度は
上がっていき

湯気も出て

10分　96℃
　　　98℃

12分　98℃

98℃くらいで
水の中から大きなあわが
　　　＝
　　　　　ぼこぼこと
［ふっとう］という

100℃ぐらいで上がらなくなる

〔まとめ〕
・水は（正しくはかると）100℃でふっとうし
　それ以上温度は上がらなくなる
・水の量はへる（へった水は？）

QR

・画像

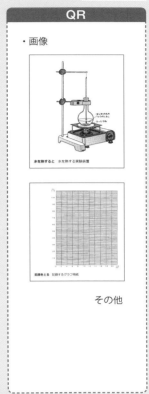

その他

拾っていき，どのような記録を残せばよいのか共通認識を持たせましょう。

3　水の温度や様子はどのように変化したのか，観察した結果を話し合う

熱していくとやがて水の温度は１００℃近くで一定になり，それ以上上がらなくなるので，そこで火も止めさせる。

T　水を熱していくと，水の温度はどうなりましたか。

C　はじめ，温度はどんどん上がっていきました。

C　でも，熱し続けても１００℃以上にはなりませんでした。

C　ぼくのグループでは，最高は９８℃が続きました。

T　そのとき，水（湯）の様子はどうでしたか。

C　１００℃近くのとき，泡がボコボコ出ていました。

T　では，水の温度の変化の様子を折れ線グラフに表してみましょう。

　　※板書のグラフ参照。

4　水を熱したときの変化をまとめ，『沸騰』という言葉の意味を聞く

T　他に，水の様子で変化したことはなかったですか。水の量はどうなりましたか。

C　実験の後の水面は，最初の水面の印よりも下がっていました。水が減ったのだと思います。

T　その他，見つけたことはありましたか。

C　ビーカーの上の方から白い湯気も出ていた。

T　では，水を熱していったときの変化をまとめましょう。（まとめ）

　① 水を熱していくと温度は上がるが１００℃以上にはならない。

　② このとき，水中から大きなあわがボコボコと出てくる。また，ビーカーのふたの隙間からは，白い湯気も出てくる。

　③ 実験の後，ビーカーの水は減っていた。

T　水を熱して１００℃近くになると，水中から大きな泡がぼこぼこと出てきて沸き立ちます。この水の様子を『沸騰している』といいます。

T　この大きな泡は何かを調べていきましょう。

水を熱したときの湯気と 大きなあわの正体を調べよう

　水が沸騰したときに出る大きな泡は，水が気体に変化した水蒸気であることに気づく。

板書例

1 〔問題〕　水がふっとうしているときに出てくる 湯気<ゆげ>やあわの正体は何だろうか

2 問題 1 　湯気の正体は何か？

実験 1

白い湯気に 金ぞくスプーンを入れる

水つぶ がつく

結果 1

湯気 … 水のつぶ

3 問題 2 　大きなあわの正体は何か？

実験 2

あわをふくろに集める

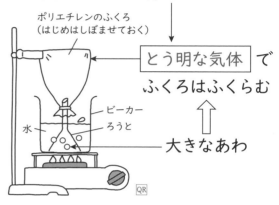

ポリエチレンのふくろ （はじめはしぼませておく）

とう明な気体 で ふくろはふくらむ

ビーカー ろうと 水

大きなあわ

POINT　実験をふり返り，外部から袋の中に水が入っていないことを確認し，冷やされて出てきた袋の水と，沸騰して水から

1 水が沸騰したときの様子をふり返り，調べることについて話し合う

T　水を熱していくと，どんな様子が見られましたか。

C　沸騰して大きな泡がボコボコと出てきた。

C　白い湯気も出てきました。

C　温度は約100℃まで上がり，そのままでした。

C　水の量が減っていきました。

T　では，水中から出てきたあの大きな泡は何でしょうか。気体ですが，何の気体でしょうか。

C　空気だと思います。

T　今日は，その大きな泡は空気なのか，それとも他の気体なのか調べていきましょう。

【沸騰のときに出る大きな泡の正体と児童の考え】

　沸騰時には，水中から大きな泡が出る。もちろんその泡は『水蒸気』である。しかし「この泡は何か」と問うと多くの児童は『空気』と答える。そのように答える理由の1つには，児童が空気以外の気体を知らない（未習）ことがある。だから『空気』という語を気体の意味で使っていることや『気体になった水＝水蒸気』を『空気』と表現していることもある。なお，『水蒸気』や『蒸気』という語自体も，白い『湯気』を連想しやすい言葉であり，混用を招きやすい。

2 出てくる湯気の正体を調べる

T　まず，大きな泡を調べる前に，水を熱して出てくる湯気とは何かを調べましょう。

T　装置を組み立てて，ビーカーの水を熱しましょう。（沸騰を確かめ）ふたの穴から出てくる白い湯気に金ぞくのスプーンを当てて観察しましょう。

C　スプーンに水の粒がつきました。湯気は水なのかな。

　　スプーンの代わりにガラス棒などでもよい。

T　スプーンは冷たいものです。それに湯気が当たると水滴（水粒）がつきましたね。白く見える湯気の正体は，水粒のようですね。

T　では，この湯気はどこからどのように生まれたのでしょうか。ビーカーの中は空気のように透明です。また大きな泡が次々と出ています。

C　湯気も，この大きな泡から出てきたのかな。

4 〔実験3〕

〔実験2〕のあと，（火をけして）温度が下がる

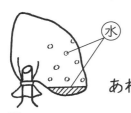

ふくろはしぼむ
＝
水がたまってくる
あわは水じょう気（水の気体）だった
（空気ではなかった）

気体になった水が水じょう気

〔まとめ〕
・湯気は，小さな水のつぶ
・大きなあわは，水が気体（水じょう気）になったもの
　　　　　　　　　（体積は1000倍以上になる）

ふっとうすると，水は 水じょう気 にすがたを変える

QR

・動画
「水を熱する
（袋に取りこんだ
水蒸気）」

・画像

袋に取り込んだ水蒸気　ビニール袋に取
り込んだ水蒸気の様子を観察する実験装置

その他

出たあわとを結びつけましょう。

---

3 大きな泡の正体を調べる

T　ビーカーから出てくる大きな泡は何でしょうか。空気でしょうか。

C　目に見えず透明なので，泡は空気だと思う。

C　でも，水の中から空気が出てくるのは，おかしいです。

C　雨水が蒸発したみたい，水蒸気かも…。

T　では，この大きな泡を，ろうとを使ってポリ袋に集めて確かめましょう。

T　ポリ袋はどうなりましたか。

C　大きな泡がたまって，袋が膨らみました。

C　さわると熱いです。

T　袋が膨らみましたね。火を消すと，袋の気体が『空気』なら，袋はどうなりますか。

C　膨らんだままだと思います。

T　そうですね。（空気の入ったポリ袋を見せる）空気なら，このように膨らんだままです。

ポリエチレンの袋
（はじめは
しぼませておく）

沸騰して大きな泡
が出ると，上の袋
がふくらむ。

4 大きな泡の正体と，減った水のゆくえについて話し合う

T　火を消します。袋の様子を見てください。

C　袋がしぼんで，ぺちゃんこになりました。

C　空気ではないよ。袋に水粒がたまっている。

C　袋の中の気体は，水蒸気だと思います。

T　水は100℃になると，水中から泡になって気体の水蒸気に変化します。水が水蒸気になると，体積は1000倍以上になるのです。

T　大きな泡の正体は，水が気体になった水蒸気でした。だから，火を消して温度が下がると，水に戻って袋はしぼんだのです。

T　湯気は，この水蒸気が冷えて水の粒になったものです。

T　では，ビーカーの水の量が減ったのはなぜでしょうか。そのわけを説明しましょう。

C　ビーカーの液体の水が沸騰して，気体の水蒸気に姿を変えて外に出ていったからだと思う。

本時の
目標

水は沸騰すると液体の水から気体の水蒸気に
変化するが，100℃以下でも水の表面から蒸発
し，水蒸気に変化していることに気づく。

板書例

〔問題〕「じょう発」と「ふっとう」は，
　　　　　何がちがうのだろうか

1 ── 同じ　えき体（水）から
2 ──　　　気体（水じょう気）への変化（へんか）

3 ── つぶで考えると

水も小さい小さいつぶ

ちがい

じょう発　　　　　　　　　　ふっとう

水じょう気
（気体）

水
（えき体）

100℃でないときも
水の表面から
水じょう気が出る

100℃で水の中から
大きな水じょう気の
あわが出る

QR

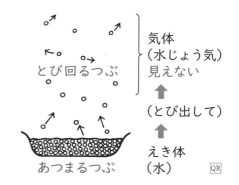

気体
（水じょう気）
見えない

とび回るつぶ

（とび出して）

えき体
（水）

あつまるつぶ

QR

1 『蒸発』についてふり返る

T　水を熱していって，100℃くらいになると大き
な泡が出てきました。この泡の正体は何の気体でし
たか。

C　泡は空気かと思ったけれど，水蒸気でした。

C　『水蒸気』は水が気体になったものです。

C　水は100℃になると沸騰して水蒸気になるね。

T　沸騰して水が減っていったのも，水が気体の水蒸
気になって出ていったからでしたね。では，水は
100℃にならないと水蒸気にならないのでしょ
うか。

C　地面や洗濯物が乾くのは，ふつうの温度でも水が
水蒸気になって出ていったからです。100℃で
なくても，水は気体の水蒸気になります。

【『自然の中の水のすがた』で学習した『蒸発』とは何かをふり
返る】

　水槽に少しの水を入れて，日の当たるところへ置いておき
1週間後に見ると水の量は減ります。それは，水が水蒸気になっ
て水槽から出ていったからでした。このように，水が水面から
気体の水蒸気になって出ていくことを，『蒸発』といいます。

2 『沸騰』と『蒸発』の違いについて話し合い，確かめる

T　沸騰と蒸発について，まとめてみましょう。まず，
沸騰も蒸発も，水がどのようになることだといえま
すか。

C　どちらも，水が気体の水の水蒸気になることです。

T　沸騰と蒸発はどんなところが違うのですか。

C　沸騰は100℃で水の中から大きな水蒸気の泡が
出てきて，気体の水蒸気になることでした。

C　蒸発は，100℃でなくても水面から水が気体の
水蒸気になり，空気の中に出ていくことでした。

【沸騰と蒸発の違いをまとめる】

温度は？どこから気体になるのか？

〈沸騰〉熱された水が，100℃で水中から気体の水蒸気になっ
　　　　て出ていく。

〈蒸発〉沸騰していないような低い温度でも，水面から，液体の
　　　　水が気体の水蒸気になって出ていく。

※沸騰とは水の内部からも『蒸発』して気体になる現象といえる。

※水蒸気とは，水の気体のことだが『気体』を児童に意識させ
るために，ここでは『気体の水蒸気』という表現を使っている。

4 エタノール（78℃でふっとう）に90℃の湯をかけると，ふくろはどうなるだろうか

90℃の湯をかけると　　　　　　大きくふくらむ

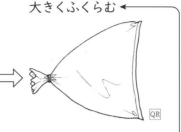
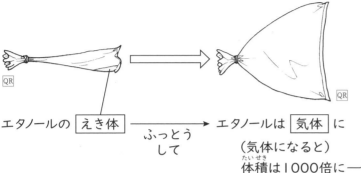

エタノールの [えき体] ── ふっとうして → エタノールは [気体] に

（気体になると）体積は1000倍に

78℃より冷えると
気体はえき体になり → ふくろはしぼむ

QR

・画像

沸騰現象観察実験装置　沸騰石などの動きから沸騰をわからせる。

水が入った洗面器　夕食の水を洗面器に入れ，日向に置いておく。

水が蒸発した洗面器　しばらくすると洗面器の中の水がなくなる。

その他多数

---

3 液体の水から気体の水蒸気への変化の姿を『粒』を使って考える

T　物は，顕微鏡でも見えないような，小さな粒（粒子・分子）でできています。水もそうです。この『粒の考え（粒子概念）』を使って，液体の水と気体の水蒸気の変化を考えてみましょう。

┌─────────────────────────────┐
【液体の水と気体の水蒸気を，粒で表すと…】－説明－

〈気体の水〉
粒と粒の間がうんと広く，
粒は飛び回っている。

〈液体の水〉
粒どうしが集まっているが，
自由に動き回っている。

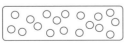
└─────────────────────────────┘

【水から水蒸気への変化（蒸発）の様子を粒で表す】

T　液体の水の表面から，飛び出していった小さい水の粒が気体の水蒸気です。集まっていないので目に見えません。

　　『粒（粒子）』で考える』ことは，理科学習の1つの柱になる。これからも考える手法の1つとして使っていきたい。

4 【発展としての演示実験】アルコールの液体から気体への変化を観察する

T　水は，100℃で沸騰しました。この100℃とは，水が液体から気体に変わる温度（沸点）です。

T　さて，ここにアルコール（エタノール）という液体があります。このエタノールは水と違って78℃で沸騰します。このエタノールをポリ袋に入れて，90℃の湯をかけると，袋はどうなるでしょうか。

C　沸騰して，エタノールは気体になる。

C　ということは，袋は膨らむのかな。

【実験】エタノールの沸騰 － 液体から気体への変化と体積 －

① 20～30cmくらいのポリ袋にエタノール5mLくらいを入れて空気を追い出し，輪ゴムなどで口を閉じる。

② 袋をバットに入れ90℃くらいの湯をかけると，袋は大きく膨らむ。

③ 冷めてくるとエタノールは液体に戻り袋はしぼむ。（エタノールは沸点の78℃以上で気体になり，体積は約1000倍になったため，袋はパンパンになったことを説明する。）

QR

水の温度を下げたときの水から氷への変化のようすを調べよう

| 本時の目標 | 液体の水の温度を下げていくと，0℃で固体の氷に変化し，すべての水が氷になるまで0℃が続き，そのあと再び温度が下がって行くことがわかる。 |

板書例

〔問題〕 冷やし続けたときの水の温度とようすは，どうなるだろうか

1 実験

温度計（先にストロー）

しるし

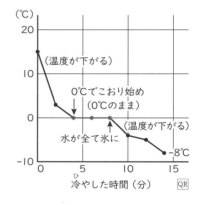

氷・水・食塩
＝
温度を下げる

2 水の温度とようす

・水→氷への変わり方・温度は？

・何度まで下がるか

時間（分）	温度（℃）	水のようす
0	15	
2	3	
4	0	
6	0	
8	0	
10	−4	
12	−5	

※児童の記録や発表をうけて表に書き込んでいく。

3 温度の変化

（温度が下がる）

0℃でこおり始め（0℃のまま）

水が全て氷に

（温度が下がる）

−8℃

冷やした時間（分）

POINT 実験装置のイラストを使い，しるしの意味や，試験管を2本使う理由，温度計の先にストローをつける理由，食塩を

---

1 水を冷やしていくと，水の温度や様子はどうなるか予想し，話し合う

T 水は，温度を上げていくと100℃で沸騰して，気体の水蒸気に姿を変えました。では，反対に水を冷やし，温度を下げていくと水はどうなるでしょうか。

C 冷蔵庫で氷ができるように，氷になる。

T そのとき温度はどうなっていくでしょうか。

C 温度もどんどん下がっていくと思います。

T では，氷と食塩を使ってつぎのような装置を作り試験管の水を冷やして，温度と氷の様子を調べましょう。

【温度を下げる実験のセット】－説明しながら組み立てる－

はじめの水量の印テープを張る。

試験管に水を$\frac{1}{3}$入れる。

食塩と水を同量入れて，かき混ぜる。

細かくくだいた氷

ぼう温度計

温度計が割れないようにストローまたは，ゴム管を取り付けた様子

※氷と食塩をまぜたときの温度が−10℃以下になっていることを確かめる。

T 温度を下げていくと氷になるとの予想ですね。

2 実験を始め，水の温度と凍っていく様子を観察し，記録する

T 水を冷やしていく実験を始める前に，何を観察し記録するのか，気をつけることを説明します。

【実験のやり方と，観察し記録していくこと】

① はじめの水温を記録する。
② 1分（または2分）ごとに温度を測り記録する。
③ 目で見た水の中の様子の変化も記録する。
④ 凍り始めを確認し，そのときの温度と様子を記録する。
⑤ 全ての水が氷になったときの温度と様子を記録する。
⑥ 氷になった後も温度は下がるのか，記録する。また，水の体積はどうなったのかも記録する。

【記録の一例】 ※2分ごとに記録しているが1分ごとでもよい。

時間（分）	温度（℃）	水のようす
0	15	試験管を冷やしはじめる
2	3	とうめいなままで変わらない
4	0	うすく氷ができはじめた
6	0	氷が多くなる。体積はふえた
8	0	試験管の水が全て氷になった
10	−4	水は氷のまま

※全て氷になってからも，温度は−10℃くらいまで下がり続ける。

準備物	・ビーカー　　・砕いた氷300g ・食塩と水100gずつ ・温度計　　・試験管（2本）　・マジック ・温度計保護用のストロー3cm	ICT	表計算ソフトで記録シートを作成し，実験の記録を入力させてもよいでしょう。

QR

・画像

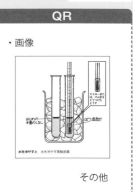

水を冷やすと　水を冷やす実験装置

その他

4 〔わかったこと〕

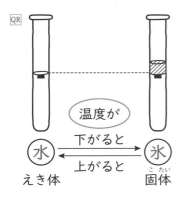

（水の変化と温度）

0℃で　水から氷ができ始め

↓

0℃のまま
（氷と水の両方）

0℃　すべてが氷になる
（体積はふえている）

↓

−6℃
−8℃　また，温度が下がる

温度が

下がると →
← 上がると

水（えき体）⇄氷（固体 こたい）

〔まとめ〕　水のすがたと温度

氷 ←下がる− 0℃ −上がる→ 水

固体　　　　　　　　　　えき体

体積はふえる

水のすがたは
0℃で変わる

氷に混ぜる理由などを教え，見通しを持って実験に取り組めるようにしましょう。

3 実験の結果をグラフに表し，分かったことを話し合う

T　まず温度の変化をわかりやすくするために，グラフに表しましょう。どんなグラフがよいですか。

C　変わり方を表すのだから，折れ線グラフがよいと思います。

T　わかったことを確かめましょう。まず，水が氷になり始めたときの温度は何℃でしたか。

C　0℃でした。

C　私のグループも0℃のときでした。

T　水が全部氷になったときの温度は，何℃ですか。

C　0℃です。それまで0℃のままでした。

T　全部の水が氷になってから，氷の温度はどうなっていきましたか。0℃のままでしたか。

C　また，下がりはじめて零下8℃（−8℃）になりました。

4 水から氷への変化をみんなで確かめ合い，氷から水への変化も調べる

T　水の温度を下げていき0℃になると，水は氷に姿を変えることがわかりましたね。0℃とは，水が氷になる温度でした。

T　他に気づいたことも発表しましょう。

C　水が全部氷になるまでずっと0℃のままでした。だから0℃より低い温度の水はないと思いました。

C　0℃より低い温度の氷があることがわかった。

T　水から氷になると体積はどうなりましたか。

C　氷になると，水面（氷面）が上がっていました。だから，体積は増えていると思います。

　　固体になって体積が増えるのは，水だけだと説明しておく。

T　では，氷になった試験管を外に出しておくとどうなるでしょうか。

C　温度が上がって0℃で水になると思います。

　　この後，0℃以上で氷から水になることを確かめる。

板書例

ⓜ 水の３つのすがたの変化（へんか）をふり返ろう

問題１
温度と水のすがたは，
どんな関係だろうか

① 水の変化

②

(℃)
100
50
0

水じょう気（気体）

ふっとうして
気体になる
温度 ⇒100℃

水
（えき体）

固体になる
温度 ⇒0℃

氷（固体）（こたい）

〔まとめ〕 水は温度によって
固体，えき体，気体と
すがたを変（か）える

問題２
金ぞくやろうは，えき体に
なるのだろうか

③ 水以外の物の変化

銅（どう）という
金ぞく

※大仏など銅像の
図を掲示する。

作り方
① 熱して1100℃でえき体の銅（ねっ）
② かたに流しこんで
③ 冷えて固まる（ひ）（かた）

ほか ・昔のお金
・鉄びん
（鉄は1500℃でえき体）

POINT 水の温度と状態変化のグラフの0℃や100℃の時点で，状態が変化していたことをふり返りましょう。ろうを溶かす

1 水の固体，液体，気体の変化を温度とともにとらえ直す

T これまでの勉強で，温度によって水は姿を変え，変化することがわかりました。

T 物の３つの姿を考えましょう。何でしたか。

C 固体と液体，気体の３つです。

T では，水の温度の低いときから順にその姿をふり返りましょう。まず，温度が低いときは？

C ０℃になると固体の氷になりました。

T では，温度が高くなると，その姿はどうなりましたか。

C 液体の，ふつうの水になりました。

C １００℃になると沸騰して，気体の水蒸気になりました。

　既習の内容をふり返りながら，水の温度の変化に，状態（姿）の変化を重ねてとらえさせる。

T 温度は－１０℃からこのように変化しました。グラフにそれぞれの温度のときの水の姿も書き入れてみましょう。（板書参照）

2 ０℃と１００℃はどういう温度なのか水の姿の変化をもとに話し合う

T このことから水の姿が変わる（変身する）もとになっていたのは何でしたか。

C 温度でした。温度が０℃より低いと固体の氷になり，１００℃になると水は，気体の水蒸気に変わりました。

C だから，水の温度は１００℃を超えませんでした。

T つまり，温度によって水の姿は変わったのですね。すると，０℃や１００℃というのはどういう温度だといえますか。（０℃は水の融点，１００℃は水の沸点）

C ０℃は水が氷に変わる，水と氷の境目の温度，１００℃は，水が気体の水蒸気に変わる温度です。

【お話・温度と水の姿】
「０℃と１００℃は，水の変化がもとになっている」
　水は，０℃と１００℃で姿が変わります。しかし，これは水の姿の変化が，たまたま０℃と１００℃になったのではありません。反対に，水の姿の変化をもとにして，温度の目盛りを決めたからなのです。
　つまり水が，固体の氷になるところを０℃とし，沸騰して気体の水蒸気になるところを１００℃と決めて，その間を１００等分して温度の目盛りが作られたからなのです。（これが摂氏℃の目盛り）

準備物	・銅像写真　・鋳物の製品（鉄鍋等） ・（あれば）寛永通宝など古銭（レプリカ） ・太めのろうそく　・砕いたろう　・試験管 ・ビーカー（湯煎用）　・ガスコンロ　・湯	I C T	水の温度と状態変化のグラフを提示 し，温度によって水の状態が変化する ことをおさらいしましょう。	

4 〔問題３〕

固体のろうは，えき体のろうになるだろうか

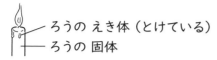

ろうの えき体（とけている）
ろうの 固体

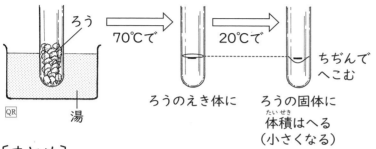

	QR
	・画像

	固体のろうを熱する　試験管にろう片を入れる。
	その他

ろう

70℃で → ろうのえき体に

20℃で → ちぢんで へこむ

ろうの固体に
体積はへる
（小さくなる）

QR 湯

〔まとめ〕
熱すると，固体のものは　えき体になる
⇒水だけでなく，ものは温度によって
　そのすがたが変わる

ときには，お弁当で使うアルミカップで行うと試験管が汚れません。

---

3 水以外の物の姿の変化についても調べたり話し合ったりする

T　水以外の物も，温度によって姿が変化することがあるのでしょうか。考えてみましょう。

T　これは大仏様です。（他の仏像や銅像でもよい）10円玉と同じ銅という金属でできています。どのようにして造ったのか，考えてみましょう。

C　銅をとかして造ったと聞いたことがあります。型に流し込んで…という話でした。

T　つまり，銅をどうしたのかな。

C　液体にして，流し込んだ。

T　そうです。固い固体の金属の銅も，約1100℃以上（融点は約1085℃）の温度になると，とけて水のような液体になるのです。

【 固体 ⇔ 液体 の変化の例】

　古銭（1文銭など）も，銅をとかして型に流して造られた。
　他の例としては，南部鉄瓶や鉄鍋（鉄），ダイカストのおもちゃなどがある。

4 教師による演示実験　固体のろうは，液体のろうになるか

T　ここにろうそくがあります。火をつけると変化が起こります。

　　芯のまわりのろうがとけた様子を見せる。

T　では，この試験管に入れたろうのかけらを液体にできるでしょうか。また，どうすればできるでしょうか。

C　熱して，温度を上げるといいと思います。

T　では，熱い湯に入れてみましょう。

　　ろうは65℃～70℃でとけて液体になる。湯から出すと，冷えて再び固体にもどる。このとき，真ん中がくぼみ体積は減ることがわかる。※板書の図参照。

C　ろうも温度によって，固体が液体に変身するのだね。

　　まとめとして心に残ったことなどを書き，発表し合う。

【参考】
物質の融点 －固体がとけて液体になるおよその温度の例－

・ろう	65℃～70℃	・金	962℃
・スズ（錫）	232℃	・銅	1085℃
・アルミニウム	660℃	・鉄	1535℃

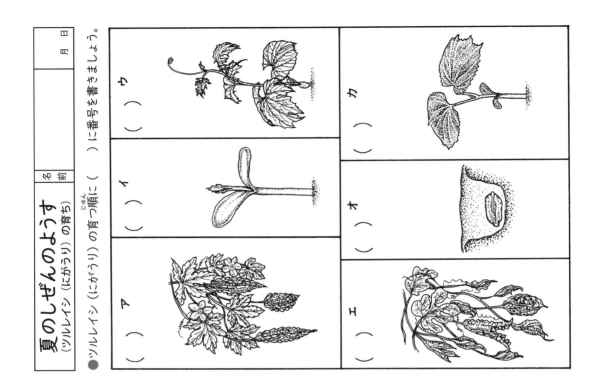

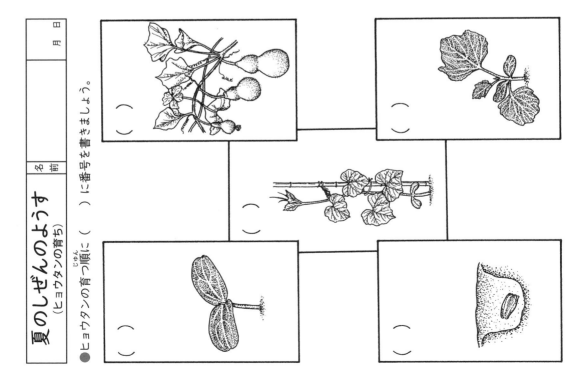

夏の星
（夏の星座　東と南を向いて）

名前　　　　　　　　月　日

☆夏には，夏の大三角やさそり座のほかにもたくさんの星や星座が見えます。どんな星座がみつかるでしょうか。

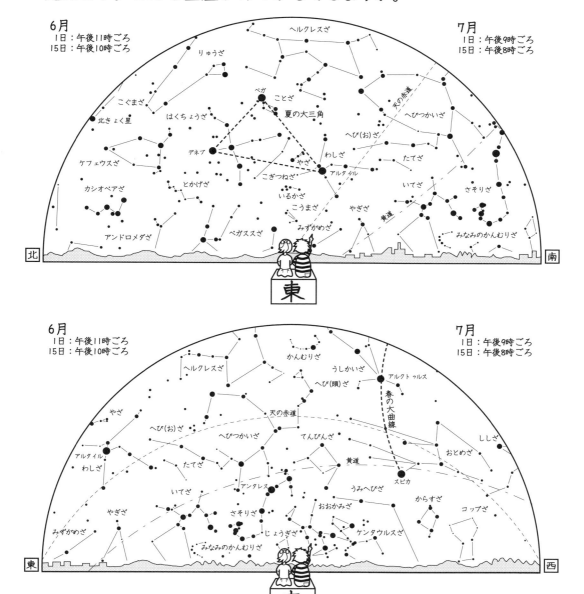

　銀河（天の川）がいちばん明るくかがやいているのはいて座のあたりです。天の川は私たちの銀河系の星々のあつまりなのですが，その中心はいて座の方角にあるのです。

天気と気温
（1日の気温調べ）

名前　　　　　　月　日

●下の表に記録したものを折れ線グラフにしましょう。雨の日と晴れの日をくらべよう。　天気（　　　）

時こく (時)	気温 (℃)	天気, 気づいたこと	時こく (時)	気温 (℃)	天気, 気づいたこと

月　日（　）の気温調べ

(℃) 26 24 22 20 18 16 14 12 10 8 6 4 2 0

7 午前 8　9　10　11　12 午後 13　14　15　16　17 (時)
(1)　(2)　(3)　(4)　(5)

●気づいたこと

実験

名前　　　　　　月　日

●予想

●そのわけ

●実験の結果

●わかったこと

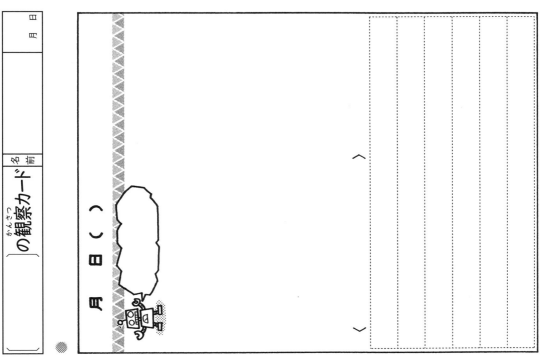

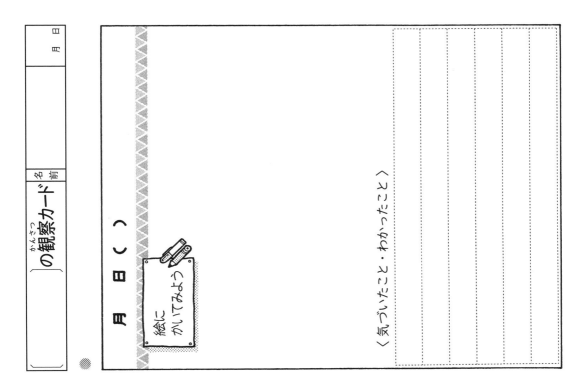

参考文献一覧 （順不同）

「新しい理科」4 年（東京書籍）

「小学理科」4 年（教育出版）

「たのしい理科」4 年（大日本図書）

「みんなと学ぶ小学校理科」4 年（学校図書）

「わくわく理科」4 年（啓林館）

「理科教科書指導書 4 年」（啓林館 東京書籍）

「学研の図鑑」植物（学習研究社）

「学研の図鑑」昆虫（学習研究社）

「学研の図鑑」鳥（学習研究社）

「学研の図鑑」動物（学習研究社）

「日本の野鳥」（山と渓谷社）

「かがく遊び」実野恒久（保育社）

「藤井旭の星座ガイド」春～冬　藤井旭（誠文堂新光社）

「天文年鑑」（誠文堂新光社）

「月刊 天文ガイド」（誠文堂新光社）

「新小学校理科 4 年の授業」園部・左巻ほか（民衆社）

「たのしい理科教室」田中実（毎日新聞社）

「高校理科学習表」藤原武夫ほか（第一学習社）

「理科の授業実践講座」9，13 巻（新生出版）

「科学あそび大図鑑」津田好子（大月書店）

「理科年表」（丸善 出版事業部）

「小学校理科か・ん・ぺ・き教科書 新しい教養のための理科」啓明舎編（誠文堂新光社）

「岩波科学百科」岩波書店編集部編（岩波書店）

「山渓カラー名鑑 日本の野草」林 弥栄編（山と渓谷社）

「山渓カラー名鑑 日本の樹木」林 弥栄編（山と渓谷社）

「科学のアルバム　ヘチマのかんさつ」佐藤有恒（あかね書房）

「科学のアルバム　四季の野鳥かんさつ」山下宣信（あかね書房）

「昆虫」2010 年増補改訂版 編集人佐藤幹夫（学研教育出版）

「危険・有毒生物」志村隆（学習研究社）

「原色図解理科実験大事典 地球・宇宙編」（全教図）

「絵でわかる体のしくみ」松村讓兒（講談社サイエンティフィク）

著者紹介 (敬称略)

【著　者】

中村　幸成

元奈良教育大学附属小学校　主幹教諭
元奈良教育大学　非常勤講師

主な著書
「1時間の授業技術（6年)」（日本書籍）（共著）
「改訂版まるごと理科3年〜6年」（喜楽研）
「5分理科教科書プリント3年,5年,6年」（喜楽研）

平田　庄三郎

元京都府公立小学校教諭
元同志社小学校　非常勤講師（理科専科）
元科学教育研究協議会京都支部支部長
乙訓理科サークル会員

主な著書
「改訂版まるごと理科　3年〜6年」（喜楽研）
「おもしろ実験・ものづくり事典」（東京書籍）

横山　慶一郎

高槻市立清水小学校　主幹教諭
CST（コアサイエンスティーチャー）
Google認定教育者

主な著書
「わくわく理科（3年〜6年)」（令和6年度 啓林館）（共著）

*2024年3月現在

【撮影協力】

井本　彰

谷　哲弥

横山　慶一郎

【初版　著者】(五十音順)

井本　彰

園部　勝章

中村　雅利

中村　幸成

平田　庄三郎

松下　保夫

山口　誠

和田　昌美

【新版　著者】(五十音順)

園部　勝章

谷　哲弥

中村　幸成

平田　庄三郎

松下　保夫

◆複製，転載，再販売について

本書およびデジタルコンテンツは著作権法によって守られています。

個人使用・教育目的などの著作権法の例外にあたる利用以外は無断で複製することは禁じられています。

第三者に譲渡・販売・頒布（インターネットなどを通じた提供・SNS 等でのシェア・WEB 上での公開含む）することや，営利目的に使用することはできません。

本書デジタルコンテンツのダウンロードに関連する操作により生じた損害，障害，被害，その他いかなる事態についても著者及び弊社は一切の責任を負いません。

ご不明な場合は小社までお問い合わせください。

※ QR コードは (株) デンソーウェーブの登録商標です。

喜楽研の QR コードつき授業シリーズ

改訂新版
板書と授業展開がよくわかる

まるごと授業　理科　4 年

2024 年 3 月 15 日　　第 1 刷発行

細　密　画： 日向 博子

イラスト： 日向 博子　山口 亜耶 他

著　　　者： 中村 幸成　平田 庄三郎　横山 慶一郎

企画・編集： 原田 善造（他 10 名）

編　　　集： わかる喜び学ぶ楽しさを創造する教育研究所　長谷川 佐知子

発 行 者： 岸本 なおこ

発 行 所： 喜楽研（わかる喜び学ぶ楽しさを創造する教育研究所：略称）
　　　　　　〒 604-0854　京都府京都市中京区二条通東洞院西入仁王門町 26-1
　　　　　　TEL　075-213-7701　FAX　075-213-7706
　　　　　　HP　https://www.kirakuken.co.jp

印　　　刷： 創栄図書印刷株式会社

ISBN : 978-4-86277-448-4　　　　　　　　　　　　　　　　　　　Printed in Japan